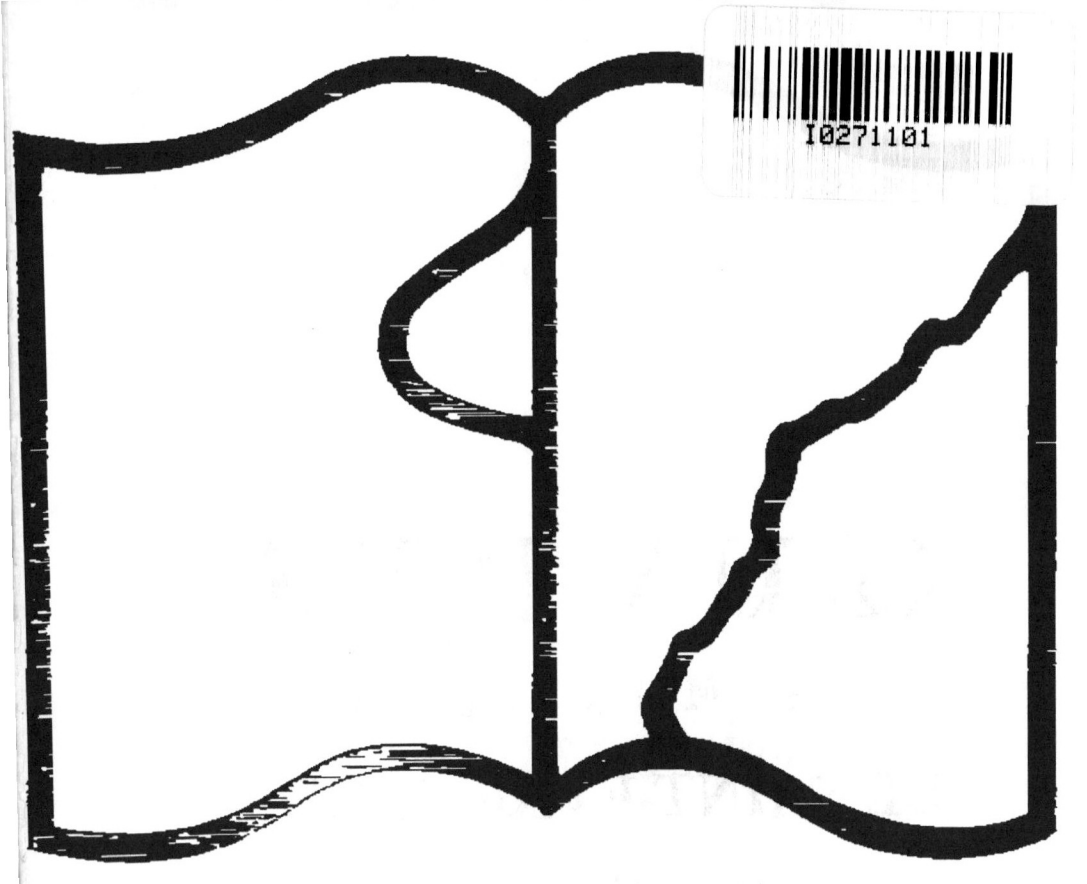

Texte détérioré — reliure défectueuse

NF Z 43 120 11

ŒUVRES
DE MONSIEUR
DE SAINT-EVREMOND,
TOME QUATRIÉME.

ŒUVRES
DE MONSIEUR
DE SAINT-EVREMOND,
AVEC
LA VIE DE L'AUTEUR,

Par Monsieur DES MAIZEAUX, Membre
de la Société Royale.

NOUVELLE EDITION.

TOME QUATRIE'ME.

M. DCC. LIII.

TABLE
DES PIECES
DU TOME QUATRIÉME.

Reflexions fur nos Traducteurs, *page* 1
Sur les Tragédies. 15
Sur nos Comédies, excepté celles de Moliere, où l'on trouve le vrai esprit de la Comédie; & fur la Comédie Espagnole. 21
De la Comédie Italienne. 27
De la Comédie Angloise. 34
Sur les Opera. 39
Les Opera, *Comédie*. 55
Dissertation fur le mot de *Vaste*. 185
Lettre à Madame la Duchesse Mazarin. 213
Pour Mademoiselle de Beverweert. 219
Lettre à Mademoiselle de Beverweert. 225

TABLE

Défense de quelques Piéces de Théatre de M. Corneille. *page* 228

Lettre à Madame la Duchesse Mazarin. 240

L'homme sur le retour. *Tircis, le bel âge nous laisse, &c.* 243

Lettre à M. le Comte de Saint-Albans. 246

Lettre à M. le Duc de Buckingham. 251

A Madame la Duchesse Mazarin, avec un Discours sur la Religion. 253

Portrait de Madame la Duchesse Mazarin. 258

Epitre de M. le Duc de Nevers à M. l'Abbé Bourdelot. 263

Lettre à Madame la Duchesse Mazarin. 268

Epitre au Roi. 274

Lettre à Monsieur le Comte d'Olonne. 279

Lettre à Madame la Duchesse Mazarin. *Si je venois un jour pénétré de vos charmes.* 282

DES PIECES.

Lettre à Monsieur le Comte de Grammont. *page* 286
L'Amitié sans amitié. A Monsieur le Comte de Saint-Albans. 291
La Prude & la Précieuse. *Pour un plaisir trop rare en commerce d'amour, &c.* 304
Lettre à Mademoiselle de l'Enclos. 306
Lettre à M. Justel. 309
Epitre à Madame la Duchesse Mazarin, sur la Bassette. 322
Lettre à la même. 330
Pensées, Sentimens & Maximes. 339
    Sur la Santé. *ibid.*
    Sur l'Amour. 340
    Sur la Dévotion. 341
    Sur la Mort. 342
Lettre à Madame la Duchesse Mazarin le premier jour de l'An. 343
A la même. Sur le dessein qu'elle avoit de se retirer dans un Couvent. 350

TABLE DES PIECES.

Sentimens de Madame la Duchesse Mazarin, qui se consacre à Dieu. Stances. *page* 362

Fin de la Table des Piéces du Tome quatriéme.

ŒUVRES

ŒUVRES
DE MONSIEUR
DE SAINT-EVREMOND.

RÉFLEXIONS
SUR NOS TRADUCTEURS.

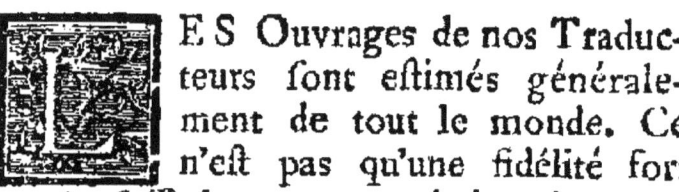ES Ouvrages de nos Traducteurs sont estimés généralement de tout le monde. Ce n'est pas qu'une fidélité fort exacte fasse la recommandation de notre Ablancourt ; mais il faut admirer la force admirable de son expression, où il n'y a ni rudesse ni obscurité. Vous n'y trouverez pas un terme à desirer pour la netteté du sens, rien à rejetter, rien qui nous choque ou qui nous dégoûte. Chaque mot y est mesuré pour la justesse des périodes,

sans que le style en paroisse moins naturel; & cependant une syllable de plus ou de moins, ruineroit je ne sai quelle harmonie qui plaît autant à l'oreille que celle des vers. Mais, à mon avis, il a l'obligation de ces avantages au discours des Anciens qui régle le sien ; car, si-tôt qu'il revient de leur génie au sien propre, comme dans ses Préfaces & dans ses Lettres, il perd la meilleure partie de toutes ces beautés ; & un Auteur admirable tant qu'il est animé de l'esprit des Grecs & des Latins, devient un Ecrivain médiocre, quand il n'est soutenu que de lui-même ; c'est ce qui arrive à la plûpart de nos Traducteurs, de quoi ils me paroissent convaincus, pour sentir les premiers leur stérilité. Et en effet, celui qui met son mérite à faire valoir les pensées des autres, n'a pas grande confiance de pouvoir se rendre recommandable par les siennes : mais le Public lui est infiniment obligé du travail qu'il se donne pour apporter des richesses étrangeres où les naturelles ne suffisent pas. Je ne suis pas de l'humeur d'un homme de qualité que je connois, ennemi déclaré de toutes les versions : c'est un Espagnol savant & spirituel (1), qui ne sauroit souffrir qu'on

---

(1) Don Antonio de Cordoue, Favori de Don Juan, & Lieutenant Général de la Cavalerie Espagnole en Flandres.

rende communes aux pareſſeux les choſes qu'il a appriſes chez les Anciens avec de la peine.

Pour moi, outre que je profite en mille endroits des recherches laborieuſes des Traducteurs, j'aime que la connoiſſance de l'antiquité devienne plus générale ; & je prens plaiſir à voir admirer ces Auteurs par les mêmes gens qui nous euſſent traités de pédans, ſi nous les avions nommés quand ils ne les entendoient pas. Je mêle donc ma reconnoiſſance à celle du public; mais je ne donne pas mon eſtime, & puis être fort libéral de louanges pour la traduction, lorſque j'en ſerai fort avare pour le génie de ſon Auteur. Je puis eſtimer beaucoup les Verſions d'Ablancourt, de Vaugelas, de Duryer, de Charpentier, & de beaucoup d'autres, ſans faire grand cas de leur eſprit, s'il n'a paru par des ouvrages qui viennent d'eux-mêmes.

Nous avons les Verſions de deux Poëmes Latins en vers François, qui méritent d'être conſidérés autant pour leur beauté que pour la difficulté de l'entrepriſe. Celle de Brebeuf a été généralement eſtimée, & je ne ſuis ni aſſez chagrin, ni aſſez ſévere pour m'oppoſer à une ſi favorable approbation. J'obſerverai néanmoins qu'il a pouſſé la fougue de Lucain en notre langue plus loin qu'elle ne va dans la sienne ; & que par l'effort qu'il a fait pour égaler l'ardeur de ce Poëte, il s'est allumé lui-même, si on peut parler ainsi, beaucoup davantage. Voilà ce qui arrive à Brebeuf assez souvent ; mais il se relâche quelquefois : & quand Lucain rencontre heureusement la véritable beauté d'une pensée, le Traducteur demeure beaucoup au-dessous, comme s'il vouloit paroître facile & naturel où il lui seroit permis d'employer toute la force. Vous remarquerez cent fois la vérité de ma première observation, & la seconde ne vous paroîtra pas moins juste en quelques endroits. Par exemple, pour rendre

Victrix causa Diis placuit, sed victa Catoni,

Brebeuf a dit seulement :

Les Dieux servent César, & Caton suit Pompée.

C'est une expression basse qui ne répond pas à la noblesse de la Latine. Outre que c'est mal entrer dans le sens de l'Auteur ; car Lucain qui a l'esprit tout rempli de la vertu de Caton, le veut élever au-dessus des Dieux dans l'opposition des sentimens sur le mérite de la cause ; & Brebeuf tourne ne une image noble de Caton, élevé au-dessus des Dieux, en celle de Caton assujetti à Pompée (1).

Quant à Segrais, il demeure par tout bien au-dessous de Virgile; ce qu'il avoue lui-même aisément; car il seroit fort extraordinaire qu'on pût rendre une traduction égale à un si excellent original. D'ailleurs un des plus grands avantages du Poëte consiste dans la beauté de l'expression: ce qu'il n'est pas possible d'égaler dans notre langue, puisque jamais on n'a sû le faire dans la sienne. Segrais doit se contenter d'avoir mieux trouvé le génie de Virgile, que pas un de nos Auteurs; & quelque grace qu'ait perdu l'ENEIDE entre ses mains, j'ose dire qu'il surpasse de bien loin tous ces Poëmes que nos François ont mis au jour avec plus de confiance que de succès.

(1) Je rapporterai ici le passage entier de Lucain, Liv. I. v. 125----128, avec la Traduction de Brebeuf.

Nec quemquam jam ferre potest, Cæsarve priorem
Pompeiusve parem, quis justius induit arma,
Scire nefas : magno se judice quisque tuetur:
Victrix causa Diis placuit, sed victa Catoni.

Bref, dans cette fierté, que leur gloire a fait naître,
L'un ne veut point d'égal, & l'autre point de maître.
De si hauts partisans s'arment pour chacun d'eux;
Qu'on ne sait qui défendre, ou qui blâmer des deux,
Qui des deux a tiré plus justement l'épée;
Les Dieux servent César, mais Caton suit Pompée.

La grande application de Segrais à connoître l'esprit du Poëte paroît dans la Préface, autant que dans la Version; & il me semble qu'il a bien réussi à juger de tout, excepté des caractéres. En cela, je ne puis être de son sentiment; & il me pardonnera, si pour avoir été dégoûté mille fois de son Héros, je ne perds pas l'occasion de parler ici du peu de mérite du bon Enée.

Quoique les Conquerans ayent ordinairement plus de soin de faire exécuter leurs ordres sur la terre, que d'observer religieusement ceux du ciel : comme l'Italie étoit promise à ce Troyen par les Dieux, c'est avec raison que Virgile lui a donné un grand assujettissement à leurs volontés : mais quand il nous le dépeint si dévot, il doit lui attribuer une dévotion pleine de confiance, qui s'accommode avec le tempéramment des Héros, non pas un sentiment de religion scrupuleux, qui ne subsiste jamais avec la véritable valeur. Un Général qui croyoit bien en ses Dieux, devoit augmenter la grandeur de son courage par l'espérance de leur secours. Sa condition étoit malheureuse, s'il n'y savoit croire qu'avec une superstition qui lui ôtoit le naturel usage de son entendement & de son cœur. C'est ce qui arriva au pauvre Nicias, qui perdit l'Armée des Athéniens, & se perdit lui-même, par la crédule &

superstitieuse opinion qu'il eut du courroux des Dieux. Il n'en est pas ainsi du Grand Alexandre. Il se croyoit fils de Jupiter, pour entreprendre des choses plus extraordinaires. Scipion, qui feint ou qui pense avoir un commerce avec les Dieux, en tire un avantage pour relever sa République, & pour abattre celle des Carthaginois. Faut-il que le fils de Vénus, assuré par Jupiter de son bonheur & de sa gloire future, n'ait de piété que pour craindre les dangers, & pour se défier du succès de toutes les entreprises ? Segrais, là-dessus, défend une cause qui lui fait de la peine; & il a tant d'affection pour son Héros, qu'il aime mieux ne pas exprimer le sens de Virgile dans toute sa force, que de découvrir nettement les frayeurs honteuses du pauvre Enée.

Extemplo Æneæ solvuntur frigore membra.
Ingemit, & duplices tendens ad sydera palmas,
Talia voce refert : O terque quaterque beati,
Queis ante ora patrum, Trojæ sub mœnibus altis,
Contigit oppetere (1) !

(1) VIRGIL. Æneid. lib. 1. v. 96. 100. Voici la Traduction de Segrais :

Enée en est surpris, il leve au ciel les yeux,
Et deplore en ces mots son sort injurieux.
O trois & quatre fois mort bienheureuse & belle,
La mort de ces Troyens, qui d'une ardeur fidéle,
Combattant près des murs de leur triste cité
Aux yeux de leurs parens perdirent la clarté !

J'avoue que ces sortes de saisissemens se font en nous malgré nous-mêmes, par un défaut du tempéramment : mais puisque Virgile pouvoit former celui d'Enée à sa fantaisie, je m'étonne qu'il lui en ait donné un susceptible de cette frayeur. On fait honneur aux Philosophes des vices de complexion, quand ils savent les corriger par la sagesse. Socrate avoue aisément de méchantes inclinations que la Philosophie lui a fait vaincre. Mais la nature doit être toute belle dans les Héros ; & si par une nécessité de la condition humaine, il faut qu'elle peche en quelque chose, leur raison est employée à moderer des transports, non pas à surmonter des foiblesses. Souvent même leurs impulsions ont quelque chose de divin qui est au-dessus de la raison. Ce qu'on appelle *Déreglement* dans les autres, n'est en eux qu'une pleine liberté, où leur ame se déploye dans toute son étendue. On fait de leur impétuosité cette vertu héroïque qui emporte notre admiration sans reconnoître notre jugement. Mais les passions basses les deshonorent ; & si l'amitié exige quelquefois d'eux les craintes & les douleurs, (ce qu'on voit d'Achille pour Patrocle, & d'Alexandre pour Epheftion,) il ne leur est pas permis dans leurs propres dangers & dans leurs malheurs particuliers, ni de faire voir la même peur, ni de faire entendre les mêmes plaintes. Or Enée fait craindre & pleurer sur tout ce qui le regarde. Il est vrai qu'il fait la même chose pour ses amis ; mais on doit moins l'attribuer à une passion noble & génereuse, qu'à une source inépuisable d'appréhensions & de pleurs, qui lui en fournit naturellement pour lui & pour les autres.

Ext-mplo Æneæ solvantur frigore membra.
Ingemit, & duplices tendens ad sydera palmas.

Saisi qu'il est de ce froid par tous les membres, le premier signe de vie qu'il donne, c'est de gémir ; puis il tend les mains au ciel, & apparemment il imploreroit son assistance, si l'état où il est lui laissoit la force d'élever son esprit aux Dieux, & d'avoir quelque attention à la priére. Son ame qui ne peut être appliquée à quoi que ce soit, s'abandonne aux lamentations; & semblable à ces veuves désolées qui voudroient être mortes, disent-elles, avec leurs maris au premier embarras qui leur survient, le pauvre Enée regrette de n'avoir pas péri devant Troye avec Hector, & tient bienheureux ceux qui ont laissé leurs os au sein d'une si douce & si chere terre. Un autre croira que c'est pour envier leur bonheur ; je suis persuadé que c'est par la crainte du péril qui le menace.

B iij

Vous remarquerez encore que toutes ces lamentations commencent presque aussi-tôt que la tempête. Les vents soufflent impétueusement, l'air s'obscurcit, il tonne, il éclaire, les vagues deviennent grosses & furieuses : voilà ce qui arrive dans tous les orages. Il n'y a jusques-là ni mât qui se rompe, ni voiles qui se déchirent, ni rames brisées, ni gouvernail perdu, ni ouverture par où l'eau puisse entrer dans le Navire ; & c'étoit-là du moins qu'il falloit attendre à se désoler : car il y a mille jeunes garçons en Angleterre, & autant de femmes en Hollande, qui s'étonnent à peine où le Héros témoigne son désespoir.

Je trouve une chose remarquable dans l'ENEÏDE, c'est que les Dieux abandonnent à Enée toutes les matiéres de pleurs. Qu'il conte la destruction de Troye si pitoyablement qu'il lui plaira, ils ne se mêleront pas de regler ses larmes : mais si-tôt qu'il y a une grande résolution à prendre, ou une exécution difficile à faire, ils ne se fient ni à sa capacité, ni à son courage, & ils font presque toujours ce qu'ailleurs les grands hommes ont accoûtumé d'entreprendre & d'exécuter. Je sai combien l'intervention des Dieux est nécessaire au Poëme Epique : mais cela n'empêche pas qu'on ne dût laisser plus de choses à la vertu du Héros : car si le Héros est trop confiant, qui au mépris des Dieux veut tout fonder sur lui-même, le Dieu est trop secourable, qui pour faire tout, anéantit le mérite du Héros.

Personne n'a mieux entendu que Longin cette économie délicate de l'assistance du ciel & de la vertu des grands hommes. » Ajax, dit-il, se trouvant dans un com- » bat de nuit effroyable, ne demande pas » à Jupiter qu'il le sauve du danger où il » se rencontre ; cela seroit indigne de lui : » il ne demande pas qu'il lui donne des for- » ces surnaturelles pour vaincre avec sûre- » té, il auroit trop peu de part à la vic- » toire ; il demande seulement de la lu- » mière, afin de pouvoir discerner les En- » nemis, & d'exercer contre eux sa pro- » pre vaillance : *Da lucem ut videam* (1).

Le plus grand défaut de la PHARSALE, c'est de n'être proprement qu'une histoire en vers, où des hommes illustres font presque tout par des moyens purement humains. Pétrone l'en blâme avec raison, & remarque judicieusement que *per ambages Deorumque ministeria & fabulosum sententiarum tormentum præcipitandus est liber spiritus, ut potius furentis animi vaticinatio appareat, quam religiosæ orationis sub testibus fides.* Mais l'ENEÏDE est une fable éternelle, où l'on introduit les Dieux pour

(1) Longin, *Traité du Sublime*, Chap. 8.

conduire & pour exécuter toutes choses. Quant au bon Enée, il ne se mêle guére des desseins importans & glorieux : il lui suffit de ne pas manquer aux offices d'une ame pieuse, tendre & pitoyable. Il porte son pere sur ses épaules ; il regrette sa chere Creuse conjugalement ; il fait enterrer sa Nourrice, & dresse un bucher à son Pilote, en répandant mille larmes.

C'étoit un pauvre Héros dans le Paganisme, qui pourroit être un grand Saint chez les Chrétiens, fort propre à nous donner des miracles, & plus digne Fondateur d'un Ordre que d'un Etat. A le considerer par les sentimens de religion, je puis réverer sa sainteté ; si j'en veux juger par ceux de sa gloire, je ne saurois souffrir un conquérant qui ne fournit de lui que des larmes aux malheurs & des craintes à tous les périls qui se présentent ; je ne puis souffrir qu'on le rende maître d'un si beau pays que l'Italie, avec des qualités qui lui convenoient mieux pour perdre le sien, que pour en conquérir un autre.

Virgile étoit sans doute bien pitoyable. A mon avis, il ne fait plaindre les désolés Troyens de tant de malheurs, que par une douceur secrette qu'il trouvoit à s'attendrir. S'il n'eût été de ce tempéramment-là, il n'eût pas donné tant d'amour au bon Enée pour sa chere terre ; car les Héros se défont aisément du souvenir de leur pays chez les Nations où ils doivent exécuter de grandes choses. Leur ame toute tournée à la gloire, ne garde aucun sentiment pour ces petites douceurs. Il falloit donc que les Troyens se lamentassent moins de leur misére. Des gens de guerre, qui veulent exciter notre pitié pour leur infortune, n'inspirent que du mépris pour leur foiblesse : mais Enée particuliérement, devoit être occupé de son grand dessein, & détourner ses pensées de ce qu'il avoit souffert, sur l'établissement qu'il alloit faire. Ce qui alloit fonder la grandeur & la vertu des Romains, devoit avoir une élevation & une magnanimité digne d'eux.

Aux autres choses, Segrais ne sauroit donner trop de louanges à l'ÉNEÏDE; & peut-être que je suis touché du quatriéme & du sixiéme Livre autant que lui-même. Pour les caractéres, j'avoue qu'ils ne me plaisent pas, & je trouve ceux d'Homere aussi animés, que ceux de Virgile fades & dégoûtans.

En effet, il n'y a point d'ame qui ne se sente élevée par l'impression que fait sur elle le caractére d'Achille. Il n'y en a point à qui le courage impétueux d'Ajax ne donne quelque mouvement d'impatience. Il n'y en a point qui ne s'anime & ne s'excite par la valeur de Diomede. Il n'y a personne à qui le rang & la gravité d'Agamemnon n'imprime quelque respect ; qui n'ait de la vénération pour la longue expérience & pour la sagesse de Nestor ; à qui l'industrie avisée du fin & ingénieux Ulysse n'éveille l'esprit. La valeur infortunée d'Hector le fait plaindre de tout le monde. La condition misérable du vieux Roi Priam, touche l'ame la plus dure ; & quoique la beauté ait comme un privilége secret de se concilier les affections, celle de Pâris, celle d'Hélene n'attirent que de l'indignation, quand on considere le sang qu'elles font verser, & les funestes malheurs dont elles font cause. De quelque façon que ce soit, tout anime dans Homere, tout émeut ; mais dans Virgile, qui peut ne s'ennuyer pas avec le bon Enée & son cher Achate ? Si vous exceptez Nisus & Euryalus, (qui, à la vérite, vous intéressent dans toutes leurs aventures) vous languirez de nécessité avec tous les autres ; avec un Ilionée, un Sergeste, Mnestée, Cloante, Gias, & le reste de ces hommes communs qui accompagnent un chef médiocre.

Jugez par-là combien nous devons admirer la Poësie de Virgile, puisque malgré la vertu des héros d'Homere, & le peu de mérite des siens, les meilleurs critiques ne trouvent pas qu'il lui soit inférieur.

SUR LES TRAGEDIES.

J'Avoue que nous excellons aux ouvrages de Théatre ; & je ne croirai point flatter Corneille, quand je donnerai l'avantage à beaucoup de ses Tragédies sur celles de l'antiquité. Je sai que les anciens Tragiques ont eu des admirateurs dans tous les temps, mais je ne sai pas si cette sublimité dont on parle est trop bien fondée. Pour croire que Sophocle & Euripide sont aussi admirables qu'on nous le dit, il faut s'imaginer bien plus de choses de leurs ouvrages, qu'on n'en peut connoître par des traductions ; & selon mon sentiment, les termes & la diction doivent avoir une part considérable à la beauté de leurs Tragédies.

Il me semble voir au travers des louanges que leur donnent leurs plus renommés partisans, que la grandeur, la magnificence, & la dignité sur-tout, leur étoit des choses fort peu connues : c'étoient de beaux esprits resserrés dans le ménage d'une petite République, à qui une liberté nécessiteuse tenoit lieu de toutes choses : que s'ils étoient obligés de représenter la majesté d'un grand Roi, ils entroient mal dans une grandeur inconnue, pour ne voir que des objets bas & grossiers, où leurs sens étoient comme assujettis.

Il est vrai que les mêmes esprits dégoûtés de ces objets, s'élevoient quelquefois au sublime & au merveilleux; mais alors ils faisoient entrer tant de Dieux & de Déesses dans leurs Tragédies, qu'on n'y reconnoissoit presque rien d'humain. Ce qui étoit grand, étoit fabuleux, ce qui étoit naturel, étoit pauvre & misérable. Chez Corneille, la grandeur se connoît par elle-même : les figures qu'il employe sont dignes d'elle, quand il veut la parer de quelque ornement; mais d'ordinaire il néglige ces vains dehors : il ne va point chercher dans les Cieux de quoi faire valoir ce qui est assez considérable sur la terre; il lui suffit de bien entrer dans les choses; & la pleine image qu'il en donne, fait la véritable impression qu'aiment à recevoir les personnes de bon sens.

En effet, la nature est admirable par tout; & quand on a recours à cet éclat étranger, dont on pense embellir les objets, c'est souvent une confession tacite qu'on n'en connoît pas la proprieté. De-là viennent la plûpart de nos figures & de nos comparaisons, que je ne puis approuver, si elles ne sont rares, tout-à-fait nobles & tout-à-fait justes : autrement, c'est chercher par adresse une diversion pour se dérober aux choses que l'on ne sait pas connoître. Quelque beauté cependant que puissent avoir les comparaisons, elles conviennent beaucoup plus au Poëme épique qu'à la Tragédie : dans le Poëme épique, l'esprit cherche à se plaire hors de son sujet ; dans la Tragédie, l'ame pleine de sentimens & possedée de passions, se tourne mal-aisément au simple éclat d'une ressemblance.

Ramenons notre discours à ces Anciens, dont il s'est insensiblement éloigné ; &, cherchant à leur faire justice, confessons qu'ils ont beaucoup mieux réussi à exprimer les qualités de leurs Héros, qu'à dépeindre la magnificence des grands Rois. Une idée confuse des grandeurs de Babylone, avoit gâté plûtôt qu'élevé leur imagination ; mais leur esprit ne pouvoit pas s'abuser sur la force, la constance, la justice & la sagesse, dont ils avoient tous les jours des exemples devant les yeux. Leurs sens dégagés du faste dans une République médiocre, laissoient leur raison plus libre à considerer les hommes par eux-mêmes.

Ainsi, rien ne les détournoit d'étudier la nature humaine, de s'appliquer à la connoissance des vices & des vertus, des inclinations & des génies. C'est par-là qu'ils ont appris à former si bien les caractéres, qu'on n'en sauroit desirer de plus justes, selon le tems où ils ont vécu, si on se contente de connoître les personnes par leurs actions.

Corneille a crû que ce n'étoit pas assez de les faire agir ; il est allé au fond de leur ame chercher le principe de leurs actions ; il est descendu dans leur cœur pour y voir former les passions & y découvrir ce qu'il y a de plus caché dans leurs mouvemens. Quant aux anciens Tragiques, ou ils négligent les passions, pour être attachés à représenter exactement ce qui se passe, ou ils font les discoureurs au milieu des perturbations mêmes, & vous disent des sentences, quand vous attendez du trouble & du désespoir.

Corneille ne dérobe rien de ce qui se passe : il met en vûe toute l'action, autant que le peut souffrir la bienséance : mais aussi donne-t'il au sentiment tout ce qu'il exige, conduisant la nature sans la gêner, ni l'abandonner à elle-même. Il a ôté du Théatre des Anciens, ce qu'il y avoit de barbare : il a adouci l'horreur de leur scéne par quelques tendresses d'amour judicieusement dispensées : mais il n'a pas eu moins de soin de conserver aux sujets tragiques notre crainte & notre pitié, sans détourner l'ame des véritables passions qu'elle y doit sentir, à de petits soupirs ennuyeux, qui pour être cent fois variés, sont toujours les mêmes.

Quelques louanges que je donne à cet excellent Auteur, je ne dirai pas que ses Piéces soient les seules qui méritent de l'applaudissement sur notre Théatre. Nous avons été touché de MARIANE, de SOPHONISBE, d'ALCIONÉE, de VENCESLAS, de STILICON, d'ANDROMAQUE, de BRITANNICUS (1), & de plusieurs autres, à qui je ne prétens rien ôter de leur beauté, pour ne les nommer pas.

J'évite autant que je puis d'être ennuyeux; & il me suffira de dire qu'aucune Nation ne sauroit disputer à la nôtre l'avantage d'exceller aux Tragédies. Pour celles des Italiens, elles ne valent pas la peine qu'on en parle; les nommer seulement est assez pour inspirer de l'ennui. Leur FESTIN DE PIERRE feroit mourir de langueur un homme assez patient, & je ne l'ai jamais vû sans souhaiter que l'Auteur de la Piéce fût foudroyé avec son Athée.

Il y a de vieilles Tragédies Angloises (2), où il faudroit, à la vérité, retrancher beaucoup de choses: mais avec ce retranche-

---

(1) Tristan est l'Auteur de la MARIANE, Mairet, de la SOPHONISBE; du Ryer, de l'ALCIONE'E; Rotrou, du VENCESLAS; Corneille le jeune, du STI-LICON; Racine, de l'ANDROMAQUE & du BRITANNICUS.

(2) Comme le CATILINA & le SEJAN de Ben. Johnson, &c.

ment, on pourroit les rendre tout-à-fait belles. En toutes les autres de ce temps-là, vous ne voyez qu'une matiére informe & mal digerée, un amas d'évenemens confus, sans considération des lieux, ni des temps, sans aucun égard à la bienséance. Les yeux avides de la cruauté du spectacle y veulent voir des meurtres & des corps sanglans. En sauver l'horreur par des récits, comme on fait en France, c'est dérober à la vûe du peuple ce qui le touche le plus.

Les honnêtes gens désapprouvent une coûtume établie par un sentiment peut-être assez inhumain; mais une vieille habitude, ou le goût de la Nation en général l'emporte sur la délicatesse des particuliers. Mourir est si peu de chose aux Anglois, qu'il faudroit, pour les toucher, des images plus funestes que la mort même. De-là vient que nous leur reprochons assez justement de donner trop à leurs sens sur le Théatre. Il nous faut souffrir aussi le reproche qu'ils nous font de passer dans l'autre extrêmité, quand nous admirons chez nous des Tragédies par de petites douceurs qui ne font pas une impression assez forte sur les esprits. Tantôt peu satisfaits dans nos cœurs d'une tendresse mal formée, nous cherchons dans l'action des Comédiens à nous émouvoir encore: tantôt nous voulons que l'Acteur, plus transporté que le Poëte, prête de la fureur & du désespoir à une agitation médiocre, à une douleur trop commune. En effet, ce qui doit être tendre, n'est souvent que doux : ce qui doit former la pitié, fait à peine la tendresse : l'émotion tient lieu du saisissement, l'étonnement de l'horreur. Il manque à nos sentimens quelque chose d'assez profond : les passions à demi-touchées n'excitent en nos ames que des mouvemens imparfaits, qui ne savent ni les laisser dans leur assiette, ni les enlever hors d'elles-mêmes.

SUR NOS COMÉDIES,

Excepté celles de Moliere, où l'on trouve le vrai esprit de la Comédie; & sur LA COMEDIE ESPAGNOLE.

POUR la Comédie, qui doit être la représentation de la vie ordinaire, nous l'avons tournée tout-à-fait sur la galanterie, à l'exemple des Espagnols, sans considerer que les Anciens s'étoient attachés à représenter la vie humaine, selon la diversité des humeurs, & que les Espagnols, pour suivre leur propre génie, n'avoient dépeint que la seule vie de Madrid dans leurs intrigues & leurs aventures.

J'avoue que cette forte d'ouvrage auroit pû avoir dans l'antiquité un air noble, & je ne fai quoi de plus galant; mais c'étoit plûtôt le défaut de ces siécles-là, que la faute des Auteurs. Aujourd'hui la plûpart de nos Poëtes savent aussi peu ce qui est des mœurs, qu'on savoit en ces temps-là ce qui est de la galanterie. Vous diriez qu'il n'y a plus d'avares, de prodigues, d'humeurs douces & accommodées à la societé, de naturels chagrins & austéres. Comme si la nature étoit changée, & que les hommes se fussent défaits de ces divers sentimens, on les représente tous sous un même caractere, dont je ne fai point la raison, si ce n'est que les femmes ayent trouvé dans ce siécle-ci qu'il ne doit plus y avoir au monde que des galans.

Nous avouerons bien que les esprits de Madrid sont plus fertiles en invention que les nôtres; & c'est ce qui nous a fait tirer d'eux la plûpart de nos Sujets, lesquels nous avons remplis de tendresses & de discours amoureux, & où nous avons mis plus de régularité & de vraisemblance. La raison en est qu'en Espagne, où les femmes ne se laissent presque jamais voir, l'imagination du Poëte se consomme aux moyens ingénieux de faire trouver les Amans en même lieu; & en France, où la liberté du commerce eſt établie, la grande délicateſſe de l'Auteur eſt employée dans la tendre & amoureuſe expreſſion des ſentimens.

Une femme de qualité Eſpagnole (1) liſoit, il n'y a pas long-temps, le Roman de CLEOPATRE ; & comme après un long récit d'aventures, elle eut tombé ſur une converſation délicate d'un amant & d'une amante également paſſionnés ; *que d'eſprit mal employé*, dit-elle ; *à quoi bon tous ces beaux diſcours, quand ils ſont enſemble ?*

C'eſt la plus belle réflexion que j'aie oüi faire de ma vie ; & Calprenede, quoique François, devoit ſe ſouvenir qu'à des amans nés ſous un ſoleil plus chaud que celui d'Eſpagne, les paroles étoient aſſez inutiles en ces occaſions. Mais le bon ſens de cette Dame ne ſeroit pas reçû dans nos galanteries ordinaires, où il faut parler mille fois d'une paſſion qu'on n'a pas, pour la pouvoir perſuader, & où l'on ſe voit tous les jours pour ſe plaindre, avant que de trouver une heure à finir ce faux tourment.

La précieuſe de Moliere eſt dépeinte ridicule dans la choſe, auſſi bien que dans les termes, de ne vouloir pas *prendre le Roman par la queue*, quand il s'agit de traiter avec des parens l'affaire ſérieuſe d'un

(1) La Princeſſe d'Iſenghien.

mariage (1) : mais ce n'eût pas été une fausse délicatesse avec un galant d'attendre sa déclaration, & tout ce qui vient par dégrés dans le procedé d'une galanterie.

Pour la régularité & la vraisemblance, il ne faut pas s'étonner qu'elles se trouvent moins chez les Espagnols que chez les François. Comme toute la galanterie des Espagnols est venue des Maures, il y reste je ne sai quel goût d'Afrique, étranger des autres Nations, & trop extraordinaire pour pouvoir s'accommoder à la justesse des régles. Ajoûtez qu'une vieille impression de Chevalerie errante, commune à toute l'Espagne, tourne les esprits des Cavaliers aux avantures bizarres. Les filles, de leur côté, goûtent cet air-là dès leur enfance dans les livres de Chevalerie & dans les conversations fabuleuses des femmes qui sont auprès d'elles. Ainsi les deux sexes remplissent leur esprit des mêmes idées; & la plûpart des hommes & des femmes qui aiment, prendroient le scrupule de quelque amoureuse extravagance, pour une froideur indigne de leur passion.

Quoique l'amour n'ait jamais des mesures bien réglées, en quelque pays que ce soit, j'ose dire qu'il n'y a rien de fort extravagant en France, ni dans la maniere dont on le fait, ni dans les événemens or-

---

(1.) Voyez les PRECIEUSES RIDICULES de Moliere.

dinaires qu'il y produit. Ce qu'on appelle une *belle passion*, a de la peine même à se sauver du ridicule ; car les honnêtes-gens partagés à divers soins ne s'y abandonnent pas comme font les Espagnols dans l'inutilité de Madrid, où rien ne donne du mouvement que le seul amour.

A Paris, l'assiduité de notre cour nous attache; la fonction d'une charge ou le dessein d'un emploi, nous occupe : la fortune l'emportant sur les maîtresses, dans un lieu où l'usage est de préférer ce qu'on se doit à ce qu'on aime : les femmes qui ont à se régler là-dessus, sont elles-mêmes plus galantes que passionnées, encore se servent-elles de la galanterie pour entrer dans les intrigues. Il y en a peu que la vanité & l'intérêt ne gouvernent ; & c'est à qui pourra mieux se servir, elles des galans, & les galans d'elles pour arriver à leur but.

L'amour ne laisse pas de se mêler à cet esprit d'intérêt, mais bien rarement il en est le maître ; car la conduite que nous sommes obligés de tenir aux affaires, nous forme à quelque régularité pour les plaisirs, ou nous éloigne au moins de l'extravagance. En Espagne on ne vit que pour aimer. Ce qu'on appelle AIMER en France, n'est proprement que *parler d'amour, & mêler aux sentimens de l'ambition la vanité des galanteries.*

Ces différences considérées, on ne trouvera pas étrange que la COMEDIE des Espagnols, qui n'est autre chose que la représentation de leurs aventures, soit aussi peu reguliere que les aventures : il n'y aura pas à s'étonner que la COMEDIE des François, qui ne s'éloigne guére de leur usage, conserve des égards dans la représentation des amours qu'ils ont ordinairement dans les amours même. J'avoue que le bon sens, qui doit être de tous les pays du monde, établit certaines choses dont on ne doit se dispenser nulle part ; mais il est difficile de ne pas donner beaucoup à la coutume, puisqu'Aristote même dans sa POETIQUE a mis quelquefois la perfection en ce qu'on croyoit de mieux à Athénes, & non pas en ce qui est véritablement le plus parfait.

La Comédie n'a pas plus de privilége que les loix, qui devant toutes être fondées sur la justice, ont néanmoins des différences particulieres, selon le divers génie des peuples qui les ont faites : &, si on est obligé de conserver l'air de l'antiquité ; s'il faut garder le caractére des Héros qui sont morts il y a deux mille ans, quand on les représente sur le théatre, comment peut-on ne suivre pas les humeurs, & ne s'ajuster pas aux manieres de ceux qui vivent, lorsqu'on représente à leurs yeux ce qu'ils font eux-mêmes tous les jours ?

Quelque autorité cependant que se donne la coutume, la raison sans doute a les premiers droits, mais il ne faut pas que son exactitude soit rigide ; car aux choses qui vont purement à plaire, comme la Comédie, il est fâcheux de nous assujettir à un ordre trop austere, & de commencer par la gêne en des sujets où nous ne cherchons que le plaisir.

DE LA COMEDIE ITALIENNE.

Voilà ce que j'avois à dire de la Comédie Françoise & de la Comédie Espagnole, je dirai présentement ce que je pense de l'Italienne. Je ne parlerai point de l'AMINTE, du PASTOR FIDO, de la PHILIS DE SCIRE, & des autres Comédies de cette nature-là : il faudroit connoître mieux que je ne fais les graces de la Langue Italienne ; je prétens parler seulement en ce discours, de la Comédie qui se voit ordinairement sur le Théatre. Ce que nous voyons en France sur celui des Italiens, n'est pas proprement Comédie, puisqu'il n'y a pas un véritable plan de l'ouvrage ; que le sujet n'a rien de bien lié ;

qu'on n'y voit aucun caractere bien gardé, ni de composition où le beau génie soit conduit, au moins selon quelques régles de l'art. Ce n'est ici qu'une espece de concert mal formé entre plusieurs Acteurs, dont chacun fournit de soi ce qu'il juge à propos pour son personnage. C'est, à le bien prendre, un ramas de *Concetti* impertinens dans la bouche des amoureux, & de froides bouffonneries dans celle des *Zanis* (1). Vous ne voyez de bon goût nulle part. Vous voyez un faux esprit qui régne, soit en des pensées pleines de *Cieux*, de *Soleils*, d'*Etoiles* & d'*Elemens*, soit dans une affectation de naïveté qui n'a rien du vrai naturel.

J'avoue que les Bouffons sont inimitables; & de cent imitateurs que j'ai vûs, il n'y en a pas un qui soit parvenu à leur ressembler. Pour les grimaces, les postures, les mouvemens, pour l'agilité, la disposition, pour les changemens d'un visage qui se démonte comme il lui plaît, je ne sai s'ils ne sont pas préferables aux Mimes & aux Pantomimes des Anciens. Il est certain qu'il faut bien aimer la méchante plaisanterie, pour être touché de ce qu'on entend. Il faut être aussi bien grave & bien composé, pour ne rire pas de ce qu'on voit; & ce seroit un goût trop affecté de

(1) Les Bouffons de la Comédie Italienne.

ne se plaire pas à leur action, parce qu'un homme délicat ne prendra pas de plaisir à leurs discours.

Toutes les représentations où l'esprit a peu de part, ennuyent à la fin ; mais elles ne laissent pas de surprendre & d'être agréables quelque temps avant de nous ennuyer. Comme la bouffonnerie ne divertit un honnête homme que par de petits intervalles, il faut la finir à propos & ne pas donner le temps à l'esprit de revenir à la justesse du discours & à l'idée du vrai naturel. Cette économie seroit à desirer dans la Comédie Italienne, où le premier dégoût est suivi d'un nouvel ennui plus lassant encore, & où la varieté, au lieu de vous récréer, ne vous apporte qu'une autre sorte de langueur.

En effet, quand vous êtes las des Bouffons qui ont trop demeuré sur le Théatre, les Amoureux paroissent pour vous accabler. C'est, à mon avis, le dernier supplice d'un homme délicat ; & on auroit plus de raison de préferer une prompte mort à la patience de les écouter, que n'en eut le Lacédémonien de Boccalini, lorsqu'il préfera le gibet à l'ennuyeuse lecture de la *Guerre de Pise* dans Guichardin (1).

(1) *Instantissimamente supplico, che per tutti gl'anni della sua vita lo condannassero a remare in una Galea, che lo murassero tra due mura, e che per misericordia sino lo scorticassero vivi ; perche il leggere quei Disessi senza fine, quei*

Si quelqu'un trop amoureux de la vie, a pû essuyer une lassitude si mortelle, au lieu de remettre son esprit par quelque diversité agréable, il ne trouve de changement que par une autre importunité, dont le Docteur le désespere. Je sai que pour bien dépeindre la sottise d'un Docteur, il faut faire ensorte qu'il tourne toutes ses conversations sur la science dont il est possedé: mais que sans jamais répondre à ce que l'on dit, il cite mille Auteurs & allégue mille passages avec une volubilité qui le met hors d'haleine; c'est introduire un fou qu'on devroit mettre aux petites Maisons, & non pas ménager à propos l'impertinence de son Docteur.

Pétrone a toute une autre économie dans le ridicule d'Eumolpe: la pédanterie de Sidias est autrement ménagée par Théophile: le caractere de Caritides dans les FACHEUX de Moliere, est tout-à-fait juste: on n'en peut rien retrancher, sans défigurer la peinture qu'il en fait. Voilà les Savans ridicules, dont la représentation seroit agréable sur le Théatre. Mais c'est mal divertir un honnête homme, que de lui donner un misérable Docteur que les Li-

―――――――――――
Consigli tanto tediosi, quelle fredissime Concioni, fatte nella presa d'agui vil Colombaia, era crepacuore che superava tutti gl'asini Inglesi, &c. BOC-CAL. Ragguagli di Parnasso, Cent. I. Ragg. VI. Je ne sais ce que Boccalini entend par *asoles Inglesi*.

vres ont rendu fou, & qu'on devroit enfermer soigneusement, comme j'ai dit, pour dérober à la vûe du monde l'imbécillité de notre condition & la misere de notre nature.

C'est pousser trop loin mes observations sur la Comédie Italienne. Et pour recueillir en peu de mots ce que j'ai assez étendu, je dirai qu'au lieu d'Amans agréables, vous n'avez que des Discoureurs d'amour affectés ; au lieu de Comiques naturels, des Bouffons incomparables, mais toujours Bouffons ; au lieu de Docteurs ridicules, de pauvres Savans insensés. Il n'y a presque pas de personnage qui ne soit outré, à la réserve de celui du Pantalon, dont on fait le moins de cas, & le seul néanmoins qui ne passe pas la vraisemblance.

La Tragédie fut le premier plaisir de l'ancienne République ; & les vieux Romains possedés seulement d'une âpre vertu, n'alloient chercher aux Théatres que des exemples qui pouvoient fortifier leur naturel & entretenir leurs dures & austéres habitudes. Quand on joignit la douceur de l'esprit pour la conversation, à la force de l'ame pour les grandes choses, on se plût aussi à la Comédie ; & tantôt on cherchoit de fortes idées, tantôt on se divertissoit par les agréables.

Si-tôt que Rome vint à se corrompre, les Romains quitterent la Tragédie, & se dégoûterent de voir au Théatre une image auſtére de l'ancienne vertu. Depuis ce temps-là, juſqu'au dernier de la République, la Comédie fut le délaſſement des grands hommes, le divertiſſement des gens polis & l'amuſement du peuple, ou relâché ou adouci.

Un peu devant la guerre civile, l'eſprit de la Tragédie revint animer les Romains, dans la diſpoſition ſecrette d'un génie qui les préparoit aux funeſtes révolutions qu'on vit arriver. Céſar en compoſa une, & beaucoup de gens de qualité en compoſerent auſſi. Les déſordres ceſſés ſous Auguſte, & la tranquillité bien rétablie, on chercha toutes ſortes de plaiſirs. Les Comédies recommencerent, les Pantomimes eurent leur crédit, & la Tragédie ne laiſſa pas de ſe conſerver une grande réputation. Sous le regne de Néron, Séneque prit les idées funeſtes, qui lui firent compoſer les Tragédies qu'il nous a laiſſées. Quand la corruption fut pleine & le vice général, les Pantomimes ruinerent tout-à-fait la Tragédie & la Comédie : l'eſprit n'eut plus de part aux repréſentations, & la ſeule vûe chercha dans les poſtures & les mouvemens, ce qui peut donner à l'ame des ſpectateurs des idées voluptueuſes.

Les Italiens aujourd'hui ſe contentent d'être éclairés du même ſoleil, de reſpirer le même air & d'habiter la même terre qu'ont habitée autrefois les vieux Romains : mais ils ont laissé pour les Histoires cette vertu sévere qu'ils exerçoient, ne croyant pas avoir besoin de la Tragédie, pour s'animer à des choses dures qu'ils n'ont pas envie de pratiquer. Comme ils aiment la douceur de la vie ordinaire & les plaisirs de la vie voluptueuse, ils ont voulu former des représentations qui eussent du rapport avec l'une & avec l'autre ; & de-là est venu le mélange de la Comédie & de l'art des Pantomimes, que nous voyons sur le Théatre des Italiens. C'est à peu près ce qu'on peut dire des Italiens qui ont paru en France jusqu'à présent.

Tous les Acteurs de la Troupe qui joue aujourd'hui, sont généralement bons, jusqu'aux Amoureux ; & pour ne leur pas faire d'injustice, non plus que de grace, je dirai que ce sont d'excellens Comédiens qui ont de fort méchantes Comédies. Peut-être n'en sauroient-ils faire de bonnes, peut-être ont-ils raison de n'en avoir pas ; & le Comte de Bristol (1), reprochant un jour à Cinthio, qu'il n'y avoit pas assez de vraisemblance dans leurs Piéces ; Cinthio répondit, que *s'il y en avoit davantage, on verroit de bons Comédiens mourir de faim avec de bonnes Comédies.*

(1) George Digby, Comte de Bristol, mort en 1676.

DE LA COMEDIE ANGLOISE.

IL n'y a point de Comédie qui se conforme plus à celle des Anciens que l'Angloise, pour ce qui regarde les mœurs. Ce n'est point une pure galanterie pleine d'avantures & de discours amoureux, comme en Espagne & en France; c'est la représentation de la vie ordinaire, selon la diversité des humeurs & les différens caractéres des hommes : c'est un *Alchimiste*, qui par les illusions de son art, entretient les espérances trompeuses d'un vain curieux : c'est une personne *simple & crédule*, dont la sotte facilité est éternellement abusée : c'est quelquefois un *Politique* ridicule, grave, composé, qui se concerte sur tout, mystérieusement soupçonneux, qui croit trouver des desseins cachés dans les plus communes intentions, qui pense découvrir de l'artifice dans les plus innocentes actions de la vie : c'est un *Amant bizarre*, un *faux Brave*, un *faux Savant* : l'un, avec des extravagances naturelles ; les autres, avec de ridicules affectations. A la vérité, ces fourberies, ces simplicités, cette politique & le reste de ces caractéres ingénieusement formés, se poussent trop loin à notre avis, comme ceux qu'on voit sur notre Théatre demeurent un peu languissans au goût des Anglois; & cela vient peut-être de ce que les Anglois pensent trop, & de ce que les François d'ordinaire ne pensent pas assez.

En effet, nous nous contentons des premieres images que nous donnent les objets; & pour nous arrêter aux simples dehors, l'apparent presque toujours nous tient lieu du vrai, & le facile du naturel. Sur quoi je dirai en passant que ces deux dernieres qualités sont quelquefois très-mal à propos confondues. Le facile & le naturel conviennent assez dans leur opposition à ce qui est dur ou forcé : mais quand il s'agit de bien entrer dans la nature des choses, ou dans le naturel des personnes, on m'avouera que ce n'est pas toujours avec facilité qu'on y réussit. Il y a je ne sai quoi d'intérieur, je ne sai quoi de caché qui se découvriroit à nous, si nous savions approfondir les matiéres davantage. Autant qu'il nous est mal-aisé d'y entrer, autant il est difficile aux Anglois d'en sortir. Ils deviennent maîtres de la chose à quoi ils pensent, qu'ils ne le sont pas de leur pensée. Possédés de leur esprit, quand ils possédent leur sujet, ils creusent encore où il n'y a plus rien à trouver, & passent la juste & naturelle idée qu'il faut avoir, par une recherche trop profonde. A la vérité, je n'ai point vû de gens de meilleur entendement que les François qui considérent les choses avec attention, & les Anglois qui peuvent se détacher de leurs trop grandes méditations, pour revenir à la facilité du discours, à certaine liberté d'esprit qu'il faut posséder toujours, s'il est possible. Les plus honnêtes gens du monde, ce sont les François qui pensent, & les Anglois qui parlent.

Je me jetterois insensiblement en des considérations trop générales ; ce qui me fait reprendre mon sujet de la Comédie, & passer à une différence considérable qui se trouve entre la nôtre & la leur, c'est qu'attachés à la régularité des Anciens, nous rapportons tout à une action principale, sans autre diversité que celle des moyens qui nous y font parvenir. Il faut demeurer d'accord qu'un évenement principal doit être le but & la fin de la représentation dans la Tragédie, où l'esprit sentiroit quelque violence dans les diversions qui détourneroient sa pensée. L'infortune d'un Roi misérable, la mort funeste & tragique d'un grand Héros, tiennent l'ame fortement attachée à ces importans objets; & il lui suffit, pour toute variété, de savoir les divers moyens qui conduisent à cette principale action. Mais la Comédie étant faite pour nous divertir, & non pas pour nous occuper, pourvû que le vraisemblable soit gardé, & que l'extravagance soit évitée, au sentiment des Anglois, les diversités font des surprises agréables & des changemens qui plaisent; au lieu que l'attente continuelle d'une même chose, où l'on ne conçoit rien d'important, fait nécessairement languir notre attention.

Ainsi donc, au lieu de représenter une fourberie signalée, conduite par des moyens qui se rapportent tous à la même fin, ils représentent un trompeur insigne, avec des fourberies diverses, dont chacune produit son effet particulier par sa propre constitution. Comme ils renoncent presque toujours à l'unité d'action, pour représenter une personne principale qui les divertit par des actions différentes, ils quittent souvent aussi cette personne principale, pour faire voir diversement ce qui arrive en des lieux publics à plusieurs personnes. Ben-Johnson en a usé de la sorte dans BARTHOLOMEW FAIR (1). On vient de faire la même chose dans EPSOM-WELLS (2); & dans toutes les deux Comédies, on repré-

---

(1) C'est à-dire, la Foire de la Saint Barthelemi.
(2) C'est à-dire, les Eaux d'Epsom. Cette Comédie est de Shadwell.

sente comiquement ce qui se passe de ridicule en ces lieux publics.

On voit quelqu'autres Piéces, où il y a comme deux Sujets, qui entrent si ingénieusement l'un dans l'autre, que l'esprit des Spectateurs (qui pourroit être blessé par un changement trop sensible) ne trouve qu'à se plaire dans une agréable variété qu'ils produisent. Il faut avouer que la régularité ne s'y rencontre pas ; mais les Anglois sont persuadés que les libertés qu'on se donne pour mieux plaire, doivent être préferées à des régles exactes, dont un Auteur stérile & languissant se fait un art d'ennuyer.

Il faut aimer la régle pour éviter la confusion ; il faut aimer le bon sens qui modere l'ardeur d'une imagination allumée ; mais il faut ôter à la régle toute contrainte qui gêne, & bannir une raison scrupuleuse, qui par un trop grand attachement à la justesse, ne laisse rien de libre & de naturel. Ceux que la nature a fait naître sans génie, ne pouvant jamais se le donner, donnent tout à l'art qu'ils peuvent acquérir ; & pour faire valoir le seul mérite qu'ils ont d'être réguliers, ils n'oublient rien à décrier les ouvrages qui ne le sont pas tout-à-fait. Pour ceux qui aiment le ridicule, qui prennent plaisir à bien connoître le faux des esprits, qui sont touchés des vrais caractéres, ils trouveront les belles Comédies des Anglois selon leur goût, autant & peutêtre plus qu'aucunes qu'ils ayent jamais vûes.

Notre Moliere, à qui les Anciens ont inspiré le bon esprit de la Comédie, égale leur Ben-Johnson à bien représenter les diverses humeurs & les différentes maniéres des hommes : l'un & l'autre conservant dans leurs peintures un juste rapport avec le génie de leur Nation. Je croirois qu'ils ont été plus loin que les Anciens en ce point-là ; mais on ne sauroit nier qu'ils n'ayent eu plus d'égard aux catactéres qu'au gros des sujets, dont la suite aussi pourroit être mieux liée, & le dénoûment plus naturel.

SUR LES OPERA.
A M. LE DUC
DE BUCKINGHAM (1).

IL y a long-temps, Mylord, que j'avois envie de vous dire mon sentiment sur les OPERA, & de vous parler de la différence que je trouve entre la maniere de

(1) George Villiers, Duc de Buckingham, mort en 1687.

chanter des Italiens, & celle des François; L'occasion que j'ai eue d'en parler chez Madame Mazarin, a plûtôt augmenté que satisfait cette envie : je la contente aujourd'hui, Mylord, dans le discours que je vous envoye.

Je commencerai par une grande franchise, en vous disant que je n'admire pas fort les Comédies en musique, telles que nous les voyons présentement. J'avoue que leur magnificence me plaît assez, que les machines ont quelque chose de surprenant, que la musique en quelques endroits est touchante, que le tout ensemble paroît merveilleux ; mais il faut aussi avouer que ces merveilles deviennent bientôt ennuyeuses ; car, où l'esprit a si peu à faire, c'est une nécessité que les sens viennent à languir. Après le premier plaisir que nous donne la surprise, les yeux s'occupent, & se lassent ensuite d'un continuel attachement aux objets. Au commencement des concerts, la justesse des accords est remarquée ; il n'échape rien de toutes les diversités qui s'unissent pour former la douceur de l'harmonie : quelque temps après, les instrumens nous étourdissent ; la musique n'est plus aux oreilles qu'un bruit confus qui ne laisse rien distinguer. Mais qui peut résister à l'ennui du récitatif, dans une modulation qui n'a ni le charme du chant, ni la force agréable de la parole ? L'ame fatiguée d'une longue attention où elle ne trouve rien à sentir, cherche en elle-même quelque secret mouvement qui la touche. L'esprit qui s'est prêté vainement aux impressions du dehors, se laisse aller à la rêverie, ou se déplaît dans son inutilité : enfin, la lassitude est si grande, qu'on ne songe qu'à sortir ; & le seul plaisir qui reste à des spectateurs languissans, c'est l'espérance de voir finir bientôt le spectacle qu'on leur donne.

La langueur ordinaire où je tombe aux Opera, vient de ce que je n'en ai jamais vû qui ne m'ait paru méprisable dans la disposition du sujet & dans les vers. Or, c'est vainement que l'oreille est flattée & que les yeux sont charmés, si l'esprit ne se trouve pas satisfait. Mon ame, d'intelligence avec mon esprit plus qu'avec mes sens, forme une résistance secrette aux impressions qu'elle peut recevoir, ou pour le moins elle manque d'y prêter un consentement agréable, sans lequel les objets les plus voluptueux même ne sauroient me donner un grand plaisir. Une sottise chargée de musique, de danses, de machines, de décorations, est une sottise magnifique, mais toujours sottise ; c'est un vilain fonds sous de beaux dehors, où je pénétre avec beaucoup de désagrément.

Il y a une autre chose dans les Opera, tellement contre la nature, que mon imagination en est blessée; c'est de faire chanter toute la Piéce depuis le commencement jusqu'à la fin, comme si les personnes qu'on représente s'étoient ridiculement ajustées, pour traiter en musique & les plus communes, & les plus importantes affaires de leur vie. Peut-on s'imaginer qu'un maître appelle son valet, ou qu'il lui donne une commission en chantant ; qu'un ami fasse, en chantant, une confidence à son ami; qu'on délibere en chantant dans un Conseil, qu'on exprime avec du chant les ordres qu'on donne, & que mélodieusement on tue les hommes à coups d'épée & de javelot dans un combat ? C'est perdre l'esprit de la représentation, qui sans doute est préférable à celui de l'harmonie ; car celui de l'harmonie ne doit être qu'un simple accompagnement; & les grands maîtres du Théatre l'ont ajoutée comme agréable, non pas comme nécessaire, après avoir réglé tout ce qui regarde le sujet & le discours. Cependant l'idée du Musicien va devant celle du Héros dans les Opera; c'est Lulli, c'est Cavallo, c'est Cesti qui se présentent à l'imagination. L'esprit ne pouvant concevoir un Héros qui chante, s'attache à celui qui fait chanter; & on ne sauroit nier qu'aux représentations du Palais Royal, on ne songe cent fois plus à Lulli qu'à Thésée, ni à Cadmus.

Je ne prétens pas néanmoins donner l'exclusion à toute sorte de chant sur le Théatre. Il y a des choses qui doivent être chantées; il y en a qui peuvent l'être sans choquer la bienséance ni la raison. Les vœux, les prieres, les sacrifices, & généralement tout ce qui regarde le service des Dieux, s'est chanté dans toutes les nations & dans tous les temps. Les passions tendres & douloureuses s'expriment naturellement par une espéce de chant : l'expression d'un amour que l'on sent naître, l'irrésolution d'une ame combattue de divers mouvemens, sont des matieres propres pour les Stances, & les Stances le sont assez pour le chant. Personne n'ignore qu'on avoit introduit des chœurs sur le Théatre des Grecs ; & il faut avouer qu'ils pourroient être introduits avec autant de raison sur les nôtres. Voilà quel est le partage du chant, à mon avis ; tout ce qui est de la conversation & de la conférence : tout ce qui regarde les intrigues & les affaires, ce qui appartient au conseil & à l'action, est propre aux Comédiens qui récitent, & ridicule dans la bouche des Musiciens qui le chantent. Les Grecs faisoient de belles Tragédies où ils chantoient quelque chose : les Italiens & les François en font de méchantes où ils chantent tout.

Si vous voulez savoir ce que c'est qu'un OPERA, je vous dirai que c'est *un travail bisarre de Poësie & de Musique, où le Poëte & le Musicien également gênés l'un par l'autre, se donnent bien de la peine à faire un méchant Ouvrage.* Ce n'est pas que vous n'y puissiez trouver des paroles agréables & de fort beaux airs; mais vous trouverez plus sûrement à la fin, le dégoût des vers où le génie du Poëte a été contraint, & l'ennui du chant où le Musicien s'est épuisé dans une trop longue Musique. Si je me sentois capable de donner conseil aux honnêtes gens qui se plaisent au Théatre, je leur conseillerois de reprendre le goût de nos belles Comédies, où l'on pourroit introduire des danses & de la musique, qui ne nuiroient en rien à la représentation : on y chanteroit un Prologue avec des accompagnemens agréables : dans les Intermédes, le chant animeroit des paroles qui seroient comme l'esprit de ce qu'on auroit représenté. La représentation finie, on viendroit à chanter une Epilogue, ou quelque réflexion sur les plus grandes beautés de l'ouvrage : on en fortifieroit l'idée, & feroit conserver plus cherement l'impression qu'elles auroient fait sur les Spectateurs. C'est ainsi que vous trouveriez de quoi satisfaire les sens & l'esprit, n'ayant
plus

plus à desirer le charme du chant dans une pure représentation, ni la force de la repréfentation dans la langueur d'une continuelle musique.

Il me reste encore à vous donner un avis pour toutes les Comédies où l'on met du chant ; c'est de laisser l'autorité principale au Poëte pour la direction de la Piéce. Il faut que la musique soit faite pour les vers, bien plus que les vers pour la musique. C'est au Musicien à suivre l'ordre du Poëte dont Lulli seul doit être exempt, pour connoître mieux les passions, & aller plus avant dans le cœur de l'homme que les Auteurs. Cambert (1) a sans doute un fort beau génie, propre à cent musiques différentes, & toutes bien ménagées avec une juste économie des voix & des instrumens. Il n'y a point de récitatif mieux entendu, ni mieux varié que le sien : mais pour la nature des passions ; pour la qualité des sentimens qu'il faut exprimer, il doit recevoir des Auteurs les lumieres que Lulli leur fait donner, & s'assujettir à la direction, quand Lulli par l'étendue de sa connoissance, peut être justement leur directeur.

Je ne veux pas finir mon discours sans vous entretenir du peu d'estime qu'ont les

_____
(1) Voyez la COMEDIE DES OPERA, Act. II. Sc. IV. & la VIE de M. de Saint Evremond, sur l'année 1678.

Italiens pour nos Opera (1), & du grand dégoût que nous donnent ceux d'Italie. Les Italiens qui s'attachent tout-à-fait à la représentation, ne sauroient souffrir que nous appellions OPERA un enchaînement de danses & de musique, qui n'ont pas un rapport bien juste, & une liaison assez naturelle avec les sujets. Les François, accoutumés à la beauté de leurs Ouvertures, à l'agrément de leurs Airs, au charme de leurs Symphonies, souffrent avec peine l'ignorance, ou le méchant usage des instrumens aux Opera de Venise, & refusent leur attention à un long Récitatif, qui devient ennuyeux par le peu de variété qui s'y rencontre. Je ne saurois vous dire proprement ce que c'est que leur RECITATIF; mais je sai bien que ce n'est ni chanter, ni réciter; c'est une chose inconnue aux Anciens, qu'on pourroit définir *un méchant usage du Chant & de la Parole.* J'avoue que j'ai trouvé des choses inimitables dans l'Opera de Luigi, & pour l'expression des sentimens, & pour le charme de la musique; mais le Récitatif ordinaire ennuyoit beaucoup, en sorte que les Italiens même attendoient avec impatience les beaux endroits qui venoient à leur opinion trop rarement. Je comprendrai les plus grands

---

(1) Voyez le PARALELLE *des Italiens & des François, en ce qui regarde la Musique & les Opera,* par l'Abbé Raguenet.

défauts de nos Opera en peu de paroles. On y pense aller à une représentation, & l'on ne représente rien : on y veut voir une Comédie, & l'on n'y trouve aucun esprit de la Comédie.

Voilà ce que j'ai crû pouvoir dire de la différente constitution des Opera. Pour la maniére de chanter, que nous appellons en France Execution, je croi sans partialité qu'aucune Nation ne sauroit la disputer à la nôtre. Les Espagnols ont une disposition de gorge admirable : mais avec leurs fredons & leurs roulemens, ils semblent ne songer à autre chose dans leur chant qu'à disputer la facilité du gosier aux Rossignols. Les Italiens ont l'expression fausse, ou du moins outrée, pour ne connoître pas avec justesse la nature ou le degré des passions. C'est éclater de rire plutôt que chanter, lorsqu'ils expriment quelque sentiment de joie. S'ils veulent soupirer, on entend des sanglots qui se forment dans la gorge avec violence, non pas des soupirs qui échappent secrettement à la passion d'un cœur amoureux. D'une réfléxion douloureuse, ils font les plus fortes exclamations : les larmes de l'absence sont des pleurs de funérailles : le triste devient lugubre dans leurs bouches : ils font des cris au lieu de plaintes dans la douleur; & quelquefois ils expriment la langueur de la passion, comme une défaillance de la nature. Peut-être qu'il y a du changement aujourd'hui dans leur maniére de chanter, & qu'ils ont profité de notre commerce pour la propreté d'une Exécution polie, comme nous avons tiré avantage du leur, pour les beautés d'une plus grande & plus hardie composition.

J'ai vû des Comédies en Angleterre où il y avoit beaucoup de musique : mais pour en parler discrétement, je n'ai pû m'accoutumer au chant des Anglois. Je suis venu trop tard en leur pays, pour pouvoir prendre un goût si différent de tout autre. Il n'y a point de Nation qui fasse voir plus de courage dans les hommes, & plus de beauté dans les femmes, plus d'esprit dans l'un & dans l'autre sexe. On ne peut pas avoir toutes choses. Où tant de bonnes qualités sont communes, ce n'est pas un si grand mal que le bon goût y soit rare : mais il est certain qu'il s'y rencontre assez rarement ; mais les personnes en qui on le trouve l'ont aussi délicat que gens du monde, pour échapper à celui de leur Nation par un art exquis, ou par un très-heureux naturel.

Solus Gallus cantat ; il n'y a que le François qui chante. Je ne veux pas être injurieux à toutes les autres Nations, & soutenir ce qu'un Auteur a bien voulu avancer ; *Hispanus flet, dolet Italus, Germanus boat, Flander ululat, solus Gallus cantat* ; je lui laisse toutes ces belles distinctions, & me contente d'appuyer mon sentiment de l'autorité de Luigi, qui ne pouvoit souffrir que les Italiens chantassent ses Airs, après les avoir oüi chanter à M. Nyert, à Hilaire, à la petite la Varenne. A son retour en Italie, il se rendit tous les Musiciens de sa nation ennemis, disant hautement à Rome, comme il avoit dit à Paris, que pour rendre une Musique agréable, il falloit des Airs Italiens dans la bouche des François. Il faisoit peu de cas de nos chansons, excepté de celles de Boisset, qui attirerent son admiration. Il admira le concert de nos Violons, il admira nos Luths, nos Clavessins, nos Orgues ; & quel charme n'eût-il pas trouvé à nos Flutes, si elles avoient été en usage en ce temps-là ! ce qui est certain, c'est qu'il demeura fort rebuté de la rudesse & de la dureté des plus grands Maîtres d'Italie, quand il eut goûté la tendresse du toucher, & la propreté de la maniére de nos François.

Je serois trop partial, si je ne parlois que de nos avantages. Il n'y a guéres de gens qui ayent la compréhension plus lente, & pour le sens des paroles, & pour entrer dans l'esprit du Compositeur, que les François ; il y en a peu qui entendent moins la Quantité, & qui trouvent avec tant de peine la Prononciation ; mais après qu'une longue étude leur a fait surmonter toutes ces difficultés, & qu'ils viennent à posséder bien ce qu'ils chantent, rien n'approche de leur agrément. Il nous arrive la même chose sur les Instrumens, & particuliérement dans les Concerts, où rien n'est bien sûr, ni bien juste, qu'après une infinité de répétitions; mais rien de si propre & de si poli, quand les répétitions sont achevées. Les Italiens profonds en Musique nous portent leur science aux oreilles sans douceur aucune : les François ne se contentent pas d'ôter à la science la premiere rudesse qui sent le travail de la composition; ils trouvent dans le secret de l'exécution, comme un charme pour notre ame, & je ne sai quoi de touchant qu'ils savent porter jusques au cœur.

J'oubliois à vous parler des Machines, tant il est facile d'oublier les choses qu'on voudroit qui fussent retranchées. Les Machines pourront satisfaire la curiosité des gens ingénieux pour des inventions de Mathématiques; mais elles ne plairont guére au Théatre à des personnes de bon goût. Plus elles surprennent, plus elles divertissent l'esprit de son attention au discours; & plus elles sont admirables, & moins l'impression de ce merveilleux laisse à l'ame de tendresse & du sentiment exquis dont elle a besoin, pour être touchée du charme de la

Musique. Les Anciens ne se servoient de machines que dans la nécessité de faire venir quelque Dieu ; encore les Poëtes étoient-ils trouvés ridicules presque toujours, de s'être laissé réduire à cette nécessité-là. Si l'on veut faire de la dépense, qu'on la fasse pour les belles décorations, d'ont l'usage est plus naturel & plus agréable que n'est celui des Machines. L'Antiquité qui exposoit des Dieux à ses portes, & jusques à ses foyers ; cette Antiquité, dis-je, toute vaine & crédule qu'elle étoit, n'en exposa néanmoins que fort rarement sur le Théatre. Après que la créance en a été perdue, les Italiens ont rétabli en leurs Opera des Dieux éteints dans le monde, & n'ont pas craint d'occuper les hommes de ces vanités ridicules, pourvû qu'ils donnassent à leurs Piéces un plus grand éclat par l'introduction de cet éblouissant & faux merveilleux. Ces divinités de Théatre ont abusé assez longtems l'Italie. Détrompée heureusement à la fin, on la voit renoncer à ces mêmes Dieux qu'elle avoit rappellés, & revenir à des choses qui n'ont pas véritablement la derniére justesse ; mais qui sont moins fabuleuses, & que le bon sens avec un peu d'indulgence ne rejette pas.

Il nous est arrivé au sujet des Dieux & des Machines, ce qui arrive presque toujours aux Allemans sur nos modes. Nous venons de prendre ce que les Italiens abandonnent; & comme si nous voulions réparer la faute d'avoir été prévenus dans l'invention, nous poussons jusques à l'excès un usage, qu'ils avoient introduit mal-à-propos, mais qu'ils ont ménagé avec retenue. En effet, nous couvrons la terre de Divinités, & les faisons danser par troupes, au lieu qu'ils les faisoient descendre avec quelque sorte de ménagement aux occasions les plus importantes. Comme l'Arioste avoit outré le merveilleux des Poëmes par le fabuleux incroyable, nous outrons le fabuleux par un assemblage confus de Dieux, de Bergers, de Héros, d'Enchanteurs, de Fantomes, de Furies, de Démons. J'admire Lulli aussi bien pour la direction des Danses, qu'en ce qui touche les voix & les instrumens : mais la constitution de nos Opera doit paroître bien extravagante à ceux qui ont le bon goût du vraisemblable & du merveilleux.

Cependant on court hasard de se décrier par ce bon goût, si on ose le faire paroître; & je conseille aux autres, quand on parle devant eux de l'Opera, de se faire à eux-mêmes un secret de leurs lumiéres. Pour moi qui ai passé l'âge & le tems de me signaler dans le monde par l'esprit des modes, & par le mérite des fantaisies, je me résous de prendre le parti du bon sens, tout abandonné

donné qu'il eſt, & de ſuivre la raiſon dans ſa diſgrace, avec autant d'attachement, que ſi elle avoit encore ſa premiere conſidération. Ce qui me fâche le plus de l'entêtement où l'on eſt pour l'Opera, c'eſt qu'il va ruiner la Tragédie, qui eſt la plus belle choſe que nous ayons, la plus propre à élever l'ame, & la plus capable de former l'eſprit.

Concluons après un ſi long diſcours, que la conſtitution de nos Opera ne ſauroit être guére plus défectueuſe. Mais il faut avouer en même temps, que perſonne ne travaillera ſi bien que Lulli ſur un ſujet mal conçu; & qu'il eſt difficile de faire mieux que Quinault, en ce qu'on exige de lui.

LES OPERA,
COMÉDIE.

ACTEURS.

Monsieur CRISARD, Conseiller au Présidial de Lyon.

Madame CRISARD, sa femme.

Mademoiselle CRISOTINE leur fille, devenue folle par la lecture des Opera.

TIRSOLET, jeune homme de Lyon, devenu fou par les Opera, comme elle.

M. DE MONTIFAS, Baron de Pourgeolette, cousin de Madame Crisard.

M. GUILLAUT, Médecin célébre à Lyon, & homme d'esprit.

M. MILLAUT, Théologal de Lyon.

PERRETTE, Gouvernante de la maison de M. Crisard.

GILOTIN, vieux Valet de M. de Montifas.

La Scéne est à Lyon, dans la Maison de M. Crisard.

LES OPERA,
COMÉDIE.

ACTE PREMIER.

SCENE PREMIERE.

M. CRISARD *revenant du Palais*, PERRETTE.

M. CRISARD.

Ola, ho! Perrette.
PERRETTE.
Que vous plaît-il, Monsieur?
M. CRISARD.
Prenez ma robe, nettoyez-la, pliez-la, & la mettez dans un coffre, où elle demeurera jusqu'après les Fêtes.

F iij

PERRETTE.

Voilà une robe qui nous donne bien plus de peine que de profit. Donnez-la cette belle robe, que je la mette sous la clef.

M. CRISARD.

Perrette, Perrette, parlez mieux d'un vêtement qui fait la décence de ma personne, & qui se peut dire une marque auguste de ma profession. Vous parlez contre vous-même. Notre robe n'est pas si peu de chose, qu'elle ne fasse tomber quelque distinction sur ceux qui nous servent. Vous êtes regardée d'un autre œil dans Lyon, qu'on ne regarde les servantes des Marchands, Perrette.

PERRETTE.

Monsieur Crisard, mon maître, c'est une belle chose que d'être Juge : mais ma tante Jacqueline gagnoit plus d'argent en huit jours avec votre pere Monsieur Tourteau, gros & riche Marchand de Lyon, que je n'en gagne en six mois avec son fils, Monsieur Crisard le Conseiller. On ne sait ce que c'est que d'étrennes chez vous : il n'y a point de Procès à Lyon.

M. CRISARD.

Si tu avois été au Palais ce matin, tu changerois bien d'avis, Perrette. Il ne s'est jamais vuidé une si belle affaire que celle que j'ai emportée. L'honneur n'en est dû qu'à moi; & j'espere que les étrennes iront mieux. Une gloire si grande ne doit pas être célée à la famille. Appelle Madame Crisard, que je lui conte comment cela s'est passé.

SCENE II.

PERRETTE, Madame CRISARD.

PERRETTE *sortant rencontre sa maîtresse.*

Madame, Monsieur est revenu du Palais avec une face toute joyeuse: il desire de vous parler, & c'est sans doute pour vous faire part de son contentement.

Madame CRISARD.
Où est-il, Perrette ?

PERRETTE.
A la salle.

Madame CRISARD.
Allons le trouver.

SCENE III.

M. CRISARD, Madame CRISARD, PERRETTE.

M. CRISARD.

MA Toute, j'avois une grande impatience de te revoir.

Madame CRISARD.

Tu nous as fait attendre bien tard, mon Tou-tou.

M. CRISARD.

Je m'étonne que je sois sorti du Palais de si bonne heure. L'affaire que nous avions pouvoit bien nous y retenir jusqu'au soir. Comme les chagrins qu'on trouve au Palais se répandent bien souvent sur la famille, les satisfactions qu'on y reçoit doivent être aussi communiquées. Qu'on appelle Crisotine, je veux faire part de ma gloire à toute ma maison.

PERRETTE.

Bonne-foi, Crisotine a bien d'autres choses en tête que vos affaires du Palais. Vous pouvez les conter sans elle dès qu'il vous plaira.

Madame CRISARD.

Ce ne sont pas des choses qui conviennent trop à son âge : mais il me semble pourtant que Crisotine est assez avancée, & qu'elle a l'esprit assez mûr.

PERRETTE.

Dieu veuille que le corps ne le soit pas plus que l'esprit. Il y a un certain Monsieur Tirsolet, l'un de nos Penons de Bellecour, qui pourroit bien la trouver plus mure que vous ne pensez.

M. CRISARD.

N'est-ce pas ce jeune homme qui lui faisoit lire les Astrées, & ne l'entretenoit jamais que de la riviere de *Lignon* ? Cela est dangereux pour les jeunes esprits ; & je t'avouerai, ma Toute, que ces entretiens-là m'ont donné beaucoup d'appréhension. Je craignois qu'il ne lui mît dans la tête la fantaisie d'être Bergere, & qu'il ne la menât un beau jour au Pays de Forêts.

Madame CRISARD.

Ah ! Monsieur, vous ne deviez pas avoir cette opinion-là de votre fille : il n'y en eût jamais une si bien née.

PERRETTE.

Ce Mon... Ma foi, vous vous y connoissez ! Je vous le redis pour la décharge de ma conscience : Monsieur Tirsolet ne me plaît pas. Ils ne font que chanter & baller ensemble. Crisotine dit qu'elle est HERMI-GEONE, & Tirsolet qu'il est CAMUS.

M. CRISARD.

C'est HERMIONE & CADMUS, Perrette.

PERRETTE.

HERMIGÉONE, ou HERMIONE, c'est de quoi Perrette ne se soucie pas. Après cela, ils se font des adieux en chantant & en pleurant, comme s'ils ne devoient jamais se revoir : mais je ne m'y connois point, ou ils ne se quitteront pas si-tôt, à moins qu'on ne les sépare.

Madame CRISARD.

Prenez garde à ce que vous dites, Perrette. Crisotine aura eu quelque petite rudesse pour vous qui vous fait parler ainsi par vengeance. Quand j'étois auprès de ma tante de Montifas, mere de mon cousin le Baron de Pourgeolette, on m'avoit donné une servante de votre humeur, qui me brouilla avec ma tante, & faillit à me faire bien du tort, parce que j'aimois la compagnie d'un jeune Gentilhomme, qui me recherchoit en tout bien & en tout honneur, mais secrettement, pour connoître un peu nos humeurs avant que de faire aucune déclaration.

PERRETTE.

Et comment avoit nom votre servante, Madame ?

Madame CRISARD.

Elle avoit nom Suzanne.

PERRETTE.

Ma foi, Madame, vous avez raison: Suzanne ressembloit fort à Perrette: mais n'en parlons plus. Je m'en vais appeller Crisotine.

SCENE IV.

PERRETTE, CRISOTINE, M. CRISARD, Madame CRISARD.

PERRETTE.

CRisotine, Monsieur votre pere vous demande.

CRISOTINE *parle en Vers, & tous les Vers se chantent.*

Ah! Que tu viens mal à propos
Troubler mon innocent repos!

PERRETTE.

Il n'est pas temps de chanter; je vous dis qu'on vous demande.

CRISOTINE.

Je m'en irai seulette:
Cherche qui te suivra.
Es-tu bien satisfaite,
Inhumaine Perrette,
De m'avoir fait quitter les airs de l'Opera?

PERRETTE.

Monsieur, je n'y entens plus rien. Votre fille ne parle & ne répond qu'en chantant. Elle est folle, ou pour le moins elle se moque de vous & de moi.

CRISOTINE *parle à son pere & à sa mere.*

Je viens en fille obéissante,
Recevoir vos commandemens,
Et me plaindre d'une servante
Qui m'interrompt à tous momens,
Et ne souffre pas que je chante
D'Hermione & Cadmus les tendres sentimens.

M. CRISARD.

Crisotine, je suis bien fâché de voir que Perrette a tant de raison contre vous : j'avois craint l'extravagance des Romans & des Bergeries ; nous tombons dans celle des Opera, où je ne m'attendois pas. Le mal n'est pas encore si grand, qu'il ne se puisse guérir. Parlez comme les autres, Crisotine, ou je donnerai tel Arrêt contre les Opera, qu'il n'en sera jamais parlé dans le ressort de ma Jurisdiction.

CRISOTINE.

A quelle injuste violence
Se porteroit votre courroux !
Pere, Baptiste, Opera, ma naissance,
Me faudra-t-il décider entre vous ?

M. CRISARD.

Comment, misérable! Vous êtes partagée entre Baptiste & votre pere! Quel déreglement d'esprit! Quelle corruption de mœurs! Vous aviez raison, Madame Crisard, de vouloir justifier votre fille.

CRISOTINE.

O douce mere!

Rigoureux pere!

Cadmus! Pauvre Cadmus!

Je ne vous verrai plus.

M. CRISARD.

Il n'y a qu'un mot, Crisotine; ou vous ne chanterez plus, ou vous sortirez de ma maison.

CRISOTINE.

Je vous suivrai, Cadmus; je veux vous suivre, Alceste;

Thésée est en péril, on ne le quitte pas.

De vos Héros, Lulli, je suivrai tout le reste.

Madame CRISARD.

Voulez-vous aller contre le commandement de votre pere? A quoi songez-vous?

CRISOTINE.

Je ne les suivrai point; vous arrêtez mes pas.

Madame CRISARD.

C'est déja-là un commencement de raison, Tou-tou.

M. CRISARD.

C'en eſt un commencement, mais bien foible. Dieu veuille qu'il ſoit ſuivi.

Madame CRISARD.

Ma fille, obéïſſez, & ne chantez plus.

CRISOTINE.

Je le ferai, ſi je puis........

Il ſeroit plus doux de ſe taire,
Que parler comme le vulgaire.

M. CRISARD.

Criſotine, encore?

CRISOTINE.

Je ne chanterai plus, & vous plaît-il de m'entendre?

Madame CRISARD.

Nous ne manquerons pas d'attention. Parlez.

CRISOTINE.

Vous m'avez toujours élevée dans des manieres ſi éloignées de celles des Bourgeois, que vous ne devez pas trouver étrange que je ſuive le plûtôt qu'il m'eſt poſſible celles de la Cour. Je vous apprens, mon pere, que depuis le dernier Opera, il n'y a pas un homme de condition qui parle autrement qu'en chantant. Quand on ſe rencontre le matin, ce ſeroit une incivilité grossiere que de ne se pas saluer avec du chant :

Comment, Monsieur, vous portez-vous ?

On répond :

Je me porte à votre service.

Si on fait une partie pour l'après-dîné :

Après-dîné, que ferons-nous ?

On peut répondre :

Allons voir la belle Clarice.

Et cela se chante naturellement, comme on fait à l'Opera, quand on s'entretient de choses indifférentes. Si on donne une commission à un valet, on ne manque pas de la mettre en chant, aussi bien que le salut. Par exemple, on appelle des *Valets* :

Holà, ho ! La Pierre, Picard :
Ho ! La Verdure, La Montagne :
Que quelqu'un aille de ma part
Trouver mon frere à la campagne,
Pour savoir s'il fait le dessein
De venir en ville demain.

Les discours les plus ordinaires se chantent à peu près ainsi, & l'on ne sait plus ce que c'est, parmi les honnêtes gens, de parler autrement qu'en musique.

M. CRISARD.

Les gens de qualité chantent-ils, quand ils sont avec les Dames?

CRISOTINE.

S'ils chantent! s'ils chantent! C'est dommage qu'un homme du monde voulût entretenir une compagnie avec la pure & simple parole, comme on faisoit autrefois: on le traiteroit bien d'homme du vieux temps. Les laquais se moqueroient de lui.

M. CRISARD.

Et dans la Ville?

CRISOTINE.

Je vous dirai. Tous les gens un peu considérables font comme les gens de la Cour. Il n'y a plus qu'à la rue S. Denis, à la rue S. Honoré & sur le Pont Nôtre-Dame, où la vieille coutume se pratique encore; l'on y vend & l'on y achete sans chanter. Chez Gautier, à l'Orangerie, chez tous les Marchands qui fournissent les Dames d'Etoffes, de galanteries, de bijoux, tout se chante; & si les Marchands qui suivent la Cour ne chantoient pas, on confisqueroit leurs marchandises. On dit qu'il y a un grand ordre pour cela. On ne fait plus de Prevôt des Marchands qui ne sache la musique, & que Monsieur Lulli n'examine, pour voir s'il est capable de connoître & de faire observer les régles du chant.

Madame

Madame CRISARD.

Eh! bien, Tou-tou, n'avois-je pas raison de n'être pas si fort en colere contre votre fille? Si cela est, comme je n'en doute point, n'est-elle pas bien fondée?

M. CRISARD.

Si cela est vrai, je suis au désespoir d'avoir été prévenu par ma fille ; car j'ai toujours été curieux des belles Modes de la Cour. Il y a dix-huit ans que je porte la robe, & que je m'habille dans toute la décence que peut demander ma profession : mais auparavant, qui avoit les Modes à Lyon plûtôt que moi ? Est-ce que je n'ai pas été le premier à porter les Chausses à la Candale ? Tant qu'on a porté des Canons, qui a poussé plus loin la décoration de la jambe ? Au lieu de Chausses à la Candale, j'ai présentement des Paragrafes dans la téte, & je referois le CODE & le DIGESTE, s'ils étoient brulés. Concluez de tout cela, Crisotine, que si on parle à la Cour comme à l'Opera, je serai le premier à en introduire l'usage dans notre Chambre. J'aurai bientôt appris assez de Musique pour cela. Mais si vous vous êtes trompée, il faut quitter votre entêtement, & ne pas entretenir une folie qui vous rendroit ridicule à tout le monde. Voilà une affaire vuidée ; un peu d'attention ; écoutez celle que j'ai emportée glo-

rieusement ce matin. Connoissez-vous Monsieur Guillaut, notre Medecin célébre?
Madame CRISARD.
Je ne connois autre.
M. CRISARD.
Et Monsieur Millaut, notre Théologal?
Madame CRISARD.
Autant que Monsieur Guillaut.
M. CRISARD.
Il y a environ six mois que Monsieur Guillaut tomba dangereusement malade, & à telle extrémité qu'il envoya querir Monsieur le Théologal son bon ami, pour prendre congé de ce monde entre ses mains, & se préparer à l'autre. Monsieur Millaut arrivé, lui tint ce petit discours : *J'ai toujours compté sur mes amis, pour le commerce de cette vie, & je suis bien fâché de vous voir en état de me faire prendre d'autres mesures ; mais il faut servir ses amis en toutes choses. En quelle assiette est votre ame présentement, Monsieur Guillaut, mon ami ?* » En assez bonne, *répondit Guillaut*, si elle » n'étoit pas inquiétée d'une chose qui » trouble un peu son repos : c'est, Mon- » sieur le Théologal, d'avoir abusé le peu- » ple trente ans durant, dans la profession & » l'exercice d'une science où je ne croyois » point. » *Scrupule d'un homme affoibli par* la maladie, reprit le Théologal : *chacun fait son metier, & n'en répond pas. Je suis Théolo-*

gal il y a vingt ans, & ne suis pas plus assuré de ma Théologie, que vous de votre Médecine ; cependant je n'en ai pas le moindre scrupule ; car comme j'ai dit chacun fait sa Profession. La chose fut sue de quelques particuliers, qui la donnerent bientôt au public ; & là-dessus on a formé une accusation grave & importante contre ces Messieurs: c'est ce qui nous a occupés tout le matin.

Madame CRISARD.

Je ne doute pas que vous n'ayez fait ce que vous avez pû pour les servir, car ils ont toujours été de vos amis.

PERRETTE.

Jusques-là, Monsieur, je ne voi rien qui puisse rendre mes étrennes meilleures.

Monsieur CRISARD.

Attendez, Perrette, tout ira mieux.

CRISOTINE.

Respect, cruel respect, qui faites mon silence,
Quand je dois par mon chant animer des Amours;
Pourquoi m'imposez-vous la dure obéissance,
De ne chanter jamais, & d'écouter toujours ?

M. CRISARD.

Quoi ! vous chantez encore ? & dans le temps que je vous conte la plus glorieuse action de ma vie.

Madame CRISARD.

Elle ne chantera plus, Monsieur. Pour

l'amour de Dieu, n'y prenez pas garde, & achevez.

M. CRISARD.

Le Conseiller Patras, homme de grand esprit, & mon concurrent ordinaire en toutes choses ; le Conseiller Patras étoit fort contraire à mes amis ; & je ne craindrai pas d'avouer ici, que j'ai été assez incommodé de ses raisons : mais j'ai cité tant de Loix & de Coutûmes, qu'il ne savoit que faire de son esprit, pour être accablé de la multitude de mes allégations. Néanmoins, l'assemblée demeuroit encore suspendue entre la force de ses raisons & le poids de mes autorités, quand je me suis rendu maître des affections par un discours pathétique, sur le sujet de M. Millaut.

„ Quoi donc, Messieurs, ai-je dit,
„ ferons-nous l'injustice & la violence à
„ Monsieur Millaut, notre concitoyen &
„ notre Théologal, de le tirer d'une pos-
„ session où sont ses pareils depuis quatre
„ mille années ? Que nous a-t-il fait pour
„ le rendre de pire condition que n'ont été
„ ceux de son métier chez tous les peuples ?
„ Les Prêtres de Delphes étoient fourbes,
„ & n'en étoient pas moins honorés de tout
„ le monde. Les Sacrificateurs avoient les
„ mêmes fourberies chez les Grecs, & on
„ avoit pour eux la même vénération. Les
„ Pontifes, les Aruspices, les Augures

» ont abusé les Romains, & les Romains
» les ont respectés. La plûpart des Rabins
» ont eu les mêmes talens chez les Juifs,
» en vertu de quoi ils ont joüi de sembla-
» bles avantages. Et notre compatriote,
» Monsieur Millaut, qui pensoit vivre sous
» la douce & paisible autorité de son ca-
» ractére, avec un plein droit de faire ce
» qu'ont fait tant d'autres ; & Monsieur Mil-
» laut, notre savant & illustre Théologal,
» se verra perdu ; & par qui Messieurs ?
» par ses concitoyens, & par ses amis. O
» tempora ! O mores ! C'est donc-là, grand
» Théologal, la récompense de vos tra-
» vaux ! c'est donc-là le fruit de vos veil-
» les !

Madame CRISARD.

Monsieur Crisard, je ne m'étonne point
que vous ayez emporté l'affaire ; quel Juge
auroit pu tenir contre vous ?

PERRETTE.

Bonne foi, cela étoit beau ! Je commence à mieux espérer de mes étrennes.

M. CRISARD.

Ce n'est pas encore tout : voici un trait
de l'ancienne Eloquence, qui fit les der-
niéres impressions.

Madame CRISARD.

Et quel étoit ce trait, Monsieur Crisard ?

M. CRISARD.

Je me suis adressé aux murailles de nos

Ecoles, & aux Chaires de nos Eglises, pour les faire parler en faveur de Monsieur Millaut.

Perrette.

Il fait bon vivre, on apprend toujours quelque chose. Je croyois que les Prédicateurs parloient toujours dans les Chaires, & je n'aurois jamais crû que les Chaires eussent parlé pour les Prédicateurs.

M. Crisard.

C'est une figure de Rhétorique, & des plus belles. Voyez comment je m'en suis servi, & comprenez-en la force.

Perrette.

Je meurs d'envie de voir cette Figure, qui fait parler les murailles.

Madame Crisard.

Perrette n'entend pas ce que c'est que l'Eloquence : mais poursuivez, Monsieur, je vous prie.

M. Crisard.

» Prenez des langues, Murailles des
» Ecoles où Monsieur le Théologal a en-
» seigné si savamment & si utilement ; pre-
» nez des voix, Chaires où il a monté pour
» faire entendre la sienne avec l'admiration
» de ses auditeurs : paroissez, paroissez de-
» vant ses Juges, inspirées de son esprit,
» & apportez, pour sa défense, les raisons
» que vous lui avez oüi donner pour notre
» instruction ! Quelque sourdes que vous

» soyez, il se sera fait entendre ; quelque
» insensibles qu'on vous croye, il aura sû
» vous animer. Il peut bien être, Messieurs,
» il peut bien être, que Monsieur Millaut
» sera damné par ce qu'il croit : mais c'est
» son affaire, & non pas la nôtre. Il nous
» sauve, Messieurs, par ce qu'il enseigne,
» & par ce qu'il prêche ; voilà le vrai mérite
» d'un Théologal : il fait sa damnation &
» notre salut, nous avons sujet d'être con-
» tens. Pour Monsieur Guillaut le Mede-
» cin, je ne prendrai pas la peine de le
» justifier. La Médecine est une science de
» conjectures, où le Médecin peut bien ne
» croire pas trop lui-même ; & Mayerne ce
» grand Médecin, disoit extraordinaire-
» ment, *que la Forfanterie étoit la plus sûre*
» *Partie de la Médecine.* « Là, toute l'assemblée se tourna de mon côté, & l'on vit
Patras, le grand Patras, donner du nez en
terre avec ses raisons. Ainsi, ma Toute,
j'ai conservé glorieusement un Médecin
qui ne croit pas à la Médecine : & un Théologal qui ne croit pas davantage à la Théologie.

CRISOTINE.

Ah ! mon Pere, que n'aviez-vous lû la
Comédie de PSYCHE', ou l'Opera de
CADMUS : vous eussiez bien envoyé paî-
tre Monsieur Millaut avec sa Théologie,
pour rétablir les Sacrificateurs. O la belle

& dévote chose qu'un Sacrifice d'Apollon, ou de Mars !

O Dieux, ô Dieux ! quand est-ce qu'on verra
Votre culte partout, ainsi qu'à l'Opera.

M. CRISARD.
Vous n'êtes pas seulement folle, ma fille, vous êtes idolâtre.

CRISOTINE.
Je serai tout ce qu'il vous plaira, mon Pere, mais je sai bien que vous seriez pour les Dieux aussi bien que moi, si vous aviez lû tous les Opera de Baptiste.

M. CRISARD.
Allez à votre chambre, insensée que vous êtes : Perrette, ne l'abandonnez pas.

Fin du premier Acte.

ACTE II.
SCENE PREMIERE.

M. CRISARD, Madame CRISARD.

M. CRISARD.

C'En est fait, ma femme, votre fille est perdue ; & sa perte, votre indulgence l'a causée.

Madame CRISARD.

Ah ! Monsieur, n'ai-je pas assez d'affliction du malheur de ma fille, sans que vous m'accusiez d'en être la cause ?

M. CRISARD.

Et qui en accuserai-je donc ? Perrette ? Perrette, qui nous a si bien avertis de toutes les folies où elle étoit prête de tomber ?

Madame CRISARD.

La contradiction de Perrette à ses jeunes fantaisies, n'a fait autre chose que de l'y faire opiniâtrer davantage.

M. CRISARD.

Je vous prie, n'accusons pas les innocens.

Madame CRISARD.

A votre compte, je suis la seule coupable.

M. CRISARD.

Mon compte est bon, ma femme, & trop bon.

Madame GRISARD.

Que pouvez-vous me reprocher ? Qu'ai-je fait, pour mettre la pauvre fille dans l'état où elle est ?

M. CRISARD.

Qu'avez-vous fait ! Et qui a rien fait que vous ? N'est-ce pas vous qui lui avez fourni tous ces romans, & ces autres livres d'amourettes ? N'est-ce pas vous qui l'avez habillée cent fois en Bergere, avec ce beau Penon de Tirsolet ? Parbleu, vous m'avez fait plus de dépense en houlettes, que ne valent mes gages de Conseiller. On n'a pas représenté un Opera dans Paris, que vous n'ayez fait venir ; & je suis trompé, ou le dernier est venu par la poste. Je le devine au compte de mon argent, ce que je ne dis pas pour vous le reprocher : mais enfin, ma femme, toutes ces dépenses-là ont abouti à rendre ma fille folle.

Madame CRISARD.

Oh bien, il faut qu'elle paye sa folie. Quoique je n'aye qu'elle, & qu'il me fâche fort de voir aller notre bien à d'autres qu'à nos enfans, je consentirai qu'elle soit Religieuse.

M. CRISARD.

Je hais les collatéraux plus que personne:

ce sont des héritiers que la nature ne nous a pas donnés, & que nous né nous sommes pas faits. Dieu sait le plaisir que j'aurois à me choisir un gendre ; ce seroit une espéce d'adoption, & j'aime tout ce qui tient un peu du Droit Romain : mais, en l'état qu'est ma fille, on ne sauroit qu'en faire. Plût à Dieu qu'elle fût dans un Couvent !

Madame CRISARD.

Qui peut empêcher qu'elle ne soit dans un Couvent ? Deux mille francs de plus la feront recevoir par tout : on se battra dans les Religions à qui l'aura.

M. CRISARD.

Et Crisotine se battera pour n'y aller pas. Il faut autre chose qu'un Crucifix pour époux à Crisotine. Voyez-vous, ma femme, tous ces Opera-là aboutissent à donner une grande envie d'opérer.

Madame CRISARD.

J'entens ce que vous voulez dire par *opérer* : mais jamais fille qui ait appartenu à la race des Montifas au dixiéme degré, n'a eu de penchant à de telles opérations. Ah ! Monsieur, cela est trop désobligeant. Je souffre que vous supportiez Perrette contre votre fille & contre moi ; mais, en ce qui regarde l'honneur, je ne souffre de personne, non plus d'un mari que d'un autre.

M. CRISARD.

Je demande pardon à la race des Montifas, & revenons à nos Couvens. Croyez-vous qu'il y ait un Couvent au monde qui reçoive Crisotine, ou qui ne la mette dehors si elle y est reçûe ? Quand les Religieuses chanteront Matines, elle chantera l'Opera ; quand elles prieront la Vierge, elle invoquera Vénus ; & quand le Chapelain dira la Messe pour les bonnes Sœurs, elle ne parlera que de la beauté des Sacrifices. On la mettra dehors, ma femme, on la mettra dehors, & nous serons obligés de la reprendre aussi folle au sortir du Monastere, qu'elle peut l'être aujourd'hui dans la maison. Mais appellons Perrette, & sachons d'elle en quel état est Crisotine.

Madame CRISARD.

C'est la moindre curiosité qu'on puisse avoir.

M. CRISARD.

Perrette, viens-çà, viens un peu discourir avec nous.

SCENE II.

M. CRISARD, Madame CRISARD, PERRETTE.

M. CRISARD.

EN quel état as-tu laissé notre petite payenne ?

PERRETTE.

Elle ne fut jamais si aise en sa vie.

Madame CRISARD.

Je me doutois bien que ses imaginations ne dureroient pas long-temps.

PERRETTE.

Bonne foi, elle seroit bien fâchée de ne les avoir plus ; elle y prend trop de plaisir. Je viens de la laisser avec une douzaine de Dieux qui dansent comme des perdus ; & ce n'est pas tout : il y en a d'autres qui descendent, il y en a qui montent : il y en a à droite & à gauche, devant, derriere ; tout en est plein. Je lui ai dit nettement : *Mademoiselle, je ne sai comment cela se fait ; car notre Curé au Sermon, & son Vicaire au Catechisme, nous ont toujours dit qu'il n'y en avoit qu'un.* » Ils avoient raison autre-
» fois, Perrette, *m'a-t-elle répondu :* mais
» depuis les Opera les choses ont bien

» changé. Je ne puis pas t'en dire davan-
» tage ; aussi-bien cela te passe. Nettoye la
» robe de ton maître, c'est assez pour toi.

M. CRISARD.

Ma femme, il n'y a pas de temps à perdre ; il faut déclarer la folie de notre fille.

Madame CRISARD.

Ah ! Monsieur, vous voulez vous défaire de votre fille & de votre femme en même temps : j'aime autant mourir, que de voir déclarer ma fille folle.

M. CRISARD.

Et moi, je ne veux pas me perdre. Après avoir sauvé le Théologal accusé de ne croire pas trop en Dieu, je me ferois une bonne affaire de garder dans ma maison une fille qui en croit cent. J'ai du bien, des envieux & des ennemis, je dois prendre garde à moi. Ma fille est folle, & parbieu on la connoîtra pour folle : cela me garantira de tout.

Madame CRISARD.

Hélas ! Je pensois la marier avec le Baron de Montifas, qui est noble comme le Roi, & vaillant comme son épée : s'il vient à savoir sa folie, il n'en voudra pas. Au nom de Dieu, mon Tou-tou, différe la chose pour quelques jours : je connois la cervelle de ma fille, elle ne peut pas être affligée long-temps.

M. CRISARD.

Nous sommes bien au temps des Toutou! Voici une affaire où il y va de notre perte; songeons à y remédier. Perrette, tu as du sens, dis-moi ce que je dois faire en cette occasion.

PERRETTE.

Moi, Monsieur? Je la ferois traiter par quelque bon Médecin; car peut-être que sa cervelle n'a qu'une contusion qui se peut guérir: si les remédes n'y font rien, ma foi, je ne marchanderois pas à déclarer sa folie; mais je voudrois avoir essayé la voie du Médecin auparavant.

M. CRISARD.

Je suivrai ton avis, & sui le mien. Va voir ce que fait Crisotine: si elle s'endort, ou si elle passe dans sa garde-robe, enleve promptement tous les Opera qu'elle peut avoir dans sa chambre: ils ont causé la maladie, & je crains qu'ils ne l'entretiennent tant qu'elle les aura. Apporte tout; c'est par-là qu'il faut commencer. Mais n'est-ce pas là Monsieur Guillaut, mon bon ami? C'est lui-même: il ne pouvoit pas venir plus à propos; il est homme d'esprit, & fort capable de me servir dans l'affaire de ma fille.

SCENE III.

M. GUILLAUT, M. CRISARD.

M. GUILLAUT.

Monsieur, je suis venu vous remercier très-humblement du service que vous m'avez rendu ; mon innocence pourroit me le faire appeller justice, mais je le reçois comme une grace, & veux bien devoir plus à mon ami qu'à mon juge.

M. CRISARD.

Je vous ai défendu de la persécution par justice ; & un sentiment d'amitié m'a donné de la chaleur pour la défense. Mais, Monsieur, je vous demande un service à mon tour : j'ai besoin de vous dans votre profession, comme vous avez eu besoin de moi dans la mienne.

M. GUILLAUT.

Vous n'avez qu'à ordonner. Mon art n'est pas infaillible ; & vous l'avez sû très-bien remarquer en ma faveur ; on ne laisse pas néanmoins d'y trouver quelquefois de grands secours : je souhaite que vous ni les vôtres n'en ayez jamais besoin. S'il arrivoit pourtant que vous eussiez affaire de notre métier, il n'y en a point, Monsieur, qui employât ses soins avec tant de zéle que j'employerois les miens pour vous servir.

M. Crisard.

Ce n'est pas moi qui en ai besoin, Monsieur Guillaut ; je me porte, Dieu merci, fort bien : mais, pour ne vous pas tenir davantage en suspens, ma fille Crisotine que vous connoissez, ce gentil esprit, cette douce Musicienne, je le tranche tout net, ma fille est folle.

M. Guillaut.

C'est quelque petite altération d'esprit, causée par une insomnie.

M. Crisard.

Point du tout.

M. Guillaut.

Par quelque vapeur.

M. Crisard.

Encore moins.

M. Guillaut.

Par quelque passion honnête, mais trop forte.

M. Crisard.

Rien de tout cela. Elle est folle de la plus étrange folie que l'on puisse imaginer.

M. Guillaut.

N'est-ce point quelque folie qui lui soit venue de la lecture des Romans ? Les Romans gâtent assez souvent l'esprit des jeunes personnes.

M. CRISARD.

Je ne voudrois pas dire qu'ils n'y eussent quelque part, mais c'est la moindre. Les Opera, Monsieur Guillaut, lui ont tourné la cervelle. Ce Chant, ces Danses, ces Machines, ces Dragons, ces Héros, ces Dieux, ces Démons l'ont démontée : sa pauvre tête n'a pû résister à tant de chimères à la fois. Elle ne vous saluera qu'en chantant; & je pense qu'elle aimeroit mieux se laisser mourir de faim & de soif, que de demander à boire & à manger sans musique. Elle dit une chose que je ne croi pas trop (comme c'est une affaire de fait, je veux m'en informer au premier qui viendra de Paris) c'est qu'il n'y a pas un homme de condition à la Cour qui ne chante en parlant, comme on fait à l'Opera. Qu'en pensez-vous, Monsieur Guillaut ?

M. GUILLAUT.

Je revins de Paris environ trois semaines avant que de tomber malade, & c'étoit, s'il m'en souvient, quatre mois après la premiere représentation de l'Opera. En ce temps-là on parloit encore à la Cour de la maniere accoutumée. J'étois souvent chez Monsieur le Maréchal de Villeroi, notre Gouverneur : j'ai eu l'honneur de dîner avec lui, & de le voir jouer souvent au Piquet : mais en toutes choses il s'expliquoit très-nettement, comme ses peres, sans chant, ni musique. Je vous dirai que les femmes & les jeunes gens savent les Opera par cœur; & il n'y a presque pas une maison où l'on n'en chante des Scénes entiéres. On ne parloit d'autre chose que de CADMUS, d'ALCESTE, de THESÉE, d'ATYS. On demandoit souvent un *Roi de Scyros*, dont j'étois bien ennuyé. Il y avoit aussi un certain *Lycas peu discret*, qui m'importunoit souvent. *Atys est trop heureux, & les bienheureux Phrygiens* me mettoient au désespoir. Cela n'alloit pas plus avant; &, selon mon goût, c'en étoit bien assez. Ce qui est arrivé depuis, je ne le sai pas.

M. CRISARD.

Ma fille diroit-elle bien vrai ?

M. GUILLAUT.

Je ne voudrois pas jurer le contraire. Quand on trouve bon au Théatre qu'un maître parle à son valet en chantant, on n'est pas trop éloigné de parler aux siens de même à son logis : mais il est temps de savoir ce que fait notre malade. Appellez votre servante. La voilà : & d'où vient-elle avec ce paquet de Livres ?

M. CRISARD.

Elle vient de la chambre de Crisotine ; & tous ces Livres que vous voyez, sont ses Opera, que je lui ai fait enlever.

M. GUILLAUT.
Vous avez sagement fait de lui ôter ce qui a causé sa maladie.

SCENE IV.

M. CRISARD, M. GUILLAUT, PERRETTE.

M. CRISARD.
Perrette, que fait Crisotine ?

PERRETTE.
Elle dort du meilleur somme du monde. Pensez-vous que j'eusse pû emporter ses Livres, si elle ne se fût pas endormie ? On lui eût plûtôt arraché l'ame que ses Opera. Je ne lui ai rien laissé qu'un petit OFFICE DE LA VIERGE, qu'elle disoit autrefois, avant qu'elle eût l'entêtement de ses Déesses & de ses Dieux.

M. GUILLAUT.
Elle dort de lassitude, après quelque grand travail d'esprit. La nature cherche à se remettre d'une telle agitation, & c'est moins un véritable sommeil qu'un repos.

PERRETTE.
Ma foi, vous y êtes avec vos raisons de médecine. Elle dort d'un sommeil qu'elle a trouvé dans le dernier Opera. Apprenez-

en les vers, Monsieur Guillaut, vous la ferez mieux dormir avec cela, qu'avec tout l'Opium des Apotiquaires. Mais tenez, voilà ses Livres, faites-en ce que vous voudrez.

M. GUILLAUT.

Comme la folie de Mademoiselle votre fille approche fort de celle de Don Quichotte, Perrette a eu raison de faire la même chose des Opera, que firent la bonne niéce & la servante, des Livres de Chevalerie ; & en attendant que Mademoiselle se réveille, nous en ferons l'examen, s'il vous plaît, à l'exemple du Curé & de maître Nicolas.

M. CRISARD.

J'ai toujours aimé la musique : mais je ne m'y connois pas si bien que vous. Prononcez, Monsieur Guillaut, je suivrai vos jugemens.

M. GUILLAUT.

Je suis fou des vers, de la musique ; & je vais tous les ans à Paris, autant pour voir ce qu'on fait sur les Théatres, que pour apprendre ce qu'on dit aux Ecoles de Médecine. Mais revenons à nos Opera.

M. CRISARD.

Ouvrons ce petit, qui est le premier en ordre. C'est l'OPERA D'ISSY, fait par Cambert (1).

---

(1) On trouvera une Histoire abregée des Opera François dans la VIE de S. Evremond, sur l'année 1678.

M. GUILLAUT.

Ce fut comme un essai d'Opera qui eut l'agrément de la nouveauté : mais ce qu'il eut de meilleur encore, c'est qu'on y entendit des Concerts de Flûtes ; ce que l'on n'avoit pas entendu sur aucun Théatre depuis les Grecs & les Romains.

M. CRISARD.

Celui-ci est POMONE, du même Cambert.

M. GUILLAUT.

POMONE est le premier Opera François qui ait paru sur le Théatre. La Poësie en étoit fort méchante, la musique belle. Monsieur de Sourdeac en avoit fait les machines. C'est assez dire, pour nous donner une grande idée de leur beauté : on voyoit les machines avec surprise, les danses avec plaisir ; on entendoit le chant avec agrément, les paroles avec dégoût.

M. CRISARD.

En voici un autre, LES PEINES ET LES PLAISIRS DE L'AMOUR.

M. GUILLAUT.

Cet autre eut quelque chose de plus poli & de plus galant. Les voix & les instrumens s'étoient déja mieux formés pour l'exécution. Le PROLOGUE étoit beau, & le TOMBEAU DE CLIMENE fut admiré.

M. Crisard.
Celui-ci est écrit à la main. Lisez, Monsieur Guillaut.
M. Guillaut.
C'est l'Ariane de Cambert qui n'a pas été représentée; mais on en vit les répétitions. La Poësie fut pareille à celle de Pomone, pour être du même Auteur, & la musique fut le chef-d'œuvre de Cambert. J'ose dire que les *plaintes d'Ariane* & quelques autres endroits de la Piéce, ne cédent presqu'en rien à ce que Baptiste a fait de plus beau. Cambert a eu cet avantage dans ses Opera, que le récitatif ordinaire n'ennuyoit pas, pour être composé avec plus de soin que les airs même, & varié avec le plus grand art du monde. A la vérité, Cambert n'entroit pas assez dans le sens des vers, & il manquoit souvent à la véritable expression du chant, parce qu'il n'entendoit pas bien celle des paroles. Il aimoit les paroles qui n'exprimoient rien, pour n'être assujetti à aucune expression, & avoir la liberté de faire des airs purement à sa fantaisie. *Nanette, Brunette, Feuillage, Bocage, Bergere, Fougere, Oiseaux & Rameaux*, touchoient particuliérement son génie. S'il falloit tomber dans les passions, il en vouloit de ces violentes, qui se font sentir à tout le monde. A moins que la passion ne fût extrême, il ne s'en appercevoit pas. Les

sentimens tendres & délicats lui échappoient. L'ennui, la tristesse, la langueur avoient quelque chose de trop secret & de trop délicat pour lui. Il ne connoissoit la douleur que par les cris, l'affliction que par les larmes : ce qu'il y a de douloureux & de plaintif, ne lui étoit pas connu.

M. Crisard.

Mais, avec cela, il ne laissoit pas d'être habile homme.

M. Guillaut.

Il avoit un des plus beaux génies du monde pour la musique, le plus entendu & le plus naturel : il lui falloit quelqu'un plus intelligent que lui pour la direction de son génie. J'ajoûterai une instruction qui pourra servir à tous les Savans, en quelque matiere que ce puisse être ; c'est de rechercher le commerce des honnêtes gens de la Cour, autant que Cambert l'a évité. Le bon goût se forme avec eux ; la science peut s'acquérir avec les Savans de profession ; le bon usage de la science ne s'acquiert que dans le monde.

M. Crisard.

Voici tous les Opera de Baptiste. Cadmus, Alceste, These'e, Atys ; quel sentiment en avez-vous ?

M. Guillaut.

Celui de toute la France ; qu'on n'en a point vû qui approchent de leur beauté :

je suis mon goût, comme les autres, sur le sujet de la préference. Voici ce que j'en croi, sans rien décider. On trouve de plus beaux morceaux dans CADMUS; une beauté plus égale dans ALCESTE. Le rôle de Medée est merveilleux dans THESE'E : il y a quelques *Duo*, quelques airs dans la Piéce fort singuliers. Les habits, les décorations, les machines, les danses sont admirables dans ATYS : la *descente de Cybele* est un chef-d'œuvre ; le sommeil y régne avec tous les charmes d'un Enchanteur. Il y a quelques endroits de récitatif parfaitement beaux, & des scénes entieres d'une musique fort galante & fort agréable. A tout prendre, ATYS a été trouvé le plus beau : mais c'est-là qu'on a commencé à connoître l'ennui que nous donne un chant continué trop long-temps.

M. CRISARD.

N'auroit-on pas eu raison de le connoître aussi dans les autres Opera ?

M. GUILLEAUT.

On auroit eu raison assûrément ; car entendre toujours chanter, est une chose bien ennuyeuse : mais dans le premier entêtement des François, les sages opposeroient en vain leur raison à la chaleur de la fantaisie. Quand l'entêtement diminue, la fantaisie ne tient pas long-temps contre la raison ; & vous verrez qu'au premier

Opera qui sera représenté, la nature fera mieux sentir encore la langueur d'une continuelle musique. On ne souffrira pas éternellement que le véritable usage de la parole soit anéanti sur le Théatre. Nous nous lasserons enfin de tant de Divinités chantantes & dansantes : j'espere que nous les supplierons avec respect d'aller faire leur métier dans les Cieux, & de nous laisser faire le nôtre sur la terre.

M. CRISARD.

Quand pensez-vous qu'on leur fasse ce compliment-là ?

M. GUILLAUT.

Quand l'habitude aura fait naître l'ennui, il sera permis aux gens éclairés de faire connoître la raison. Il faut avouer qu'on ne peut pas mieux faire que fait Quinault, ni si bien que fait Baptiste, sur un si méchant sujet : mais la constitution de nos Opera est tellement défectueuse, qu'on les verra tomber, à moins qu'elle ne soit changée. Je ne ferai pas le deshonneur à Baptiste de comparer les Opera de Venise aux siens. L'excellence de nos symphonies & de nos danses, pourroit-elle être comparée au ridicule des leurs ? Je conviendrai avec les Italiens de la beauté de leur composition pour le chant, s'ils tombent d'accord avec moi de leur pitoyable exécution ; & quant à la musique des instrumens, ils me permettront de ne pas admirer ce chef-d'œuvre de science, qui trouve le secret sur quatre notes, d'ennuyer quatre heures les personnes de bon goût. Mais je ne m'apperçois pas que je m'arrête ici trop long-temps : j'ai d'autres malades à voir. Je reviendrai dans peu de temps pour voir Mademoiselle votre fille.

Fin du second acte.

ACTE III.

SCENE PREMIERE.

CRISOTINE *penſant être Hermione*,
TIRSOLET *s'imaginant être Cadmus*,
PERRETTE.

CRISOTINE *chante un air que chante Hermione dans l'Opera de Cadmus.*

Amour, voi quels maux tu nous fais !
Où ſont les biens que tu promets ?
N'as-tu point pitié de nos peines ?
Tes rigueurs les plus inhumaines,
Seront-elles toujours pour les plus tendres cœurs ?
Pour qui, cruel Amour, gardes-tu tes douceurs (1) ?

TIRSOLET.

Mourir est toute mon envie.
Achevons un funeste ſort :
C'eſt aſſez de bien dans la mort,
Que la fin des maux dans la vie.

(1) *L'Opera de* CADMUS, *Aft. II. Sc. V.*

DE SAINT-EVREMOND. 97.

CRISOTINE.

Il faut vivre, Cadmus, quoiqu'on puisse endurer ;
La derniere des tyrannies
Est celle d'une mort qui viendroit séparer
Deux volontés si bien unies.

TIRSOLET.

Beaux yeux, si je ne vous voi plus,
Le jour n'a point de biens qui ne soient superflus;

CRISOTINE.

De ceux qu'on ne voit plus on conserve l'idée.

TIRSOLET.

Chez les morts, *Hermione*, elle sera gardée.
Belle Hermione, hélas ! puis-je vivre sans vous ?
Nous nous étions flattés que notre sort barbare,
   Auroit épuisé son courroux.
   Quelle rigueur, quand on sépare
Deux cœurs prêts d'être unis par des liens si doux !
Belle Hermione, hélas ! puis-je vivre sans vous (1) ?

CRISOTINE.

Vivez, Cadmus... Mais que viens-je d'entendre ?
Vivez. Adieu. L'on pourroit nous surprendre.

PERRETTE *qui les a écoutés,*
   les surprend.

Ah ! Madame l'Hermione, je vous y

(1) *Cadmus*, Act. V, Sc. I.

attrape; & vous voilà bien camus, Monsieur le Cadmus, de me voir ici. Vous aviez donc pris le temps que je n'y étois pas, pour venir faire des condoliances, & chanter tous vos *Hélas!* Finissez les Hermionages, Monsieur Tirsolet, & sortez promptement. Dehors, dehors; montrez-nous les épaules.

CRISOTINE.

Ah! Ah!

PERRETTE.

Diriez-vous pas des Comédies avec leurs *ha! ha!* Pardi, je pense être sur un Thiatre.

TIRSOLET *pensant être Cadmus.*

Belle Hermione, il faut mourir.

CRISOTINE *pensant être Hermione.*

Mon cher Cadmus, il faut souffrir.

TIRSOLET.

Mes maux ont lassé ma constance.

CRISOTINE.

Tout céde à la perséverance.

TIRSOLET.

Mais que sert de perséverer,
Si ce n'est que pour endurer?

CRISOTINE.

Une mort qui finit nos peines,
En même temps finit nos chaînes.

TIRSOLET & CRISOTINE *ensemble*.

Ah ! vivons & souffrons, si la fin de nos jours
Devient celle de nos amours.

PERRETTE.

Qu'on se sépare une fois pour toutes.

CRISOTINE.

Séparons-nous, le Ciel l'ordonne.
Adieu, Cadmus.

TIRSOLET.

Adieu, belle Hermione.

PERRETTE.

Dépêchez-vous, Tirsolet : si Monsieur Crisard vous trouve ici, je ne sai pas ce qui en arrivera ; car il a la tête furieusement échauffée contre les Cadmus. Je l'entens venir ; rentrez, Crisotine, rentrez, que je m'enferme avec vous.

SCENE II.

M. GUILLAUT, M. CRISARD.

M. GUILLAUT.

Voyons un peu comment nous traiterons notre malade. Pour moi, j'aime mieux consulter avec un homme de bon sens, qui ne soit pas Médecin, qu'avec le plus vieux & le plus savant Médecin, qui ne soit pas homme de bon sens.

M. CRISARD.

Monsieur Guillaut, je ne suis peut-être pas cet homme de bon sens ; mais je connois ma fille, & j'ai connu de bonne heure la disposition qu'elle avoit à devenir quelque chose de pareil à ce qu'elle est. Les ASTRE'ES lui avoient donné la fantaisie d'être Bergere ; les Romans lui avoient inspiré le desir des avantures ; & ce que nous voyons aujourd'hui, est l'ouvrage des OPERA.

M. GUILLAUT.

Mais pouviez-vous voir tout cela, sans y apporter du reméde ?

M. CRISARD.

Sa mere la gâtoit par son indulgence, & je n'osois pas ouvrir la bouche, de peur qu'on ne m'accusât de bizarrerie, & qu'on ne me reprochât d'avoir un esprit de contradiction.

M. GUILLAUT.

Les oppositions étoient bonnes, quand Madame Crisard avoit trop d'indulgence. A l'heure qu'il est, il faut s'insinuer le mieux qu'on pourra dans l'esprit de Crisotine, & gagner assez de crédit avec elle, pour lui faire prendre les remédes que j'ordonnerai. Je veux entrer dans toutes

ses

ses imaginations, pour trouver jour à la fin de les ruiner, & de la ramener insensiblement au bon sens. Voilà mon projet; je ne sai pas s'il réussira.

M. CRISARD.

Sa mere vient à nous fort mal-à-propos. Elle a perdu l'esprit quasi autant que sa fille : je suis tout embarrassé devant elle, & je sors de mon embarras, en lui disant des vérités qui ne lui sont pas agréables.

SCENE III.

M. CRISARD, Madame CRISARD, M. GUILLAUT.

Madame CRISARD.

JE viens de laisser ma fille dans le plus pitoyable état du monde. La pauvre créature s'étoit endormie en chantant certains airs de l'Opera, qui sont composés exprès pour faire dormir. Perrette lui a enlevé ses Livres, & entr'autres celui où elle trouvoit son sommeil : c'est être bien barbare !

M. CRISARD.

Je vous prie, ma femme, retirez-vous. Nous songeons, Monsieur Guillaut & moi, aux moyens de pouvoir guérir votre fille.

Laissez-nous-en le soin, & vous retirez.
Madame CRISARD.
Je n'ai pas eu le cœur de la tenir enfermée plus long-temps; & la voici qui vient toute furieuse, se plaindre du tort qu'on lui a fait. Voyez ce que vous y ferez : pour moi, je m'en vais ; aussi-bien ne me veut-on pas ici.

SCENE IV.

CRISOTINE, M. CRISARD; M. GUILLAUT.

CRISOTINE.

Fuyez, tyrans, fuyez loin de mes yeux ;
Vous m'avez enlevé mes Dieux :
Je cours à la vengeance ;
Fuyez de mon courroux la juste violence.

M. CRISARD.
Crisotine, où allez-vous ? A qui en voulez-vous ? Reconnoissez-vous votre pere ?

CRISOTINE.
A l'aspect des parens,
Fussent-ils des tyrans,
La fureur d'un enfant aussi-tôt se modere.
J'allois & je venois vous demander, mon pere,

Avec de malheureux soupirs,
Ce qu'on a fait de mes plaisirs.

M. Crisard.
Qu'entendez-vous, Crisotine, par vos plaisirs ? Expliquez-vous.

Crisotine.
Que tes charmes, Sommeil, m'avoient bien abusée !
Tandis que je goûtois la douceur du repos,
On vient de m'enlever le généreux Théfée,
    Et le reste de mes Héros :
On m'enleve les Dieux qui paroient notre scéne;
L'un descendoit du Ciel, l'autre sortoit des Eaux :
On voyoit les Silvains quitter les arbrisseaux,
    Pour venir danser dans la plaine.

Fuyez, tyrans, fuyez loin de mes yeux,
    Vous m'avez enlevé mes Dieux :
      Je cours à la vengeance;
Fuyez de mon courroux la juste violence.

M. Guillaut.
Mademoiselle, vous vous êtes méprise, quand vous avez cru que les mortels vous avoient enlevé vos Dieux : ce sont les Déesses qui vous ont fait un si méchant tour par jalousie, voyant que vous aviez plus de beauté qu'elles, & que tous ces Dieux-là alloient devenir amoureux de vous.

CRISOTINE.

Que ce soient des Mortels ou bien des Immortelles,
A mon ressentiment rien ne les peut cacher.
Si l'on ne me rend pas ce qui m'étoit si cher,
On se fait avec moi des guerres éternelles.

M. GUILLAUT.

Si j'étois en votre place, je me moquerois bien des Immortelles : laissez-les crever de jalousie, & ne leur donnez pas le plaisir de vous voir fâchée du méchant tour qu'elles vous ont fait.

CRISOTINE.

Rengainez vos conseils, Monsieur le Médecin;
Si vous n'avez pour moi que de vaines paroles:
Allez porter ailleurs le Grec & le Latin,
Que vous avez appris autrefois aux Ecoles.

M. GUILLAUT.

J'espere de vous être plus utile ici que je ne serois aux Ecoles; & vous souffrirez que la passion de vous rendre quelque service, me retienne auprès de vous.

CRISOTINE.

Vous venez pour me secourir;
Cependant je me persuade,
A votre teint jaune & malade,
Que vous avez, Guillaut, grand besoin de guérir.

Mais, ô Divinités, plus cheres que ma vie,
Je vous perds, & je vous oublie!
Ah! Reprenons nos transports furieux :
Vous qui m'avez volé mes Dieux,
Dérobez-vous à ma vengeance,
Fuyez de mon courroux la juste violence.

M. CRISARD.

Songez-vous à ce que vous faites & à ce que vous dites, devant votre pere & devant un homme de l'importance de Monsieur Guillaut?

CRISOTINE.

Je viens vous demander raison :
Vous ne la faites pas, rentrons dans la prison.

(*Elle sort.*)

M. GUILLAUT.

Monsieur, ce n'est pas le moyen de guérir par la Médecine, que de se moquer du Médecin. Crisotine aime trop ses imaginations pour les perdre, à moins qu'on ne lui en fournisse d'autres qui lui soient plus agréables. Je n'ai guére vû de fous en ma vie, qui refusent de l'argent, ni de filles folles qui n'écoutent parler volontiers de mariage. Toute la folie est suspendue par la proposition de choses si nécessaires & si convenables à la nature. Proposons quelque mariage à Mademoiselle Crisotine;

une simple vapeur de mariage appaisera toutes celles de l'Opera.

M. CRISARD.

Votre conseil est admirable, & de plus, facile à mettre en exécution. Nous avons jetté les yeux sur Monsieur de Montifas, autrement le Baron de Pourgeolette, pour en faire un époux à Crisotire : c'est un homme de condition, qui a du bien, & qui ne le mangera pas. Cela nous convient assez, & le mariage de ma fille ne lui convient pas moins. On attend à tous momens son retour; car il ne faisoit dessein de demeurer à Paris que trois mois, & il y en a tantôt quatre qu'il y est. Ce n'est pas un homme à faire plus de dépense qu'il ne s'est proposé.

M. GUILLAUT.

Je pense voir le Baron. N'est-ce pas lui qui vient à nous ?

M. CRISARD.

C'est lui-même.

SCENE V.

LE BARON DE POURGEOLETTE, M. CRISARD, M. GUILLAUD.

Le Baron.

MOn cousin, j'avois une grande impatience de vous revoir. Embrassez-moi, mon cousin, embrassez-moi encore; c'est bien du meilleur de mon cœur, je vous en assûre.

M. Crisard.

Mon cousin, votre retour nous donne à tous une grande joie.

Le Baron.

Encore une embrassade, je ne m'en saurois lasser. Dès Paris, mon cousin, dès Paris, je souhaitois ce bonheur-là : embrassez-moi.

M. Crisard.

Ce que vous dites, mon cousin, est trop obligeant. Vous vous divertissiez assez bien avec vos amis de Paris, pour ne vous souvenir pas de Lyon.

Le Baron.

Je vous ai dit la vérité, mon cousin ; & ce n'est pas que mes amis de Paris m'eussent oublié. Sans vanité, je n'ai pas eu de

peine à refaire mes connoiſſances. C'étoit
LE BARON ici, LE BARON là : il m'eût
fallu mettre en quatre, encore n'eût-ce pas
été aſſez. On parle de l'inconſtance des
amis de Cour ; je le ſai par épreuve, ils en
ont cent fois moins que ceux de Province.
Cependant je ſongeois toujours au couſin ;
il eſt excepté du nombre des Provinciaux ;
on peut faire fonds ſur lui : & ... embraſ-
ſez-moi, je vous prie.

M. CRISARD.

Mon couſin, on ne peut pas être plus
ſatisfait que je le ſuis, de l'honneur de vos
careſſes, & de ce que vous vous êtes ſou-
venu de moi ſi ſouvent à la Cour.

LE BARON.

A Paris, ai-je dit : ce n'étoit pas la même choſe à Verſailles & à Saint Germain.
Que ſerviroit de mentir ? La Cour a des
heures privilégiées, où l'on ne ſe ſouvient
guére de la Province.

M. GUILLAUT.

Et particuliérement quand on eſt auſſi
bien reçû à la Cour que vous l'avez été.

LE BARON.

Le Roi m'a fait plus d'honneur que je
ne vaux ; & je vous dirai une choſe aſſez
particuliere de ce Prince ſur mon ſujet :
j'étois allé au lever, & je me trouvai à la
porte avec quantité de ces jeunes Meſſieurs,
qu'on appelle LES MARQUIS. Après avoir

attendu assez long temps, je m'impatientai, & dis à l'Huissier: *Huissier, le Baron de Pourgeolette.* L'Huissier crut avoir trouvé son *Baron de la Crasse*, & rendit tout haut : *Le Baron de Pourgeolette*, pensant faire rire le Roi & les Courtisans ; mais il fut bien étonné quand le Roi dit aussi-tôt: *Qu'on fasse entrer le Baron.* J'entrai au grand étonnement de mon Huissier & de mes Marquis, que je laissai fiérement derriere.

M. GUILLAUT.

Monsieur le Baron, un homme de Cour, comme vous, ne laisse pas échapper de sa mémoire ce que le Roi lui dit. Vous nous en rediriez bien quelque chose ?

LE BARON.

Cela siéroit mieux dans la bouche d'un autre, que dans la mienne.

M. GUILLAUT.

Nous savons bien que vous n'êtes pas homme à vous donner une vanité mal-fondée.

LE BARON.

Vous connoissez mon humeur : mais si quelque chose étoit capable de me flatter, ce seroit le reproche obligeant que le Roi me voulut faire en présence de toute sa Cour. Ce ne fut pas le discours d'un Roi à un sujet, ce fut une tendresse d'ami. Je ne l'oublierai jamais ; & si j'avois mille vies, je les perdrois volontiers où il y auroit la moindre apparence de le servir.

M. CRISARD.

Cela veut dire, mon cousin, que nous ne nous verrons pas long-temps ; car on dit que la campagne commencera de bonne heure.

LE BARON.

C'est mon déplaisir : mes affaires me retiendront ici quelques mois, & je ne pourrai voir le Roi qu'à son retour de l'Armée.

M. GUILLAUT.

Mais, Monsieur, vous n'avez pas contenté notre curiosité sur ce reproche obligeant que le Roi vous fit. Vous avez trop d'égard à la modestie : les gens de guerre & de Cour s'en dispensent quelquefois.

LE BARON.

Voici les propres mots du Roi, Monsieur Guillaut : comprenez-en bien le sens, je vous prie. *Comment peut-on demeurer dans une Province, quand je suis moi-même à l'Armée, & que tous les gens de Cour sont auprès de moi ?* Cela veut dire : " J'entre " dans votre déplaisir, Baron, & sai com- " bien un homme de cœur comme vous, " est affligé de ne se pas rencontrer aux " occasions où je me trouve moi-même. " Ecoutez la réponse : elle fut prompte & assurément bien tournée. *Tant que j'ai été en Province, SIRE, il ne s'est tiré de coup de mousquet, qui ne m'ait fait plus de mal,* que si je l'avois reçû, dans la douleur que j'ai euë de n'être pas aux lieux où l'on pouvoit servir VOTRE MAJESTE'. Je ne mentirai point. Le Roi soûrit de l'agrément qu'il trouva dans la réponse, & tous les courtisans jetterent les yeux sur moi ; ces yeux qu'on jette sur les personnes qui se font remarquer.

M. CRISARD.

Mon cousin, il ne faut pas avoir regret à la dépense que vous avez faite ; je la tiens assez bien payée par cet honneur-là.

LE BARON.

Il m'en coûte bon, mon cousin ; je n'y ai pas de regret : mais il m'en coûte bon. Non pas tant à la Cour, je l'avoue, car je mangeois aux meilleures tables, où l'on me convioit toujours : mais Paris est un gouffre. Les Dames y sont agréables, & leur commerce ne s'entretient pas sans dépense. De dire que pas une ait voulu prendre de mon argent, je mentirois. Non, je les ai trouvées fort honnêtes là-dessus : il est vrai qu'on joue avec elles, & l'on ne gagne pas. On sait assez que le Baron est de Languedoc, & de l'humeur qu'il est, ses amis ne manquent pas d'Essences, de Gans & de Sachets de Montpellier. Au reste, deux fois la semaine à l'Opera, & jamais sans Dames, qui assûrément ne payent pas où est le Baron de Pourgeolette. Demi Piſtole chaque place ; rien moins : c'eſt une affaire reglée.

M. CRISARD.

Mon couſin, à propos de l'Opera, éclairciſſez-nous d'une choſe. On dit qu'il a produit le plus étrange effet du monde dans tous les eſprits de la Cour ; c'eſt qu'on n'y parle plus qu'en chantant ; le maître au valet, le valet au maître, le pere au fils, la mere à la fille, & de même dans toutes les conditions.

LE BARON.

Ah ! parbleu, cela eſt bon ! Et qui va dire ces coyonneries-là ? Quelque petit Bourgeois de Lyon, à qui les valets du Duc de Villeroi l'auront fait accroire, pour ſe moquer de lui. J'ai été tous les matins au lever, où je n'ai jamais ouï chanter ni grands, ni petits Officiers. Chez Monſieur le Duc d'Orleans, pas une note de muſique ; à Chantilli, point de chant. Le cadet de Montifas m'a mené chez Monſieur de Louvois : eh bien, les Capitaines parlent de leurs recrues, & Monſieur de Louvois leur répond ſans chanter. Monſieur Picon, qui eſt de mon pays, m'a introduit chez Monſieur Colbert, où j'ai vû tous les gens d'affaires, ſans en avoir ouï chanter un ſeul. Fauſſeté toute pure, ce qu'on vous a dit. Croyez le Baron, mon couſin, il eſt mieux informé de la Cour, que vos petits conteurs de nouvelles, qui n'ont jamais approché de Versailles, ni de Saint Germain.

M. CRISARD.

Je ne l'avois pas crû, mon cousin; mais il faut écouter toutes choses.

LE BARON à *M. Guillaut,*
assez bas.

Je souffre volontiers tant de cousinage à Lyon : à Versailles, il ne me feroit pas plaisir.

M. GUILLAUT *bas.*

Il auroit là plus de discrétion.

LE BARON *assez bas.*

Ah! je le crois. Ces habitudes-là pourtant ne valent rien.

M. CRISARD.

Que disiez-vous-là, mon cousin ?

LE BARON.

Je disois, mon cousin, que me voilà revenu de la Cour, où je ne prétens pas retourner si-tôt. Je vais vous parler, non pas en courtisan galant, mais en homme solide, qui songe à s'établir & à se donner du repos. Mon cousin, mon ami, il est temps de songer à faire des Pourgeolets. J'ai quarante-cinq ans passés, quoique cela ne paroisse pas. Le cadet de Montifas ne veut pas se marier ; & de la façon qu'il s'expose, ce seroit une folie que de rien fonder sur lui. C'est un miracle qu'il vive encore. Tout roule sur le Baron, pour assurer la race des Montifas. Il faut se marier une fois, mon cousin; aidez-moi à choisir une maîtresse, qui devienne bientôt une femme; non pas si-tôt, qu'une honnête galanterie ne précede le mariage.

M. CRISARD.

Mon cousin, quand vous me parlez de la sorte, vous avez envie que je m'ouvre le premier; & je le ferai, puisque vous le voulez. La personne de Crisotine vous plaît-elle, & son bien vous accommode-t'il? Si cela vous convient, vous n'avez qu'à vous faire agréer à ma fille; l'agrément du pere & de la mere vous est assuré.

LE BARON à *M. Guillaut, bas.*

L'honneur que je fais à Monsieur Crisard, mériteroit quelqu'autre terme que celui d'*Agrément :* mais on ne rompt pas une affaire pour cela.

M. CRISARD.

Vous parlez toujours bas à Monsieur Guillaut.

LE BARON.

Je lui témoignois la joye que me donne cette ouverture: c'est la plus agréable chose que je puisse entendre. Vous souffrirez donc que je fasse le personnage de galant, avant que de faire celui de mari: on ne me reprochera point d'avoir *pris le Roman par la queue.* Nous avons connu Moliere en Languedoc, il n'a pas enrichi ses Comédies de notre procédé avec les Dames : il a joué tous les MARQUIS, & le BARON s'en est sauvé. Véritablement, ma perruque aujourd'hui est une perruque de cousin, non pas de galant. Allons chercher au logis l'équipage des aventures ; allons, nous ne serons pas long-temps à nous parer.

Fin du troisiéme Acte.

ACTE IV.
SCENE PREMIERE.
LE BARON, M. CRISARD, M. GUILLAUT.

LE BARON.

MOn cousin, je n'ai pas été long-temps à m'ajuster, & cependant je ne suis pas mal. Que dites-vous de cette étoffe ? N'est-elle pas modeste & galante ? C'est le point, cela : *modeste & galante*, pour un homme de mon âge qui n'a pas renoncé à la galanterie. Et ces rubans, cette garniture, hem ! que vous en semble ? Sentez ce mouchoir ; Eau-d'Ange, de la meilleure qui se fasse à Montpellier. Je voudrois bien lui voir confronter ces Eaux de Cordoue dont on parle tant, Eau de Rose au prix, Eau de Rose. Il faut tout dire, on ne la vend pas ; c'est une mienne parente Religieuse qui la fait, & n'en fait rien que pour moi, dont le Couvent ne se trouve pas mal. C'est elle aussi qui m'a envoyé cette poudre : je donne cent pistoles, si on en trouve une once de pareille en toute la France. Voyez l'épée, le baudrier,
les

les boucles, les gans : il n'y a point de friperie là, c'est du plus fin. On ne répond pas mal à l'honneur que l'on nous fait, mon cousin ; mais c'est trop peu pour l'adorable Crisotine.

M. CRISARD.

La voilà qui vient avec Madame Crisard; vous pouvez lui aller faire votre déclaration.

SCENE II.

LE BARON, M. CRISARD, Mme CRISARD, M. GUILLAUT, CRISOTINE, GILOTIN.

LE BARON *salue Crisotine.*

Vous me permettrez d'avoir l'honneur de vous saluer, belle cousine ; &, après vous avoir salué en cousin, vous trouverez bon que je me jette à vos pieds en amant, pour vous faire la protestation d'être vôtre toute ma vie : j'en ai la permission de Monsieur votre pere & de Madame votre mere, mais je la veux avoir de vous-même ; & ne prétens obtenir Crisotine, que de Crisotine.

CRISOTINE.
La posture, Baron, sent un peu la vieillesse;
Et je pense trouver en vous
Moins un respect, qu'une foiblesse
Qui vous fait tomber à genoux.

LE BARON.
Sus, relevons-nous; l'adorable le veut. Debout, à genoux, en quelque posture que ce soit, le Baron sera toujours le plus soumis des Amans. Que faut-il faire? Où faut-il aller? Je suis prêt à exécuter ce qu'ordonneront ces beaux yeux.

CRISOTINE.
Baron de Montifas,
Vous perdez tous vos pas;
Vos yeux de perle & vos dents d'émeraude,
Peuvent chercher une autre Montifaude.

LE BARON.
Les Montifaudes ne manqueront jamais aux Montifaux : mais, quand le Baron est auprès d'un soleil, il ne le quitte point pour des étoiles.

CRISOTINE *lui ôte sa perruque.*
C'est trop écouter tes raisons :
Je veux désabuser le monde,
Et t'ôter la perruque blonde
Qui cache tes cheveux grisons.

LE BARON.

Je craindrois de paroître en cet état, si je devois la couleur de mes cheveux à mes années ; mais c'est là le fruit de mes travaux guerriers. Montrez-vous, marques honorables de mes services ; vous m'êtes venues pour avoir suivi mon Roi dans ses premieres campagnes.

CRISOTINE.

Poursuivez votre récompense
Auprés du Monarque de France ;
Allez lui faire votre cour,
Et cessez, vieux baron, de me faire l'amour.

M. GUILLAUT.

Prenez ma calote, Monsieur le Baron ; vous n'êtes pas si jeune, que vous ne deviez craindre le froid à la tête : les vapeurs de nos rivieres sont fâcheuses, & l'humidité de notre air cause bien des fluxions.

Madame CRISARD.

Ma fille, rendez à mon cousin sa perruque. Quelle extravagance est-ce là ?

CRISOTINE.

Ma mere, je n'en ferai rien ;
Et, dût géler de froid sa misérable nuque,
Je retiendrai cette grosse perruque
Tant qu'on me retiendra mon bien.

(*Elle sort.*)

LE BARON *va à la porte sans perruque & appelle son valet.*

Gilotin, Gilotin.

GILOTIN.

Qui me demande ?

LE BARON.

Ton maître.

GILOTIN.

Ah ! Monsieur, qui vous a mis en cet état-là ?

LE BARON.

Je te conterai ce que c'est : mais va me quérir promptement une autre perruque ; car je commence à sentir un vent de bize fort incommode. Ouais ! Qu'est devenue Crisotine ? Je ne la voi plus, ni ma perruque. Elle sera peut-être assez folle pour la jetter dans le feu : mais voici Monsieur Crisard qui m'aborde, ne lui témoignons pas notre appréhension. Mon cousin, n'ai-je pas pris l'affaire en galant homme ? Je sai vivre avec les Dames, n'est-ce pas ?

M. CRISARD.

Mon cousin, je ne sai quelle excuse vous faire de l'impertinence de ma fille. J'en suis si honteux, que je ne puis presque en parler.

LE BARON.

Il faut avoir vû la Cour, pour savoir tourner les choses galamment. Un Provincial en ma place auroit été bien scandalisé.

Madame CRISARD.

Vous êtes honnête homme, mon cousin, & ma fille est une impertinente, que je traiterai assûrément comme je dois. Je lui apprendrai à vivre avec les gens de condition, & particuliérement avec un Baron de Montifas.

GILOTIN.

Monsieur, voilà une perruque que je vous apporte.

LE BARON.

Quoi ! une perruque à calote ?

GILOTIN.

Il n'y en a pas d'autre, Monsieur ; vous n'en avez que deux ; une pour la ville, que vous portez, & l'autre pour la campagne, que voici.

LE BARON.

Il est vrai que j'avois donné ordre à Paris de m'en faire quatre ; deux à grosses boucles & deux à la nouvelle façon, comme le Roi les porte. Elles devoient être ici avant que j'y fusse, & vous verrez qu'on ne les a pas encore apportées. Fiez-vous aux Perruquiers.

Madame CRISARD.

Monsieur Crisard, allons trouver Crisotine, pour tirer d'elle la perruque de mon cousin, & lui faire bien séchement la réprimande qu'elle a méritée.

SCENE III.

LE BARON, GILOTIN.

LE BARON.

Gilotin, depuis que tu me fers, combien penses-tu que j'aye pû avoir de maîtresses ?

GILOTIN.

Je ne le puis pas favoir bien juste ; mais au compte que vous m'en avez fait, vous pouvez en avoir eu vingt.

LE BARON.

Et dix de plus, Gilotin ; car il y en a eu de principales qui méritoient un entier secret, & je ne t'en ai pas parlé. Gilotin, ton maître n'a pas été malheureux avec les Dames ; tu en as assez de connoissance.

GILOTIN.

Vous me l'avez toujours dit, Monsieur.

LE BARON.

Mais tu le sais.

GILOTIN.

Un bon valet doit croire son maître ; & je n'en ai pas douté.

LE BARON.

C'est assez, je prens cela pour savoir. Tu le sais donc, Gilotin ?

GILOTIN.

Je le sai, puisque vous le voulez.

LE BARON.

Oh bien! Gilotin, ce maître que tu sais avoir été si heureux avec les belles, vient d'éprouver un commencement d'avanture aussi fâcheux qu'il en soit jamais arrivé au plus disgracié de tous les hommes.

GILOTIN.

Il est vrai, Monsieur, que je vous ai vû dans un pitoyable état.

LE BARON.

Tu dois savoir que Monsieur Crisard me veut donner sa fille en mariage.

GILOTIN.

On ne s'en étonnera pas.

LE BARON.

On sait bien que le plus grand honneur qui puisse arriver à Crisotine, c'est que je l'épouse. Moi, je ne te mens point; je suis bien aise de rendre à la fille la noblesse que nous avons fait perdre à la mere, qui est ma germaine, & aussi bien que moi de la bonne branche des Montifas. Une Montifas attachée à un Crisard, c'est pis que le vivant attaché au mort; & cette pauvre femme, toute infectée de Crisarderie, ne desire rien tant en ce monde, que de rendre à sa fille la vraie odeur de la noblesse, qu'on ne peut sentir avec homme du monde si purement qu'avec le Baron.

GILOTIN.

Je ne sai pas si la fille se soucie autant de la noblesse que la mere : mais elle a la mine d'avoir de bons yeux; & si elle en a, peut-elle regarder un autre que vous ?

LE BARON.

Je ne doutois pas du succès.

GILOTIN.

Qui en eût douté, Monsieur ?

LE BARON.

Ecoute, Gilotin, tu vas entendre une chose incroyable.

GILOTIN.

Si Crisotine a fait l'impertinente avec vous, je ne le croirai pas.

LE BARON.

Quand j'ai fait ma déclaration à Crisotine, (& je puis dire que ç'a été de la maniere la plus galante dont un Cavalier soit jamais entré au service d'une Dame,) tu seras surpris, Gilotin......

GILOTIN.

Monsieur, permettez-moi de ne croire pas ce que vous me direz.

LE BARON.

Quand j'ai fait ma déclaration à Crisotine, elle m'a chanté au nez des chansons fort désobligeantes & personnelles; cela veut dire, qui s'adressoient à ma propre personne.

GILOTIN.

GILOTIN.
Monsieur, je ne le saurois croire.
LE BARON.
Ce n'est pas tout, Gilotin, elle m'a ôté ma perruque, & l'a emportée.
GILOTIN.
Votre perruque neuve ?
LE BARON.
Ma perruque entiere, qui me coûtoit quatre pistoles. Tu m'en as vû faire le prix.
GILOTIN.
Je n'ai jamais oui ni vû pareille chose en ma vie.
LE BARON.
A moi, à moi.
GILOTIN.
A vous ! Monsieur ; à un Baron, l'honneur des Barons ! Je ne le saurois croire.
LE BARON.
Je t'avois bien dit que j'allois conter une chose incroyable : mais il la faut croire ; je ne mens jamais.
GILOTIN.
Puisque vous me le commandez, Monsieur, je le croirai : à moins que d'un ordre exprès, je ne vous croirois pas. J'admire comment vous vous en êtes tiré ! Un autre ne se fût jamais remis de cet affront-là.
LE BARON.
Les Roquelaures y fussent demeurés court ; & il faudroit avoir vû de quelle

manière je m'en suis tiré. Si jamais j'ai paru homme de Cour, ç'a été, Gilotin, en cette occasion : mais le déplaisir n'en est pas moindre. Il faut périr ou venir à bout des mépris de Crisotine. Je te réduirai, mauvaise, & tes larmes vengeront le traitement injuste que tu as fait au Baron.

GILOTIN.
Il faut la réduire & la planter-là.

LE BARON.
Non pas, Gilotin; elle a du bien & de la beauté : il en faut faire une femme, & alors le mari vengera l'amant. La résolution en est prise. Voyons seulement de quelle manière nous la pourrons faire réussir. J'ai besoin de ton adresse, Gilotin, pour découvrir les sentimens qu'elle a sur mon sujet, & trouver ensuite les moyens de nous mettre bien dans son esprit.

GILOTIN.
Qui pourroit nous donner ces moyens-là ? Laissez-moi rêver un peu.... Je l'ai trouvé, Monsieur. Cette Perrette, qui gouverne la maison, nous peut instruire de toutes choses : mais que lui promettrai-je, pour l'engager dans nos intérêts ?

LE BARON.
Ne promets rien positivement, Gilotin. S'acquitter d'une promesse, c'est payer; & la vraie noblesse aime mieux être libérale, que de s'acquitter d'une dette. Ce que tu

as à faire, est de donner à Perrette de belles idées de ma générosité.

GILOTIN.

Beau présent pour une servante, que des idées !

LE BARON.

Je n'aime pas les personnes qui s'attachent à l'exactitude des petits intérêts présens : il faut avoir le courage d'envisager les grandes choses. Tu as de l'esprit ; dispose Perrette à concevoir d'elle-même des espérances. Il suffira de lui faire la peinture de mon humeur le plus avantageusement que tu pourras.

GILOTIN.

Je ferai votre portrait à Perrette, puisque vous me l'ordonnez, & je n'y oublierai rien : laissez-moi faire.

SCENE IV.

GILOTIN, PERRETTE.

GILOTIN.

JE te cherchois, Perrette ; j'ai grand besoin de ton secours.

PERRETTE.

Me voilà toute trouvée. De quoi est-il question ?

GILOTIN.
D'une grande affaire.

PERRETTE.
Me veux-tu parler d'amour ? Si tu es aussi fat que ton Baron, ma foi je serai aussi folle que Crisotine.

GILOTIN.
Je voi bien que tu sais tout.

PERRETTE.
Je sais tout, jusqu'à l'aventure de la perruque. Mais de quoi s'agit-il, Gilotin ? Dépêche-toi, parle.

GILOTIN.
Il faut rendre un service à mon maître.

PERRETTE.
A ton maître !

GILOTIN.
Oüi, à mon maître.

PERRETTE.
Au Baron de Pourgeolette ! au Seigneur de Montifas !

GILOTIN.
Au Baron & au Seigneur, comme il te plaira.

PERRETTE.
C'est une étrange espece de Baron. Je ne remuerois pas le bout de mon pied pour l'amour de lui.

GILOTIN.
Ma pauvre Perrette, si mon maître ne se marie, je suis perdu. Il est toujours par

voie & par chemin, faisant bonne chere aux dépens des autres, & mourant de faim aux siens. Pour moi, je ne suis ni aux siens, ni à ceux des autres; mais très-petitement & très-malheureusement aux miens.

PERRETTE.

Crois-tu que le Baron change d'humeur en se mariant ?

GILOTIN.

S'il est une fois marié, Perrette, il faudra qu'il tienne maison en dépit de lui; & j'espere que je m'en trouverai mieux.

PERRETTE.

Tu veux qu'il épouse Crisotine, n'est-ce pas ?

GILOTIN.

C'est-là justement ce que je demande.

PERRETTE.

Va, Gilotin, il ne tiendra pas à moi. J'ai plus d'envie d'être défaite d'elle, que tu n'en as de voir ton maître marié.

GILOTIN.

Venons au fait. Comment nous-y prendrons-nous ? Je sai que le pere & la mere veulent bien le mariage : mais la fille chante ridiculement au nez du Baron, & ne fait autre chose que de se moquer de lui.

PERRETTE.

Ton maître sait-il chanter ?

GILOTIN.

Il s'est fait un métier de chanter tous les airs de l'Opera.

PERRETTE.

Cela vaut mieux que sa Baronnie, pour lui faire épouser Crisotine. Apprens que notre Demoiselle est devenue folle des Opera; elle ne parle qu'en musique, & il ne lui faut parler qu'en chantant. Elle aimeroit mieux demeurer fille toute sa vie, que d'épouser un homme qui ne chanteroit pas.

GILOTIN.

Voilà justement le fait de mon maître : & si elle peut aussi bien s'accommoder d'un fou, que lui d'une folle, jamais gens ne furent mieux ensemble qu'ils seront. Adieu, Perrette, je ne t'en demande pas davantage. Pour des récompenses, je ne t'en promets point. Le Baron ne promet jamais rien : il veut surprendre par ses libéralités ; & quand tu y songeras le moins, tu recevras de sa part un baril d'olives, une cruche d'huile, un petit pot de miel de Narbonne & quelque bouteille d'eau de la Reine d'Hongrie. Pour de l'argent, Perrette, on tireroit plûtôt de l'huile d'un mur. Mais le voici, retire-toi.

SCENE V.

LE BARON, GILOTIN.

LE BARON.

Hé bien, Gilotin, m'apportes-tu la vie, ou la mort ?

GILOTIN.

Ce n'est ni la vie, ni la mort : c'est assez pour empêcher de vous pendre.

LE BARON.

Ne me fais point languir, je te prie. Dis-moi, puis-je espérer d'amolir le marbre, d'attendrir ce qu'il y a de plus dur au monde.

GILOTIN.

Nous avons encore une ressource : après cela, il n'y a rien à espérer.

LE BARON.

Apprens-la cette ressource à ton maître ; & Dieu veuille qu'elle soit utile à ses amours ! Gilotin, Gilotin, il seroit bien fâcheux de venir échouer à Lyon, après avoir sû réduire les plus fieres de la Cour.

GILOTIN.

Vous aviez affaire à des personnes d'esprit, qui savoient connoître votre mérite ; & vous rencontrez ici une folle, qui ne connoît pas ce que vous valez.

ŒUVRES DE M.

LE BARON.

Quelque maltraité que je fois, je ne saurois souffrir qu'on fasse injure à ma maîtresse. Puisque je l'aime, elle est aimable ; & puisqu'elle est aimable, elle n'est pas folle.

GILOTIN.

Je n'entens pas bien la subtilité de ces *puisque* là : mais je sai bien que Crisotine est devenue folle des Opera ; & à moins que vous ne chantiez toujours avec elle, vous ne sauriez jamais en venir à bout.

LE BARON.

Me voilà justement dans mon fort, & j'espere qu'on verra tantôt une scéne assez agréable. Au moins, tu n'as rien promis à Perrette ? Je n'aime pas d'être engagé.

GILOTIN.

Je ne vous ai engagé à rien. Il a suffi de faire votre portrait, & je l'ai fait le plus naturellement qu'il m'a été possible.

Fin du quatriéme acte.

ACTE V.

SCENE PREMIERE.

Madame CRISARD, LE BARON, M. CRISARD, CRISOTINE, M. GUILLAUT.

Madame CRISARD.

MON cousin, je rougis de la sottise de ma fille; mais vous excuserez sa jeunesse: la pauvre enfant ne sait ce qu'elle fait. Voilà votre perruque, vous pouvez la prendre quand il vous plaira.

LE BARON.

Je m'accommode assez bien de celle-ci; l'autre me seroit toujours de mauvaise augure.

M. CRISARD.

Vous ne vous retrouverez pas à une pareille occasion; & j'espere que Crisotine raccommodera, à une seconde entrevûe, ce qu'elle a gâté à la premiere.

LE BARON.

Je vous prie de m'éclaircir d'une chose. Est-il vrai que les Opera ont brouillé un peu sa cervelle?

M. CRISARD.

Elle a quelquefois de petites fantaisies : chacun a les siennes : cela ne vaut pas la peine d'en parler. Le tout aboutit à aimer les airs de l'Opera, & à chanter un peu plus qu'une autre.

LE BARON.

Oh bien, mon cousin, nous allons voir beau jeu ; car je referois les Opera s'ils étoient perdus ; & pour des impromptu en vers & en chant, nous verrons qui l'emportera. Elle peut avoir la voix plus belle que moi : pour la méthode, Camus & Lambert diroient que je la puis disputer. Voici Crisotine qui vient à nous, allons au-devant d'elle, & commençons.

(*Il chante ridiculement.*)

Vous jugez à ma triste mine,
La douleur que j'enferme au fond de ma poitrine;
Douleur, douleur qui causera ma mort,
Si vous ne soulagez mon, mon, mon triste sort.

CRISOTINE.

Je n'eus jamais envie
De vous ôter la vie :
Il est vrai que j'ai pris un plaisir assez doux
A me moquer de vous.
Contez cent fois votre martyre,
Cent fois je n'en ferai que rire.

DE SAINT-EVREMOND.

LE BARON.

Les tigres, les lions, les pantheres, les ours,
Toutes les bêtes sauvages de l'Hircanie,
Me donneroient sûrement du secours,
Me voyant si proche de l'agonie.

CRISOTINE.

Qui ne peut inspirer une tendre amitié,
Espere-t-il de la pitié ?

LE BARON.

Si vous n'êtes pas une roche...
Si vous n'êtes toute de roche...
Si vous n'avez un cœur qui soit de roche...

Il faut rimer, ou *torche*, ou *cloche*.

CRISOTINE.

La rime vous coûte trop cher.
En deux mots, je suis un rocher.

LE BARON.

Les impromptu me fatiguent trop. Donnons dans les airs de Baptiste. L'AIMABLE JEUNESSE (1) vient fort bien ici.

(*Il chante ridiculement.*)

Aimable Jeunesse,
Suivez la tendresse ;
Joignez aux beaux jours
La douceur des amours.

(1) Air de Psyché, Tragédie.

C'est pour vous surprendre
Qu'on vous fait entendre
Qu'il faut éviter les soupirs,
Et craindre les desirs :
Laissez-vous apprendre
Quels sont leurs plaisirs.
Chacun est obligé d'aimer
A son tour ;
Et, plus on a de quoi charmer,
Plus on doit à l'Amour.

CRISOTINE *parodiant sur le même air.*

Honteuse Vieillesse,
Quitte la tendresse,
Quitte les amours ;
Tes ans ont fait leurs cours.
Crois-tu me surprendre,
Pour me faire entendre
Tous ces gros & vilains soupirs,
Et tous ces vieux desirs ?
C'est pour désapprendre
Quels sont les plaisirs.
Qui voudra m'obliger d'aimer
A mon tour,
S'il n'a pas de quoi me charmer,
N'aura pas mon amour.

Madame CRISARD.
Il te faut des soupirs à ta fantaisie ? Aime,

ou n'aime pas mon cousin, tu l'épouseras: il te fait plus d'honneur que tu ne vaux; & nous savons mieux que toi ce qui t'est propre.

CRISOTINE.

Venez, venez à ma défense;
Descendez, mere des Amours,
Ou je rendrai mes tristes jours
A de cruels parens dont je tiens la naissance.
Descendez, mere des Amours (1),
Venez, venez à mon secours.

Madame CRISARD.

Tu n'as point de véritable mere que moi, petite coquine; & ta *mere des Amours* ne t'empêchera pas de m'obéir.

CRISOTINE.

Quand Jupiter visitoit les mortelles,
De sa Divinité mêlée au sang des belles,
Il sortoit des Héros si grands, si glorieux,
Qu'ils s'élevoient au rang des Dieux.
O, Jupiter, voyez comme on me traite!
On vient m'offrir un Pourgeolette,
Qui me feroit des Montifas!
O, Jupiter, ne le permettez pas!

M. CRISARD.

Hé bien, Madame Crisard, falloit-il

(1) Imitation du Prologue de Psyché.

souffrir ses petites fantaisies ? Voilà l'effet de votre indulgence.

Madame CRISARD.

Ah ! Monsieur, ne m'en parlez pas : j'aurois le courage de l'étrangler. Mépriser un Baron de Pourgeolette ! Chef de la maison de Montifas !

CRISOTINE.

Ses yeux de perle, & ses dents d'émeraude,
Peuvent chercher une autre Montifaude.

LE BARON.

La patience m'échappe. Allez, petite éventée, allez épouser quelque Chanteur de l'Opera. Ma cousine a raison : vous ne méritez pas l'honneur que je voulois vous faire. Cherchez un parti en qui se rencontrent également le bien, le courage & la noblesse. Mon bien est connu de tout le monde. Il y a trois cens ans que mes Lettres de noblesse ont été brûlées. On ne voit point l'origine des Montifas. Montifas est noble ; & pourquoi ? Parce qu'il est MONTIFAS. Voilà ses titres & ses papiers. On n'ignore pas en Languedoc le nombre de mes campagnes. Pour des combats singuliers, six à Montpellier, quatre à Beziers, trois à Pezenas, deux à Aiguesmortes, & vingt procedés si beaux, que je les préfere à quarante combats. Autrefois j'étois impétueux, comme mon voisin le Rhône. Préfentement, je suis calme, comme mon Lac de Pourgeolette; & je pensois achever mes jours doucement avec Crisotine: mais elle est indigne de cet honneur-là. Adieu, petite chanteuse: Adieu, mon cousin; adieu, ma cousine: je ne suis pas moins votre serviteur, pour toutes les impertinences de votre fille. J'ai même obligation à Crisotine. Un mariage m'eût acoquiné en Languedoc, & à peine aurois-je été bon pour faire ma cour aux Etats.

M. CRISARD.

Ma justification auprès de vous, c'est que ma fille est folle; & nous sommes plus à plaindre que vous n'étes.

Madame CRISARD.

Je suis autant contr'elle, que j'avois été portée à la soutenir. Maudits soient les Opera qui ont rendu ma pauvre fille folle!

LE BARON.

Adieu, mon cousin; adieu, ma cousine: les vieux liens suffiront de reste pour entretenir notre union.

Madame CRISARD.

Mon cousin, si vous retournez à la Cour....

LE BARON.

Si je retourne à la Cour! Assez plaisante question. Si je retourne à la Cour! Et que ferois-je dans la Province, après avoir rompu mon mariage?

Madame CRISARD.

Mon cousin, je vous prie de porter nos plaintes au Roi contre les Opera.

LE BARON.

Je le ferai, ma cousine; & Baptiste s'en appercevra au premier qui sera représenté.

M. CRISARD.

Mon cousin, il est trop tard, & il fait trop mauvais temps pour vous embarquer sur le Rhône. Faites-nous l'honneur de souper & de coucher céans. Monsieur Guillaut soupera avec nous, & Monsieur Millaut, que je vois entrer, ne me refusera pas de vous tenir compagnie.

SCENE II.

M. MILLAUT, CRISOTINE, M. GUILLAUT, LE BARON, M. CRISARD, Madame CRISARD.

M. MILLAUT.

JE venois vous remercier, Monsieur, & je reçois une seconde grace avant que de vous avoir remercié de la première.

CRISOTINE.

Dûssai-je employer la magie, Millaut, ce célébre Docteur,
changera

Changera sa Théologie,
Et sera Sacrificateur.

M. MILLAUT.
Et de qui *Sacrificateur*, Mademoiselle ? Sommes-nous au temps des Juifs, ou des Payens ?

CRISOTINE.
Ou de celui qui lance le tonnerre;
Ou de ce grand maître Apollon
Qui préside au sacré Vallon;
Ou du terrible Dieu qui commande à la Guerre.

M. GUILLAUT.
Vous ne manquerez pas d'emploi, Monsieur Millaut, dans le nombre des Dieux que vous aurez à servir.

CRISOTINE.
Quels plaisirs pour les Nations
D'assister à des Sacrifices,
Qui leur rendent les Dieux propices
Par le pompeux éclat de leurs dévotions.

LE BARON.
Puisque vous voulez que je couche céans, vous me permettrez d'aller un peu à ma chambre.

M. CRISARD.
Je vais vous y mener, mon cousin.

LE BARON.
Quoi, des cérémonies de Province !

C'est bien là que je ne croirois plus être homme de Cour.

M. CRISARD.

Usez-en comme il vous plaira ; vous êtes le maître de la maison. Mais ne croyez pas, je vous prie, que nous ignorions la maniere de vivre du beau monde.

(*Le Baron sort.*)

M. MILLAUT.

Monsieur, j'avois bien crû que Mademoiselle votre fille aimoit trop les Opera ; mais de se faire des Dieux de ceux de l'Opera, comme elle fait, c'est ce que je ne croyois pas. Il seroit inutile de la prêcher ; & il faut attendre la fin de sa folie, de quelque secours extraordinaire qui ne paroît pas encore.

CRISOTINE.

En vain, j'ai sû bannir la crainte
Qui retenoit ma juste plainte,
Pour crier en tous lieux que tu ne m'aimes plus.
Tous les cris que je fais sont des cris superflus.
Tu ne me répons rien. Ah ! Fille infortunée,
Je suis abandonnée !

M. GUILLAUT.

En ce cas-là, Mademoiselle, je vous conseille la vengeance ; c'est là que la fureur devient raison.

CRISOTINE.

Perdons, perdons qui nous fait outrager :
Mais d'un amant qu'on aime ose-t-on se venger ?

M. GUILLAUT.

Misérable condition, quand celui qui nous offense nous plaît ! C'est une situation où l'on ne sait ni aimer, ni se venger. Je vous plains, Mademoiselle.

CRISOTINE.

De toutes mes fureurs sa mort est poursuivie ;
Prenez le soin, Amour, de conserver sa vie :
Amour, opposez-vous à mon ressentiment ;
Si j'accuse un perfide, excusez un amant :
Et, quand je serai prête à punir un coupable,
Demandez le pardon d'un criminel aimable.

M. GUILLAUT.

Un *Criminel aimable* qui trahit une personne plus aimable que lui, ne mérite pas le pardon.

CRISOTINE.

Ah ! Faut-il me venger,
En perdant ce que j'aime ?
Que fais-tu, ma fureur, où vas-tu m'engager ?
Punir ce cœur ingrat, c'est me punir moi-même :
J'en mourrai de douleur ; je tremble d'y songer.
Ah ! Faut-il me venger,
En perdant ce que j'aime ?

Ma rivale triomphe, & me voit outrager :
Quoi, laisser son amour sans peine & sans danger ;
Voir le spectacle affreux de son bonheur extrême !
Non, il faut me venger
En perdant ce que j'aime (1).

SCENE III.

TIRSOLET, CRISOTINE, Madame CRISARD, M. GUILLAUT, M. MILLAUT, M. CRISARD.

TIRSOLET *qui paroît.*

HÉ bien, cruelle ! vengez-vous ;
Mais vous vous vengerez sur la même innocence.
Que si ma mort, hélas ! flatte votre courroux,
Sans avoir jamais fait d'offense,
Je vous la demande à genoux ;
Et c'est pour mon amour assez de récompense,
Que pourrois-je espérer de mieux ?
Vous voulez que je meurs, & je meurs à vos yeux.

CRISOTINE.
Infidéle Théfée !

TIRSOLET.
Vous êtes abusée,

---

(1) Médée, dans l'Opera de Théfée, Acte V. scène Is.

Je ne fus jamais que Cadmus.
CRISOTINE.
Moi ; je suis Hermione, & je n'y pensois plus !
TIRSOLET.
Ah ! Que ma fidelle tendresse
Mérite bien quelque caresse !
TIRSOLET & CRISOTINE
ensemble.

Qu'Hermione & Cadmus se donnent tour-à-tour
Un doux gage de leur amour.

(*Ils se baisent les mains.*)

Madame CRISARD.
Impertinente ! Ridicule ! Après avoir traité, comme tu as fait, mon cousin de Montifas, tu oses faire des caresses à un Tirsolet, & en ma présence ! Vîte, qu'on se sépare, qu'on se sépare pour jamais.

TIRSOLET.
Je vais partir, belle Hermione,
Je vais exécuter ce que le Ciel m'ordonne.
Malgré le péril qui m'attend,
Je veux vous délivrer, ou me perdre moi-même :
Je vous vois, je vous dis enfin que je vous aime ;
C'est assez pour mourir content (1).

CRISOTINE.
Si tu mourois content, je vivrois malheureuse

(1) Opera de Cadmus, Acte II. Scéne IV.

Jusqu'au temps que le même sort
Te joindroit mon ombre amoureuse,
Aux lieux où les Amans s'en vont après la mort.

Madame CRISARD.

Partez, mourez ; faites ce que vous voudrez, pourvû que je ne vous voye plus.

CRISOTINE.

Fuyons de ces lieux tyranniques,
Ennemis de toutes Musiques ;
Allons, allons à l'Opera,
Monsieur Lulli nous recevra.

TIRSOLET.

C'est là que personne
Aimable Hermione,
Nos doux chants ne troublera :
Sauvons-nous à l'Opera.

M. GUILLAUT à M. Crisard.

Monsieur, la nature, par un mouvement secret, qu'on appelle instinct, les porte au remede, qui fera sans doute leur guérison. Les Opera ont fait naître leur maladie ; les Opera la finiront. Il est de ces sortes de fantaisies, comme des amours & des desirs. Laissez jouir, les desirs finissent ; empêchez la jouissance, ils durent toujours. De même, Monsieur, opposez-vous à ces imaginations, c'est leur donner plus de force ; laissez-leur un libre cours, c'est le moyen de les faire évanouir. Quand Monsieur Tirsolet & Mademoiselle Crisotine......

Madame CRISARD.

Vous parlerez mieux quand il vous plaira, Monsieur Guillaut; & je ne sai pas comment vous avez pû nommer Monsieur Tirsolet, fils de Monsieur Tirsolet, devant Mademoiselle Crisotine, descendue par sa mere des vrais Montifas?

M. GUILLAUT.

Quand Mademoiselle Crisotine & Monsieur Tirsolet auront été six mois au Théatre, lassés de répétitions, ennuyés de chanter toujours, fatigués de s'habiller avec soin, de se deshabiller avec peine & de faire éternellement la même chose, vous les verrez revenir avec autant de sagesse, qu'ils ont de folie présentement.

Madame CRISARD.

Oui, Monsieur Guillaut: mais une personne de la qualité de ma fille à l'Opera, blesseroit trop ma condition; & j'aimerois mieux voir Crisotine folle toute sa vie, avec de la qualité, que la voir sage au préjudice de sa naissance.

M. GUILLAUT.

Le Roi y a donné ordre, Madame : on peut être de l'Opera, sans faire tort à sa noblesse. Les grands Seigneurs du Royaume y peuvent danser, avec l'approbation de tout le monde.

Madame CRISARD.

Je n'ai plus rien à dire après cela : vous m'avez mis l'esprit en repos.

M. GUILLAUT.

Je ne voi pas qu'il y ait plus aucune objection à me faire. A mon avis, il ne faut pas résister plus long-temps à leur envie.

M. MILLAUT.

Je dis plus, Monsieur Crisard ; je dis que c'est une nécessité de les laisser aller. L'opinion que Mademoiselle votre fille a des Dieux, scandalise tout le monde, & il n'y a que l'Opera qui lui puisse faire perdre l'extravagance de son opinion. Quand elle verra que les machines les plus merveilleuses ne sont rien que des toiles peintes ; que les Dieux & les Déesses qui descendent sur le Théatre, ne sont que des Chanteurs & des Chanteuses de l'Opera ; quand elle touchera les cordes, par le moyen desquelles se font les vols les plus surprenans ; adieu Jupiter & Apollon, adieu Minerve & Venus. Elle perdra toutes ces imaginations-là ; &, comme dit Monsieur Guillaut, vous la verrez revenir avec autant de sagesse qu'elle a de folie présentement.

M. CRISARD.

Je vous rens graces, Messieurs, de vos bons avis ; il n'y en eut jamais de plus sages, & ils vont être exécutés tout-à-l'heure.

l'heure. Nous consentons, Crisotine, que vous alliez avec Monsieur Tirsolet à l'Opera, & le plûtôt qu'il vous sera possible : les portes vous sont ouvertes ; il ne tiendra qu'à vous de sortir.

Madame CRISARD.

Je voudrois déja les voir partir. Que faites-vous ici, Crisotine ? Après avoir méprisé mon cousin de Montifas, il n'y a plus rien à faire pour vous dans la maison.

CRISOTINE & TIRSOLET.

Finissons, finissons nos plaintes ;
Voici la fin de nos contraintes :
Allons à l'Opera, pour chanter chaque jour
Des succès de guerre & d'amour.

TIRSOLET.

Le grand Lulli nous donne deux machines
Qui nous transporteront où nous devons aller :
Là, nous serons assis en personnes divines,
Et par les airs on nous verra voler.

CRISOTINE.

Quittons, quittons la terre ;
Allons fendre les airs :
Elevons-nous au-dessus des éclairs,
Et voyons sous nos pieds les éclats du tonnerre.

[*Ils sortent.*]

M. MIELAUT.

Monsieur, vous êtes bienheureux d'être délivré d'une fille aussi folle que celle-là.

M. GUILLAUT *assez bas, de peur que Madame Crisard ne l'entende.*

Et plus heureux de n'avoir pas fait le Montifas votre gendre. C'est une espece de fou, dont vous eussiez eu bien de la peine à vous défaire. Donnons-lui à souper aujourd'hui, & le renvoyons demain au lever du Roi.

M. CRISARD.

Vous me faites grand plaisir, Monsieur Guillaut, de m'ouvrir l'esprit : je commence à connoître que notre Baron est un grand fou. Allons souper avec lui une fois encore, & jamais ne le puissions-nous revoir après cela.

Fin du cinquiéme & dernier acte.

SUR L'AMITIÉ.
A MADAME LA DUCHESSE
MAZARIN.

DE tous ces dits des Anciens, que vous avez si judicieusement remarqués & si heureusement retenus, il n'y en a point qui me touche davantage que celui d'Agésilas, lorsqu'il recommande l'affaire d'un de ses amis à un autre. *Si Nicias n'a point failli, délivre-le ; s'il a failli, délivre-le pour l'amour de moi : de quelque façon que ce soit, délivre-le.* Voyez, Madame, jusqu'où va la force de l'amitié. Un Roi des Lacédémoniens, si homme de bien, si vertueux, si sévere ; un Roi qui devoit des exemples de justice à son peuple, ne permet pas seulement, mais ordonne d'être injuste, où il s'agit de l'affaire de son ami.

Qu'un homme privé eût fait la même chose qu'Agésilas, cela ne surprendroit pas. Les particuliers ne trouvent que trop de contrainte dans la vie civile. Une des plus grandes douceurs qu'ils puissent goûter, c'est de revenir quelquefois à la nature, & de se laisser aller à leurs propres inclinations. Ils obéiffent à regret à ceux qui commandent ; ils aiment à rendre fervice à ceux qui leur plaifent. Mais qu'un Roi, occupé de fa grandeur, renonce aux adorations publiques, renonce à fon autorité, à fa puiffance, pour defcendre en lui-même & y fentir les mouvemens les plus naturels de l'homme ; c'eft ce qu'on ne comprend pas facilement, & ce qui mérite bien que nous y faffions réflexion.

Il eft certain qu'on ne doit pas regarder fon Prince, comme fon ami. L'éloignement qu'il y a de l'empire à la fujétion, ne laiffe pas former cette union des volontés, qui eft néceffaire pour bien aimer. Le pouvoir du Prince & le devoir des Sujets, ont quelque chofe d'oppofé aux tendreffes que demandent les amitiés.

Exercer la domination fans violence, c'eft tout ce que peut faire le meilleur Prince. Obéir fans murmure, c'eft tout ce que peut faire le meilleur fujet. Or la modération & la docilité ont peu de charmes. Ces vertus font trop peu animées pour faire naître les inclinations, & infpirer la chaleur de l'amitié. La liaifon ordinaire qui fe trouve entre les Rois & leurs courtifans, eft une liaifon d'intérêt. Les courtifans cherchent de la fortune avec les Rois, les Rois exigent des fervices de leurs courtifans.

Cependant il y a des occafions, où l'ambarras des affaires, où le dégoût de la magnificence, oblige les Princes à chercher dans la pureté de la nature, les plaisirs qu'ils ne trouvent pas dans leur grandeur. Ennuyés de cérémonies, de gravités affectées, de contenances, de représentations, ils cherchent les douceurs toutes naturelles d'une liberté, que leur condition leur ôte. Travaillés de soupçons & de jalousies, ils cherchent enfin à se confier, à ouvrir un cœur qu'ils tiennent fermé à tout le monde. Les flatteries des adulateurs leur font souhaiter la sincérité d'un ami ; & c'est-là que se font ces confidens, qu'on appelle *Favoris* ; ces personnes cheres aux Princes, avec lesquelles ils se soulagent de la gêne de leurs secrets, avec lesquelles ils veulent goûter toutes les douceurs que la familiarité du commerce & la liberté de la conversation peuvent donner aux amis particuliers.

Mais que ces amitiés sont dangereuses à un Favori, qui songe plus à aimer qu'à se bien conduire ! Ce confident pense trouver son ami où il rencontre son maître ; & par un retour imprévû, sa familiarité est punie comme la liberté indiscrette d'un serviteur qui s'est oublié. Ces gens de Cour, de qui l'intérêt régle toujours la conduite, trouvent dans leur industrie de quoi plaire, & leur prudence leur fait éviter tout ce qui choque, tout ce qui déplaît. Celui qui aime véritablement son maître, ne consulte que son cœur. Il croit être en sûreté de ce qu'il dit & de ce qu'il fait, par ce qu'il sent; & la chaleur d'une amitié mal reglée le fait périr, quand la précaution des personnes qui n'aiment pas, lui conserveroit tous les avantages de sa fortune. C'est par-là qu'on perd ordinairement les inclinations des Princes, plus exacts à punir ce qui blesse leur caractere, que faciles à pardonner ce qu'on fait par les mouvemens de la nature. Heureux les Sujets, dont les Princes savent excuser ce que la foiblesse de la condition humaine a rendu excusable dans les hommes ! Mais ne portons point d'envie à tous ceux qui se font craindre ; ils perdent la douceur & d'aimer & d'être aimés. Revenons à des considérations plus particuliéres sur l'amitié.

J'ai toujours admiré la morale d'Epicure, & je n'estime rien tant de sa morale, que la préference qu'il donne à l'amitié, sur toutes les autres vertus. En effet, la justice n'est qu'une vertu établie pour maintenir la societé humaine ; c'est l'ouvrage des hommes : l'amitié est l'ouvrage de la nature ; l'amitié fait toute la douceur de notre vie, quand la justice, avec toutes ses rigueurs, a bien de la peine à faire notre sûreté. Si la prudence nous fait éviter quelques maux, l'amitié les foulage tous : fi la prudence nous fait acquérir des biens, c'eſt l'amitié qui en fait goûter la jouiſſance. Avez-vous beſoin de conſeils fidéles : qui peut vous les donner qu'un ami ? A qui confier vos ſecrets, à qui ouvrir votre cœur, à qui découvrir votre ame qu'à un ami ? Et quelle géne ſeroit-ce d'être tout reſſerré en ſoi-même, de n'avoir que ſoi pour confident de ſes affaires & de ſes plaiſirs ? Les plaiſirs ne ſont plus plaiſirs, dès qu'ils ne ſont pas communiqués. *Sans la confiance d'un ami, la félicité du Ciel ſeroit ennuyeuſe* (1). J'ai obſervé que les dévots les plus détachés du monde, que les dévots les plus attachés à Dieu, aiment en Dieu les dévots, pour ſe faire des objets viſibles de leur amitié. Une des grandes douceurs qu'on trouve à aimer Dieu, c'eſt de pouvoir aimer ceux qui l'aiment.

Je me ſuis étonné autrefois de voir tant de confidens & de confidentes ſur notre Théatre : mais j'ai trouvé à la fin que l'uſage en avoit été introduit fort à propos ; car une paſſion dont on ne fait aucune confidence à perſonne, produit plus ſouvent une contrainte fâcheuſe pour l'eſprit, qu'une volupté agréable pour les ſens. On ne rend pas un commerce amoureux public ſans honte ; on ne le tient pas fort ſecret ſans

(1) Penſée d'un Ancien.

gêne. Avec un confident, la conduite est plus sûre, les inquiétudes se rendent plus légeres, les plaisirs redoublent, toutes les peines diminuent. Les Poëtes qui connoissent bien la contrainte que nous donne une passion cachée, nous en font parler aux vents, aux ruisseaux, aux arbres ; croyant qu'il vaut mieux dire ce qu'on sent aux choses inanimées, que de le tenir trop secret, & se faire un second tourment de son silence.

Comme je n'ai aucun mérite éclatant à faire valoir, je pense qu'il me sera permis d'en dire un, qui ne fait pas la vanité ordinaire des hommes ; c'est de m'être attiré pleinement la confiance de mes amis ; & l'homme le plus secret que j'aie connu en ma vie, n'a été plus caché avec les autres, que pour s'ouvrir davantage avec moi. Il ne m'a rien celé tant que nous avons été ensemble ; & peut-être qu'il eût bien voulu me pouvoir dire toutes choses, lorsque nous avons été séparés. Le souvenir d'une confidence si chere m'est bien doux ; la pensée de l'état où il se trouve m'est plus douloureuse. Je me suis accoutumé à mes malheurs, je ne m'accoutumerai jamais aux siens ; & puisque je ne puis donner que de la douleur à son infortune, je ne passerai aucun jour sans m'affliger, je n'en passerai aucun sans me plaindre.

Dans ces confidences si entieres, on ne doit avoir aucune dissimulation. *On traite mieux un ennemi qu'on hait ouvertement, qu'un ami avec qui on se cache, avec qui on dissimule* (1). Peut-être que notre ennemi recevra plus de mal par notre haine ; mais un ami recevra plus d'injure par notre feinte. Dissimuler, feindre, déguiser, sont des défauts qu'on ne permet pas dans la vie civile ; à plus forte raison ne seront-ils pas soufferts dans les amitiés particuliéres.

Mais pour conserver une chose si précieuse que l'amitié, ce n'est pas assez de se précautionner contre les vices, il faut être en garde même contre les vertus ; il faut être en garde contre la justice. Les sévérités de la justice ne conviennent pas avec les tendresses de l'amitié. Qui se pique d'être juste, ou se sent déja méchant ami, ou se prépare à l'être. L'Evangile ne recommande guére la justice, qu'il ne recommande aussi la charité ; & c'est, à mon avis, pour adoucir une vertu qui seroit austére & presque farouche, si on n'y mêloit un peu d'amour. La justice mêlée avec les autres vertus, est une chose admirable. Toute seule, sans aucun mélange de bon naturel, de douceur, d'humanité, elle est plus sauvage que n'étoient les hommes

(1) Pensée d'un Ancien.

qu'elle a assemblés ; & on peut dire qu'elle bannit tout agrément de la société qu'elle a établie.

L'amitié n'appréhende pas seulement la rigueur de la justice, elle craint les profondes réflexions d'une sagesse qui nous retient trop en nous, quand l'inclination veut nous mener vers un autre. L'amitié demande une chaleur qui l'anime ; & ne s'accommode pas des circonspections qui l'arrêtent : elle doit toujours se rendre maîtresse des biens, & quelquefois de la vie de ceux qu'elle unit.

Dans cette union des volontés, il n'est pas défendu d'avoir des opinions différentes : mais la dispute doit être une conférence pour s'éclaircir, non pas une contestation qui aille à l'aigreur. Il ne faut pas se faire de la passion, où vous ne cherchez que des lumières. Nos sentimens ne doivent avoir rien de fort opposé sur ce qui regarde la religion. Celui qui rapporte tout à la raison, & celui qui soumet tout à l'autorité, s'accommoderont mal ensemble. Hobbes & Spinosa, qui n'admettent ni propheties, ni miracles qu'après un long & judicieux examen, feront peu de cas des esprits crédules, qui reçoivent les Revelations de Sainte Brigide & la Legende des Saints, comme des articles de foi. Il me souvient d'avoir vû de l'aliénation parmi les dévots, dont les uns alloient à tout craindre de la justice de Dieu, & les autres à tout espérer de sa bonté.

Ce ne seroit jamais fait, si je voulois expliquer ici toutes les choses qui contribuent à établir ou à ruiner la confiance de ces amitiés. Elles ne subsistent point sans fidélité & sans secret. C'est ce qui les rend sûres ; mais ce n'est pas tout pour nous les rendre agréables. Il se forme une certaine liaison entre deux ames, où la sûreté seule ne suffit pas : il y entre un charme secret que je ne saurois exprimer, & qui est plus facile à sentir qu'à bien connoître. A mon avis, le commerce particulier d'une femme belle, spirituelle, raisonnable, rendroit une pareille liaison plus douce encore, si on pouvoit s'assurer de sa durée. Mais lorsque la passion s'y mêle, le dégoût finit la confiance avec l'amour ; & s'il n'y a que de l'amitié, les sentimens de l'amitié ne tiennent pas long-temps contre les mouvemens d'une passion.

Je me suis étonné cent fois de ce qu'on avoit voulu exclure les femmes du maniement des affaires ; car j'en trouvois de plus éclairées & de plus capables que les hommes. J'ai connu à la fin que cette exclusion ne venoit point, ni de la malignité de l'envie, ni d'un sentiment particulier d'aucun intérêt ; ce n'étoit point aussi par une méchante opinion que l'on eût de leur esprit. C'étoit (cela soit dit sans les offenser) c'étoit par le peu de sûreté que l'on trouvoit en leur cœur foible, incertain, trop assujetti à la fragilité de leur nature. *Telle qui gouverneroit sagement un Royaume aujourd'hui, se fera demain un maître, à qui on ne donneroit pas douze poules à gouverner*, pour me servir des termes de Monsieur le Cardinal Mazarin. De quoi ne seroient pas venues à bout Madame de Chevreuse, la Comtesse de Carlisle, la Princesse Palatine, si elles n'avoient gâté, par leur cœur, tout ce qu'elles auroient pû faire par leur esprit (1)? Les erreurs du cœur sont bien plus dangereuses que les extravagances de l'imagination. L'imagination n'a point de folies, que le jugement ne puisse corriger : le cœur nous porte au mal & nous y attache, malgré toutes les lumiéres du jugement :

Video meliora proboque,
Deteriora sequor.

Une femme fort spirituelle (2), me disoit un jour, qu'elle *rendoit graces à Dieu tous les soirs de son esprit, & le prioit tous les matins de la préserver des sottises*

─────────
(1) Voyez la VIE de M. de Saint Evremond, sur l'année 1676.

(2) Mademoiselle de l'Enclos.

de son cœur. O Lot ! O Lot (1) ! que vous avez peu à craindre ces sottises ! Rendez graces à Dieu de vos lumiéres, & reposez-vous sur vous-même de vos mouvemens. J'en connois de peu intéressées, Lot, à remercier Dieu de votre esprit. La petite Bouffete consentiroit volontiers que vous eussiez le cœur troublé, & que vous n'eussiez pas l'esprit si libre.

Esprit du premier ordre, que vous donnez de plaisirs à vos sujets de faire admirer en vous tant de raison & tant de beauté ! Quel plaisir de vous voir mépriser ce discours ennuyeux de beautés, ces fades entretiens de coëffes, de manches & d'étoffes des Indes ! Quel plaisir de vous voir laisser à la fausse galanterie des autres les *Corbeilles pleines de Rubans*, & la gentille Canne de Monsieur de Nemours (2). Ame élevée au-dessus de toutes ames ! Quelle satisfaction de vous voir faire un si noble usage de ce que vous avez, de vous voir

---

(1) Charlotte de Nassau, fille de Louis de Nassau, Seigneur de Beverweert, Ambassadeur Extraordinaire des Etats Généraux en Angleterre. Elle étoit sœur des Comtesses d'Arlington & d'Ossery, de Messieurs d'Odyck, Auwerkerk, &c. Guillaume III. lui donna le rang de fille de Comte. LOT est une abréviation angloise pour Charlotte. Madame Mazarin l'aimoit passionnément.

(2) Voyez LA PRINCESSE DE CLEVES, p. 324. Ce Roman a été composé par M. le Duc de la Rochefoucault, Madame de la Fayette & M. de Segrais. Consultez le Pere le Long, dans sa BIBLIOTHEQUE Historique de France, N°. 17427.

regretter si peu ce que vous avez eu, desirer si peu ce que vous n'avez pas!

Joignez, Madame, joignez le mérite du cœur à celui de l'ame & de l'esprit; défendez ce cœur des *Rendeurs de petits soins* (1), de ces gens empressés à fermer une porte & une fenêtre, à relever un gand & un éventail.

L'amour ne fait pas de tort à la réputation des Dames; mais le peu de mérite des amans les deshonore. Vous m'offenseriez, Madame, si vous pensiez que je fusse ennemi de la tendresse. Tout vieux que je suis, il me fâcheroit d'en être exempt. On aime autant de temps qu'on peut respirer. Ce que je veux dans les amitiés, c'est que les lumiéres précedent les mouvemens, & qu'une estime justement formée dans l'esprit, aille s'animer dans le cœur & y prendre la chaleur nécessaire pour les amitiés comme pour l'amour. Aimez donc, Madame, mais n'aimez que des sujets dignes de vous. Je me démens ici sans y penser, & défens tout ce que je veux permettre. Vous conseiller de la sorte, c'est être plus sévere que ceux qui prêchent & moins indulgent que les Confesseurs.

Si mes souhaits avoient lieu, vous seriez ambitieuse, & gouverneriez ceux qui gou-

(1) Voyez la Carte de Tendre, dans le premier Tome de LA CLELIE.

vernent les autres (1). Devenez maîtresse du monde, ou demeurez maîtresse de vous, non pas pour passer des jours ennuyeux dans cette inutilité séche & triste, dont on a voulu faire de la vertu ; mais pour disposer de vos sens avec empire, & ordonner vous-même de vos plaisirs.

Que tantôt la raison sévere à vos desirs,
Ne leur permette pas le plus secret murmure ;
Que tantôt la raison, facile à vos plaisirs,
Hâte les mouvemens qu'inspire la nature.

Si la confiance est un des grands bonheurs de la vie, goûtez-en la douceur avec votre chere Lot ; goûtez-en la douceur avec celui dont vous devez être aussi sûre que de vous-même.

(1) Voyez la VIE de M. de Saint Evremond, sur l'année 1676.

A MON HÉROS,
LE COMTE
DE GRAMMONT.

STANCES IRRÉGULIERES.

ON peut aimer toute sa vie;
Et, si l'ame à l'amour n'est pas trop asservie,
 Le plus sévere jugement
Ne sauroit condamner un si doux sentiment.

✱

 D'abord, c'est une pure estime
 Qu'insensiblement on anime
 Avec un peu plus de chaleur :
Nous disons mille biens d'un objet qui nous touche;
Et le charme secret qui nous gagne le cœur,
Nous met incessamment le mérite à la bouche.

✱

Cette estime est bien-tôt une tendre amitié;
Cette amitié devient une amoureuse peine :
C'est un tourment qui plaît, c'est un bien qui nous gêne,
Et qui veut, comme un mal, exciter la pitié.

✱

Jamais tel sentiment ne fut une foiblesse;
Mais un air trop galant sied mal sur le retour.
De tous ceux que j'ai vûs toucher à la vieillesse,
Un Comte de Grammont peut seul faire l'amour.

    Ce n'est point pour lui, Destinées,
    Que vous avez réglé le temps;
    Son automne est un vrai printemps,
    Et son air fait honte aux années.

Toujours errant, & jamais étranger,
De Cour en Cour il poursuit quelque belle;
    Agréable, & jamais fidéle,
    Il mourra plûtôt que changer.

Puisse-t-il chaque Eté, pour le bien de la France,
Régler nos Maréchaux sur l'ordre d'un combat;
    Et, si bien-tôt on ne se bat,
Reporter à l'amour son autre expérience.

Courtray, Mardik, Arras, & dix Siéges fameux
    Par mille & mille funérailles,
    Vingt rencontres & sept batailles,
    Doivent contenter nos neveux.

Qui du Rhein orgueilleux vit les rives soumises,
Qui vit les durs combats de Nortlingue & Fribourg,

Auroit pû méditer de belles entreprises
   Pour le secours de Philipsbourg (1).

✢

Mais le goût des plaisirs l'emporte sur la gloire.
Comte, nous nous devons l'usage de nos jours :
On a peu d'intérêt à servir sa mémoire,
Puisque c'est pour autrui qu'elle dure toujours.

✢

Que sert à nos Héros de la rendre immortelle,
Si l'on est mort en soi, lorsque l'on vit en elle ?
L'avenir te regarde autant, pour le moins, qu'eux ;
  Mais pour cet avenir fameux,
   Il doit te coûter une vie
   Si rare & si digne d'envie,
Que celui qui jadis vit tout sous le Soleil,
  Ne vit jamais rien de pareil.

✢

  Ce grand Sage, avec ses PROVERBES,
   Avec sa connoissance d'herbes,
   Et le reste de ses talens,
Sans biens, comme tu vis, n'eût pas vécu deux ans :
  Il eut jusqu'à huit cens maîtresses,
   Et n'en eut jamais tant que toi ;
Il eut de l'Orient les plus grandes richesses,
Mais il pilla sa Reine, & tu donnes au Roi.

✢

(1) Philipsbourg fut pris par les Allemands le 17 Septembre 1676.

Il est vrai qu'il a l'avantage
D'être appellé toujours LE SAGE,
Lorsqu'un Prêcheur, dans son Sermon,
Veut faire entendre SALOMON:
Mais on dort à ses paraboles;
Et chacun réjoüi de tes moindres paroles,
Redit, après Saint-Evremond,
Il n'est qu'un Comte de Grammont.

Savans, qui présidez au temple de Mémoire,
Qui faites un métier de dispenser la gloire,
Et vendez sagement à notre vanité
Une fausse immortalité,
Amenez vos grands personnages
Rendre au mien leurs humbles hommages;
Et ne vous fâchez point de voir tous vos Héros
Confondus par ces quatre mots:
Jamais il ne sera de vie
Plus admirée & moins suivie.

LETTRE
A M. LE COMTE
DE SAINT-ALBANS (1).

IL n'y a si bonne compagnie qui ne se sépare; & à plus forte raison une société malheureuse ne doit pas toujours durer. La nôtre, Mylord, est la plus funeste qu'on ait jamais vûe. Depuis que je joue chez Madame Mazarin, je n'ai pas eu six fois le Spadille : le Baste vient plus souvent; mais c'est un fourbe qui m'engage mal-à-propos & qui me fait faire la bête. Je ne file que des trois de pique ou de trefle, que des six de cœur ou de carreau. Cependant, Mylord, je bénis le Ciel, quand on pourroit attendre de moi des lamentations ou des murmures. Graces à Dieu, je donne de bons exemples, & tels que votre moitié les peut donner : exemples néanmoins qui ruinent mes affaires, & n'accommodent pas les vôtres ; ce qui me fit dire hier au soir à la Bellegarde : *Je paye & ne*

---

(1) Henry Jermyn, Comte de Saint-Albans, Chambellan de la Maison du Roi, mort en 1684.

joue plus, & fais ce qu'il me plaît (1).

Confolons-nous, Mylord, nous sommes en meilleure condition que ceux qui gagnent notre argent ; car il vaut mieux endurer les injuſtices que les faire. Madame Mazarin a les mains bonnes pour voler mes fiches & pour jetter une carte du talon, quand je joue ſans prendre avec quatre matadors. Je m'adreſſe à Monſieur de Monaco (2), qui me dit ſérieuſement & avec un air de ſincérité : *De bonne foi, Monſieur, Monſieur de Saint-Evremond, je regardois ailleurs*. Votre ami, Monſieur de Saiſſac, rit beaucoup & ne décide rien ; Monſieur Courtin déclare que *la vexation eſt grande*. Mais toutes les déclarations de Monſieur Courtin font peu d'effet. L'Ambaſſadeur eſt auſſi peu écouté dans ce logis-là, qu'il le ſeroit à la bourſe, s'il vouloit y juſtifier le Chevalier *Layton* (3). Dans cette extrêmité, je prens le Ciel à témoin, & le Ciel n'a pas plus de crédit que l'Ambaſſadeur.

Revenez, Mylord, venez ſoutenir vos

---

(1) M. de Bellegarde, oncle de Madame de Montespan, grand joueur, & d'une humeur un peu bruſque & capricieuſe, diſoit toujours, quand il n'étoit pas heureux : *Je paye, & ne joue plus, je fais ce que je veux*. Les autres joueurs en firent une eſpece de proverbe.

(2) Le Prince de Monaco vint faire un tour en Angleterre en 1676.

(3) Le Chevalier Ellis Layton, un des Commiſſaires des Priſes. Les Marchands l'accuſoient de malverſation.

droits vous-même. La campagne n'est point faite pour vous. Que celui-là se dégoûte du monde, dont le monde est dégoûté; mais que ceux qui lui sont chers comme vous, y demeurent toute leur vie. Un honnête homme doit vivre & mourir dans une Capitale ; & , à mon avis, toutes les Capitales se réduisent à Rome, à Londres & à Paris. Paris ne seroit plus le même pour vous. Des amis que vous y aviez, les uns sont morts, les autres sont en prison. Rome ne vous convient point ; le disciple de Saint Paul ne s'accommode pas du lieu où règne le successeur de Saint Pierre. Londres, cette bonne & grande ville, vous attend : c'est-là que vous devez fixer votre séjour. Une table fort libre & de peu de couverts ; un Hombre chez Madame (1), & chez vous des Echets, vous feront attendre la mort aussi doucement à Londres, que Monsieur des Yveteaux l'a attendue à Paris. Il mourut à quatre-vingt ans, faisant jouer une sarabande, *afin*, disoit-il, *que son ame passât plus doucement* (2). Vous ne choisirez pas la musique pour adoucir la rigueur de ce passage : mais une vole à l'Hombre, & à Grimpe trois as naturels en premier contre trois neufs, termine-

---

(1) Madame la Duchesse d'York
(2) Voyez les MELANGES d'*Histoire & de Littera*ture *de Vigneul-Marville*, Tom. I. pag. 154. & suiv. de la seconde Edition de Rouen, 1701.

DE SAINT-EVREMOND. 171
ront assez heureusement votre vie. Ce ne sera de long-temps, Mylord, si vous revenez à Londres. Je ne vous donne pas six mois, si vous demeurez à la campagne avec cette morale noire que vous y avez prise.

IDYLLE
EN MUSIQUE.

OUVERTURE.

SCENE PREMIERE.

LISIS, TIRCIS.

LISIS.

Amour, je te rens mes emplois;
Si j'ai vieilli dans ton service,
J'en ai mieux reconnu la rigueur de tes loix,
J'en ai mieux senti le supplice.

TIRCIS.

De tous les Dieux révérés autrefois,
Aucun n'avoit moins d'injustice;

Ils sont éteints ces Dieux que forma le Caprice;
L'Amour assujettit les Peuples & les Rois.
LISIS.
Qu'il exerce par tout son tyrannique empire;
   Qu'aux Champs, à la Ville, à la Cour,
   On fasse des vœux, on soupire;
Que tous, excepté moi, soient sujets à l'Amour.
TIRCIS.
Pourquoi vous exempter de cette loi commune ?
Courez le monde entier : en aimant la fortune,
On aime sur la terre, on aime sur les eaux;
Même feu dans les bois fait chanter les oiseaux;
Les plantes & les fleurs au printemps animées,
Ont l'appétit secret d'aimer & d'être aimées.
  Quittez, Lisis, quittez votre travers;
   Aimez avec tout l'Univers.
LISIS.
  Ne croyez pas que cela nous impose;
   Ne croyez pas que ces discours
Rechantés mille fois au sujet des Amours,
   Gagnent sur nous la moindre chose.
   Tircis, n'en soyez point jaloux,
   L'Aminte le dit mieux que vous;
Mais ce droit naturel, d'une commune flamme
   Ne peut s'étendre sur mon ame.
TIRCIS.
   Ecoutez mes tristes accens,
Et devinez par eux les peines que je sens :
   J'aime une ingrate, une cruelle,

Autant orgueilleuse que belle.
Ecoutez mes tristes accens,
Et devinez par eux les peines que je sens.

SCENE II.

LISIS, TIRCIS, DAMON.

LISIS.

Tircis, je veux songer au repos de ma vie;
Et d'écouter vos maux, ce n'est pas mon envie.

TIRCIS.

Jusques à la fin de mes jours,
Lisis, je veux aimer ; je veux aimer toujours.

LISIS.

Non, jusqu'à la fin de tes jours ;
Non, non, c'est trop aimer, quand on souffre toujours.

LISIS & DAMON *Basse & Dessus.*

Non, non, c'est trop aimer, quand on souffre toujours.

TIRCIS.

Je m'engage avec peine :
Une fois engagé
A la plus inhumaine,
Plûtôt mort que changé.

Tome IV. Q

LISIS.

Tous ces dégoûts de vivre,
Ces defirs de mourir
Qu'on trouve dans un livre,
Où de faux malheureux aiment à difcourir,
Le bon fens ne les peut fouffrir.

TIRCIS.

Une paffion tendre & pure
N'aime pas la noire peinture
De tourmens inventés, de tous ces feints trépas
Mais je dirai, Lifis, fans art & fans figure,
Que je préférerois une mort affez dure
Au malheur ennuyeux de vivre & n'aimer pas.

LISIS.

Il faut fe plaire aux objets agréables,
Sans fe laiffer charmer.

TIRCIS.

Pourquoi fe défendre d'aimer
Les objets que l'on trouve aimables?

LISIS.

J'ai paffé le temps des defirs,
La raifon fait tous mes plaifirs.

DAMON.

Les plaifirs de la vieilleffe
Ménagés par la raifon,
Dans cette froide faifon
Pourroient fe nommer trifteffe.

LISIS.

La raison m'ôte le tourment
Où j'étois sensible en aimant.

TIRCIS.

Si tu crains un cœur qui soupire,
Goûte au moins les douceurs de celui qui desire.

LISIS.

Qui permet au cœur les desirs,
Lui défend en vain les soupirs.

TIRCIS.

Triste repos & sombre nonchalance,
Ennuyeuse inutilité
Qu'un paresseux appelle liberté,
Tu n'es pour moi qu'une froide indolence.

LISIS.

J'ai passé le temps des desirs,
La raison fait tous mes plaisirs.

Deux Flûtes & deux Violons.

UN DUO.

J'ai passé le temps des desirs,
La raison fait tous mes plaisirs.

Les Instrumens.

J'ai passé le temps des desirs,
La raison fait tous mes plaisirs.

Les Voix & les Instrumens.

J'ai passé le temps des desirs,
La raison fait tous mes plaisirs.

SCENE III.
TIRCIS, LISIS.

TIRCIS.

Les soupirs & les larmes
Que l'on donne à des charmes,
Honorent le plus jeune, honorent le plus vieux :
A tout âge, en tout temps, l'Amour est précieux.

LISIS.

Il n'est pas raisonnable
De donner à l'Amour les soupirs & les pleurs
Qu'un pauvre misérable
Ne doit qu'à ses douleurs.

TIRCIS.

Vos plus vives douleurs, en aimant, seront vaines;
Tous vos maux suspendus & la nuit & le jour.
Heureux sont les vieillards occupés d'un amour
Qui leur fait oublier leurs chagrins & leurs peines!

LISIS.

Je porte peu d'envie à vos tendres desirs :
Content que la sagesse
Ait soin de ma vieillesse,
Je laisse aux jeunes gens à pousser des soupirs.

TIRCIS.

Est-ce que votre ame allarmée

D'aimer & n'être pas aimée,
Auroît honte de desirer
Ce qu'elle ne peut espérer?

LISIS.

Les galans de mon âge
Craignent fort le mépris ;
Mais ce n'est pas le pis,
Ils craignent les faveurs encore davantage.

TIRCIS.

La crainte d'une faveur
Est un peu trop délicate :
Donnez, Lisis, votre cœur,
Je vous répons d'une ingrate.

LISIS.

Soit foiblesse ou raison, je vivrai sans desirs ;
Un repos innocent fait mes plus doux plaisirs ;
Sans soin, sans peine & sans envie,
Coulez, coulez, paisible vie.

Les Violons.

LE CHŒUR.

Soit foiblesse ou raison, je vivrai sans desirs ;
Un repos innocent fait mes plus doux plaisirs ;
Sans soin, sans peine & sans envie,
Coulez, coulez, paisible vie.

Les Violons seuls.

Sans soin, sans peine & sans envie,
Coulez, coulez, paisible vie.

Les Flûtes seules.
Sans soin, sans peine & sans envie,
Coulez, coulez, paisible vie.

SCENE IV.
TIRCIS, LISIS, DAMON.

TIRCIS.

Notre ame nous doit faire aimer
Autant de temps qu'elle peut animer.
Desirs & craintes,
Tendres atteintes,
Heureux tourment
Que l'on souffre en aimant,
Quel bien est comparable aux douceurs de vos plaintes
Pour un Amant?

Deux Flûtes & deux Violons.

LISIS.
Quel bien trouvez-vous à craindre,
Et quelle douceur à vous plaindre?

TIRCIS.
Triste entretien de mes ennuis,
Vous faites le bonheur de l'état où je suis.

Les Flûtes.
UN DUO.
Triste entretien de mes ennuis,
Vous faites le bonheur de l'état où je suis.

Deux Flûtes & deux Violons.
LISIS.
Hortence toute aimable en ses moindres discours
  Avec ceux qui peuvent lui plaire,
Usurpe des Vieillards le chagrin ordinaire,
   Pour les gronder toujours.
TIRCIS.
  Non, ce n'est pas qu'on les gronde ;
   Mais l'injuste autorité
  Qu'ils prennent sur tout le monde,
Attire un châtiment assez bien mérité.
 Non, non, ce n'est pas qu'on les gronde :
On punit seulement l'injuste autorité.
LISIS.
Tel Vieillard est honteux de se voir trop docile ;
En public, en secret, on le trouve, dit-on,
Moqueur, malicieux, ou discret imbécile,
  Qui ne veut jamais dire *non*,
Par une honnêteté plus fade que civile.
  S'il loue, il gâte la maison :
  Moins délicat que difficile,
Il condamne souvent avec peu de raison.
Voilà, voilà, Tircis, l'état doux & tranquille
D'un Vieillard que l'amour tiendroit en sa prison.
TIRCIS.
La raison en amour a trop de sécheresse :
  Espérez tout de la tendresse.
LISIS.
  La tendresse en cheveux gris

Ne produit que du mépris
TIRCIS.
Le moins favorisé dans l'amoureux empire,
Se plaît au mal dont il soupire.
LISIS & DAMON *qui fait la Basse.*
Beau moyen pour se rendre heureux,
De n'être point aimé quand on est amoureux !
Les Violons.
Beau moyen pour se rendre heureux,
De n'être point aimé quand on est amoureux !
LISIS *avec les Violons.*
L'Amour ne veut de nous que nos jeunes années.
N'approchez pas, infirmités ;
Le culte de ce Dieu, vieilles infortunées,
Ne souffre point vos saletés.
TIRCIS.
Un cœur fidèle qui se donne,
Dérobe la vieillesse au jour ;
Aux yeux d'une belle personne,
C'est cacher ses défauts, que montrer son amour.
LISIS.
On rencontre peu de Belles
Coupables de cette erreur ;
Mais je les aime cruelles :
Partisans de la rigueur,
Je suis contre moi pour elles,
Dans leur juste mépris pour vieillesse & laideur.
TIRCIS.
Je ne trouve qu'inhumaines ;

Et, quand j'en perdrois le jour,
Je suivrai toujours l'Amour,
J'aimerai toujours ses peines.

LISIS.

Dût mon âge caduc avoir un plus long cours,
Tout le temps de ma vie,
Sans desir, sans envie,
J'admirerai toujours.

TIRCIS.

Qui peut exprimer, quand on aime,
Cette douce langueur que l'on sent en soi-même ?

LISIS.

Tircis, tous ces beaux mouvemens,
Pour les bien expliquer, sont de secrets tourmens.

TIRCIS.

Le Ciel, en nous formant, inspira dans notre ame
Un principe caché de l'amoureuse flamme.

LISIS.

Le Ciel, en nous formant, inspira dans nos cœurs
Le principe caché de nos plus grands malheurs :
Il inspira l'amour, cette source féconde
De tous les maux du monde.

TIRCIS.

Si j'osois élever mes vers,
Je dirois que l'Amour entretient l'Univers :
C'est lui dont la chaleur anime votre veine ;
Qui bienfaisant à tous, se rit de votre haine.
Mais que des concerts charmans
De nos voix les plus belles,

Avec les instrumens,
Appaisent nos querelles.
LE CHŒUR.
Pour finir tous ces beaux discours,
Chantons, chantons qu'il faut aimer toujours
Chantons, chantons qu'il faut aimer
Qui peut charmer;
Chantons qu'il faut aimer toujours.

Les Violons & les Hauts-bois.

LISIS.
Chantons qu'il nous faut admirer
Sans soupirer;
Qu'il nous faut admirer toujours.

TIRCIS.
Depuis que je sers ma cruelle,
Je fus toujours discret, je fus toujours fidelle.

LISIS.
C'est un mérite fort léger,
Que d'être fidéle Berger.

TIRCIS.
Je souffre; mais le goût d'une tendre souffrance,
Aux Amans délicats tient lieu de jouissance.

LISIS.
Que durent à jamais
Vos heureuses allarmes,
Vos soupirs & vos larmes:
Pour moi, je veux goûter les douceurs de la paix

TIRCIS.
O bienheureuses chaînes,

Qui changez en plaisirs les douceurs & les peines!
UN DUO.
Que durent à jamais
Vos heureuses allarmes,
Vos soupirs & vos larmes;
Et que le vieux Lisis aille goûter sa paix.
DAMON.
Si notre bon Lisis revoit les mêmes charmes,
Nous aurons fait pour lui d'inutiles souhaits.
LISIS.
Un puissant intérêt me presse
De retourner à des charmes si doux.
Qu'aviez-vous fait, vaine ombre de sagesse?
Fausse raison, hélas! que faisiez-vous?
TIRCIS.
Depuis le temps que je soupire,
Sujet de l'amoureux empire,
Ma raison sur mon cœur n'a jamais rien tenté
En faveur de ma liberté.
DAMON.
Lisis, ton ame est souvent révoltée;
Mais la séditieuse aussi-tôt dégoûtée
De sa rébellion à celle que tu sers,
Dans un état soumis vient reprendre ses fers.
LISIS.
A mon grand intérêt ma flamme est asservie:
Du feu de ses beaux yeux je reçois les esprits
Qui conservent ma vie.
Heureux, heureux l'amour dont la vie est le prix!

Avec les instrumens
Appaisent nos querelles.
LE CHŒUR.
Pour finir tous ces beaux discours,
Chantons, chantons qu'il faut aimer toujours
Chantons, chantons qu'il faut aimer
Qui peut charmer;
Chantons qu'il faut aimer toujours.

Les Violons & les Hauts-bois.
LISIS.
Chantons qu'il nous faut admirer
Sans soupirer;
Qu'il nous faut admirer toujours.
TIRCIS.
Depuis que je sers ma cruelle,
Je fus toujours discret, je fus toujours fidelle.
LISIS.
C'est un mérite fort léger,
Que d'être fidéle Berger.
TIRCIS.
Je souffre ; mais le goût d'une tendre souffrance,
Aux Amans délicats tient lieu de jouissance.
LISIS.
Que durent à jamais
Vos heureuses allarmes,
Vos soupirs & vos larmes :
Pour moi, je veux goûter les douceurs de la paix
TIRCIS.
O bienheureuses chaînes,

Qui changez en plaisirs les douceurs & les peines!
UN DUO.
Que durent à jamais
Vos heureuses allarmes,
Vos soupirs & vos larmes;
Et que le vieux Lisis aille goûter sa paix.
DAMON.
Si notre bon Lisis revoit les mêmes charmes,
Nous aurons fait pour lui d'inutiles souhaits.
LISIS.
Un puissant intérêt me presse
De retourner à des charmes si doux.
Qu'aviez-vous fait, vaine ombre de sagesse?
Fausse raison, hélas! que faisiez-vous?
TIRCIS.
Depuis le temps que je soupire,
Sujet de l'amoureux empire,
Ma raison sur mon cœur n'a jamais rien tenté
En faveur de ma liberté.
DAMON.
Lisis, ton ame est souvent révoltée;
Mais la séditieuse aussi-tôt dégoûtée
De sa rébellion à celle que tu sers,
Dans un état soumis vient reprendre ses fers.
LISIS.
A mon grand intérêt ma flamme est asservie :
Du feu de ses beaux yeux je reçois les esprits
Qui conservent ma vie.
Heureux, heureux l'amour dont la vie est le prix!

TIRCIS.

Heureuse, heureuse est la vie
Dont l'amour fait tout l'emploi !
Je haïrois le jour, si je n'avois l'envie
De montrer en vivant ma constance & ma foi.

LISIS.

Jamais rigueur ne m'a coûté de larmes ;
Jamais soupçon n'a mon cœur allarmé :
Je cherche moins les faveurs que les charmes,
Aimant pour vivre & non pour être aimé.

TIRCIS.

Aimons, c'est l'Amour qu'il faut suivre;
Donnons tout à la passion :
Qu'aimer mieux, d'un Amant fasse l'ambition.

LISIS.

Que celle d'un Vieillard soit purement de vivre;
La vie est le dernier plaisir
Où doive aspirer son desir.

TIRCIS.

Beaux yeux que tout le monde adore!

LISIS.

Beaux yeux par qui je vis encore !

A deux.

Peut-on rien trouver de si doux,
Que de tenir toujours à vous ?

DAMON.

Aimez, aimez, c'est l'Amour qu'il faut suivre;
Laissez-vous tous deux enflammer,
Que Tircis vive pour aimer,

Et que Lifis aime pour vivre.
LE CHŒUR.
Aimez, aimez, c'est l'Amour qu'il faut fuivre,
Laiffez-vous tous deux enflammer.
Que Tircis vive pour aimer,
Et que Lifis aime pour vivre.

DISSERTATION
SUR LE MOT
DE VASTE.
A MESSIEURS
DE L'ACADÉMIE FRANÇOISE.

APRE's m'être condamné moi-même fur le mot de VASTE, je me perfuadois qu'on devoit être content de ma rétractation : mais puifque Meffieurs de l'ACADEMIE ont jugé à propos que leur cenfure fût ajoûtée à la mienne, je déclare que mon défaveu n'étoit pas fincere ; c'étoit un pur effet de docilité & un affujettiffement volontaire de mes fentimens à ceux de Madame Mazarin. Aujourd'hui, je reprens contr'eux la raifon que j'avois quittée pour elle, & que tout honnête homme feroit vanité d'avoir perdue.

On peut disputer à Messieurs de l'ACADEMIE le droit de régler notre langue comme il leur plaît. Il ne dépend pas des Auteurs d'abolir de vieux termes par dégoût, & d'en introduire de nouveaux par fantaisie. Tout ce qu'on peut faire pour eux, c'est de les rendre maître de l'usage, lorsque l'usage n'est pas contraire au jugement & à la raison. Il y a des Auteurs qui ont perfectionné les Langues ; il y en a eu qui les ont corrompues ; & il faut revenir au bon sens pour en juger. Jamais Rome n'a eu de si beaux esprits que sur la fin de la République : la raison en étoit, qu'il y avoit encore assez de liberté parmi les Romains, pour donner de la force aux esprits, & assez de luxe, pour leur donner de la politesse & de l'agrément. En ce temps, où la beauté de la Langue étoit à son plus haut point, ce temps où il y avoit à Rome de si grands génies, César, Salluste, Ciceron, Hortensius, Brutus, Asinius Pollio, Curion, Catulle, Atticus, & beaucoup d'autres qu'il seroit inutile de nommer : en ce temps, il étoit juste de se soumettre à leur sentiment, & de recevoir avec docilité leurs décisions, mais, lorsque la Langue est venue à se corrompre sous les Empereurs, lorsqu'on préféroit Lucain à Virgile, & Sénéque à Ciceron, étoit-on obligé d'assujettir la liberté de son jugement à l'autorité de ceux qui faisoient les beaux esprits ? Et Pétrone n'est-il pas loué par tous les gens de bon goût, d'en avoir eu assez pour tourner en ridicule l'éloquence de son temps, pour avoir connu le faux jugement de son siécle, pour avoir donné à Virgile & à Horace toutes les louanges qui leur étoient dûes ? *Homerus testis & Lyrici, Romanusque Virgilius & Horatii curiosa felicitas.*

Venons des Latins aux François. Quand Nerveze (1) faisoit admirer sa fausse éloquence, la Cour n'auroit-elle pas eu obligation à quelque bon esprit qui l'eût détrompé ? Quand on a vû Coeffeteau charmer tout le monde par ses métaphores, & que les *maîtresses voiles de son éloquence* (2) passoient pour une merveille ; quand la langue fleurie de Cohon (3), qui n'avoit ni force, ni solidité, plaisoit à tous les faux polis, aux faux délicats ; quand l'affectation de Balzac, qui ruinoit la beauté naturelle des pensées, passoit pour un stile majestueux & magnifique, n'auroit-on pas rendu un grand service au public de s'opposer à l'autorité que ces Messieurs se donnoient, & d'empêcher le mauvais goût que

---

(1) Nerveze a publié un volume d'EPITRES MORALES pleines de Phœbus & de galimatias.

(2) Expression de Coeffeteau.
(3) Célebre Prédicateur, & ensuite Evêque de Nîmes.

chacun d'eux a établi différemment dans son temps?

J'avoue qu'on n'a pas le même droit contre Messieurs de l'ACADEMIE. Vaugelas, Ablancourt, Patru, ont mis notre langue dans sa perfection; & je ne doute point que ceux qui écrivent aujourd'hui ne la maintiennent dans l'état où ils l'ont mise. Mais si quelque jour une fausse idée de politesse rendoit le discours foible & languissant; si pour aimer trop à faire des contes & à écrire des nouvelles, on s'étudioit à une facilité affectée, qui ne peut être autre chose qu'un faux naturel; si un trop grand attachement à la pureté produisoit enfin de la sécheresse; si pour suivre toujours l'ordre de la pensée, on ôtoit à notre langue le beau tour qu'elle peut avoir, & que la dépouillant de tout ornement, on la rendît barbare, pensant la rendre naturelle, alors ne seroit-il pas juste de s'opposer à des corrupteurs, qui ruineroient le bon & véritable stile, pour en former un nouveau aussi peu propre à exprimer les sentimens forts, que les pensées délicates?

Qu'ai-je affaire de rappeller le passé, ou de prévoir l'avenir? Je reconnois la jurisdiction de l'ACADEMIE : qu'elle décide si VASTE est en usage, ou s'il n'y est pas, je me rendrai à son jugement : mais pour connoître la force & la propriété du terme,
pour

pour savoir si c'est un blâme, ou une louange, elle me permettra de m'en rapporter à la raison. Ce petit discours fera voir si je l'ai eue.

J'avois soutenu qu'Esprit vaste se prend en bonne ou en mauvaise part, selon les choses qui s'y trouvent ; qu'un Esprit vaste, *merveilleux, pénétrant*, marquoit une capacité admirable, & qu'au contraire un Esprit vaste *& démesuré*, étoit un esprit qui se perdoit en des pensées vagues, en de belles, mais vaines idées, en des desseins trop grands & peu proportionnés aux moyens qui nous peuvent faire réussir. Mon opinion me paroissoit assez moderée. Il me prend envie de nier que Vaste puisse jamais être une louange, & que rien soit capable de rectifier cette qualité. Le grand est une perfection dans les esprits ; le *Vaste* toujours un vice. L'étendue juste & réglée, fait le grand, la grandeur demesurée fait le *Vaste*. VASTITAS, *grandeur excessive*. Le *Vaste* & l'affreux ont bien du rapport : les choses *vastes* ne conviennent point avec celles qui font sur nous une impression agréable. VASTA SOLITUDO, n'est pas de ces solitudes qui donnent un repos délicieux, qui charment les peines des amans, qui enchantent les maux des misérables ; c'est une solitude sauvage, où nous nous étonnons d'être seuls, où nous regrettons la perte de la compagnie, où le souvenir des plaisirs perdus nous afflige, où le sentiment des maux présens nous tourmente. Une *Maison vaste* a quelque chose d'affreux à la vûe : des *Appartemens vastes* n'ont jamais donné envie à personne d'y loger : des *Jardins vastes* ne sauroient avoir ni l'agrément qui vient de l'art, ni les graces que peut donner la nature : de *vastes Forêts* nous effrayent ; la vûe se dissipe & se perd à regarder de *vastes Campagnes*. Les Rivieres d'une juste grandeur nous font voir des bords agréables, & nous inspirent insensiblement la douceur de leur cours paisible : les Fleuves trop larges, les débordemens, les inondations nous déplaisent par leurs agitations ; nos yeux ne sauroient souffrir leur *vaste étendue*. Les Pays sauvages qui n'ont pas encore reçu de culture, les Pays ruinés par la désolation de la guerre, les Terres désertes & abandonnées, ont quelque chose de *vaste* qui fait naître en nous comme un sentiment secret d'horreur. VASTUS, *quasi vastatus* : VASTE est à peu près la même chose que *gâté*, que *ruiné*. Passons des solitudes des Forêts, des Campagnes, des Rivieres, aux Animaux & aux Hommes.

Les Baleines, les Elephans se nomment VASTÆ *& immanes Belluæ*. Ce que les Poetes ont feint de plus monstrueux, les

Cyclopes, les Géans sont nommés *vastes*:

VASTOS que ab rupe Cyclopas
Prospicio (1).
VASTA se mole moventem.
Pastorem Polyphemum (2).

Parmi les hommes, ceux qui excédoient notre stature ordinaire, ceux que la grosseur ou la grandeur distinguoit des autres, étoient nommés chez les Latins, *VASTA Corpora*.

VASTUS a passé jusqu'aux coutumes & aux manieres. Caton, qui avoit d'ailleurs tant de bonnes qualités, étoit un homme *VASTIS Moribus*, à ce que disoient les Romains. Il n'y avoit aucune élegance en ses discours, aucune grace, ni en sa personne, ni en ses actions : il avoit un air rustique & sauvage en toutes choses. Les Allemands, aujourd'hui civilisés & polis en beaucoup de lieux, vouloient autrefois que ce qui étoit chez eux & autour d'eux, eût quelque chose de *vaste*. Leur habitation, leur train, leur suite, leurs équipages, leurs assemblées, leurs festins, *VASTUM aliquid redolebant* ; c'est-à-dire, qu'ils se plaisoient à une grandeur démesurée, où il n'y avoit ni politesse, ni ornement.

---

(1) VIRG. Æneid. Lib. III. v. 647. 648.

(2) Ibid. v. 656. 657.

J'ai remarqué que le mot de VASTE a quatre ou cinq significations dans Ciceron, toutes en mauvaise part : *VASTA solitudo* (1), *VASTUS & agrestis* (2), *VASTA & immanis Bellua* (3), *VASTAM & hiantem Orationem* (4). La signification la plus ordinaire de *VASTUS*, c'est *trop spacieux, trop étendu, trop grand, démesuré*.

On me dira peut-être que VASTE ne signifie pas en François, ce que *VASTUS* peut signifier en Latin dans tous les sens qu'on lui a donnés. Je l'avoue. Mais pourquoi ne conservera-t'il pas sa signification la plus naturelle, comme DOULEUR, VOLUPTÉ, LIBERTÉ, FAVEUR, HONNEUR, AFFLICTION, CONSOLATION, & mille mots de cette nature-là, conservent la leur? Encore y a-t'il une raison pour VASTE, qui ne se trouve point pour les autres; c'est qu'il n'y a jamais eu de terme François qui exprimât véritablement ce que le *VASTUS* des Latins savoit exprimer ; & nous ne l'avons pas rendu François pour augmenter un nombre de mots qui signifient la même chose ; c'est pour donner à notre langue ce qui lui manquoit, ce qui la rendoit défectueuse. Nous pensons plus fortement que nous ne nous exprimons : il y a

---

(1) CICERO. *in Somn. Scip.* S. 6.
(2) *De Oratore. lib.* I. S. 25.

(3) *De Divin. Lib.* I. S. 24.
(4) *Rhetor. ad Herenn. Lib.* IV. S. 12.

toujours une partie de notre pensée qui nous demeure : nous ne la communiquons presque jamais pleinement ; & c'est par l'esprit de pénétration, plus que par l'intelligence des paroles, que nous entrons tout-à-fait dans la conception des Auteurs. Cependant, comme si nous appréhendions de bien entendre ce que pensent les autres, ou de faire comprendre ce que nous pensons nous-mêmes, nous affoiblissons les termes qui auroient la force de l'exprimer. Mais en dépit que nous en ayons, VASTE conservera en François la véritable signification qu'il a en Latin. On dit *trop vaste*, comme on dit *trop insolent, trop extravagant, trop avare* ; & c'est l'excès d'une méchante qualité : on ne dit point *assez vaste*, parce qu'ASSEZ marque une situation, une consistance, une mesure juste & raisonnable ; & du moment qu'une chose est *vaste*, il y a de l'excès, il y a du trop : *assez* ne sauroit jamais lui convenir. Venons à examiner particuliérement l'ESPRIT VASTE, puisque c'est le sujet de la question.

Ce que nous appellons l'ESPRIT, se distingue en trois facultés ; le jugement, la mémoire, l'imagination. Un jugement peut être loué d'être *solide*, d'être *profond*, d'être *délicat* à discerner, *juste* à définir ; mais, à mon avis, jamais homme de bon sens ne lui donnera la qualité de *vaste*. On dit qu'une *mémoire* est *heureuse*, qu'elle est *fidéle*, qu'elle est propre à recevoir & à garder les especes : mais il n'est pas venu à ma connoissance qu'on l'ait nommée *vaste* qu'une fois (1), à mon avis, mal-à-propos. *Vaste* se peut appliquer à une *imagination* qui s'égare, qui se perd, qui se forme des visions & des chimeres.

Je n'ignore pas qu'on a prétendu louer Aristote, en lui attribuant un *génie vaste*. On a crû que cette même qualité de *vaste* étoit une grande louange pour Homere. On dit qu'Alexandre, que Pyrrhus, que Catilina, que César, que Charles-Quint, que le Cardinal de Richelieu, ont eu l'Esprit vaste : mais si on prend la peine de bien examiner tout ce qu'ils ont fait, on trouvera que les beaux ouvrages, que les belles actions doivent s'attribuer aux autres qualités de leur esprit, & que les erreurs & les fautes doivent être imputées à ce qu'ils ont eu de *vaste*. Ils ont eu ce *vaste*, je l'avoue : mais ç'a été leur vice, & un vice qui ne leur est pardonnable qu'en considération de leurs vertus. C'est une erreur de notre jugement de faire leur mérite d'une chose qui ne peut être excusée que par indulgence : s'ils n'étoient presque toujours grands, on ne leur permettroit pas d'être quelquefois *vastes*. Venons

(1) Patru.

à l'examen de leurs ouvrages & de leurs actions ; donnons à chaque qualité les effets qui véritablement lui appartiennent : commençons par les ouvrages d'Aristote.

Sa POETIQUE en est un des plus achevés ; mais à quoi sont dûs tant de préceptes judicieux, tant d'observations justes, qu'à la netteté de son jugement ? On ne dira pas que c'est à son *esprit vaste*. Dans sa POLITIQUE, qui régleroit encore aujourd'hui des Législateurs, c'est comme sage, comme prudent, comme habile, qu'il régle les diverses constitutions des Etats : ce ne fut jamais comme *vaste*. Personne n'est jamais entré si avant que lui dans le cœur de l'homme, comme on le peut voir dans sa MORALE & dans sa RHETORIQUE, au chapitre des *passions* ; mais c'est comme pénétrant qu'il y est entré, comme un Philosophe qui savoit faire de profondes réflexions, qui avoit fort étudié ses propres mouvemens, & fort observé ceux des autres. Ne fondez pas le mérite du *vaste* là-dessus ; il n'y eut jamais aucune part. Aristote avoit proprement l'*esprit vaste* dans la PHYSIQUE, & c'est delà que sont venues toutes ses erreurs ; par-là il s'est perdu dans les principes, dans la *matiere premiere*, dans les Cieux, dans les Astres, & dans le reste de ses fausses opinions.

Pour Homere, il est merveilleux tant

qu'il est purement humain ; juste dans les caractéres, naturel dans les passions, admirable à bien connoître & à bien exprimer ce qui dépend de notre nature. Quand son *esprit vaste* s'est étendu sur celle des Dieux, il en a parlé si extravagament, que Platon l'a chassé de sa République comme un fou.

Sénéque a eu tort de traiter Alexandre d'un téméraire, qui devoit sa grandeur à sa fortune. Plutarque me paroît avoir raison lorsqu'il attribue ses conquêtes à sa vertu plus qu'à son bonheur. En effet, considérez Alexandre à son avénement à la couronne, vous trouverez qu'il n'a pas eu moins de conduite que de courage pour s'établir dans les Etats de son pere. Le mépris que l'on faisoit de la jeunesse du Prince, porta ses Sujets à remuer, & ses voisins à entreprendre : il punit des séditieux, & assujettit des inquiets. Toutes choses étant pacifiées, il prit des mesures pour se faire élire Général des Grecs contre les Perses ; & ces mesures furent si bien prises, qu'on n'en eût pas attendu de plus justes du politique le plus consommé. Il fut élû, il entreprit cette guerre ; il fit faire mille fautes aux Lieutenans de Darius, & à Darius lui-même, sans en faire aucune. Si la grandeur de son courage ne l'avoit fait passer pour téméraire par les périls où il

s'exposoit,

s'exposoit, sa conduite nous auroit laissé l'idée d'un Prince prudent, d'un Prince sage : je vous le dépeins grand & habile en tout ce qu'il a fait de beau. Vous le voulez *vaste* ; & c'est à ce *vaste* qu'il a dû tout ce qu'il a entrepris mal-à-propos. Un desir de gloire que rien ne bornoit, lui fit faire une guerre extravagante contre les Scythes. Une vanité démesurée lui persuada qu'il étoit fils de Jupiter. Le *vaste* s'étendit jusqu'à sa douleur, lorsque sa douleur le porta à sacrifier des Nations entières aux Mânes d'Ephestion. Après qu'il eut conquis le grand Empire de Darius, il pouvoit se contenter du monde que nous connoissons ; mais son *esprit vaste* forma le dessein de la conquête d'un autre : comme *vaste*, il entreprit son expédition des Indes, où l'armée le voulut abandonner, où sa flotte faillit à se perdre ; d'où il revint à Babilone triste, confus, incertain, se défiant des Dieux & des hommes. Beaux effets de l'*esprit vaste* d'Alexandre !

Peu de Princes ont eu l'*esprit* si *vaste* que Pyrrhus ; sa conversation avec Cynéas, cette conversation qui n'est ignorée de personne, le témoigne assez : sa valeur, son expérience à la Guerre, lui faisoient gagner des combats : son *esprit vaste* qui embrassoit toutes choses, ne lui permit pas de venir à bout d'aucune ; c'étoit entreprise sur entreprise, guerre sur guerre; nul fruit de la guerre. Vainqueur en Italie, vainqueur en Sicile, en Macédoine, vainqueur par tout, nulle part bien établi ; sa fantaisie prévalant sur sa raison par de nouveaux desseins chimériques qui l'empêchoient de tirer aucun avantage des bons succès.

On parle de Catilina comme d'un homme détestable : on eût dit la même chose de César, s'il avoit été aussi malheureux dans son entreprise que Catilina le fut dans la sienne. Il est certain que Catilina avoit d'aussi grandes qualités que nul autre des Romains : la naissance, la bonne mine, le courage, la force du corps, la vigueur de l'esprit : *nobili genere natus, magna vi & animi & corporis, &c.* Il fut Lieutenant de Sylla comme Pompée; d'une maison beaucoup plus illustre que ce dernier, mais de moindre autorité dans le parti. Après la mort de Sylla, il aspira aux emplois que l'autre sut obtenir ; &, si rien n'étoit trop grand pour le crédit de Pompée, rien n'étoit assez élevé pour l'ambition de Catilina. L'impossible ne lui paroissoit qu'extraordinaire, l'extraordinaire lui sembloit commun & facile : *VASTUS animus immoderata, incredibilia, nimis alta cupiebat.*

Et par-là vous voyez le rapport qu'il y a d'un *esprit vaste* aux choses démesurées. Les gens de bien condamnent son crime, les politiques blâment son entreprise comme mal conçûe ; car tous ceux qui ont voulu opprimer la République, excepté lui, ont eu pour eux la faveur du peuple ou l'appui des légions. Catilina n'avoit ni l'un ni l'autre de ces secours ; son industrie & son courage lui tinrent lieu de toutes choses dans une affaire si grande & si difficile. Il se fit lui-même une Armée de soldats ramassés, qui n'avoient presque ni armes ni subsistance ; & ces troupes combattirent avec autant d'opiniâtreté que jamais troupes ayent combattu. Chaque soldat avoit l'audace de Catilina dans le combat ; Catilina, la capacité d'un grand Capitaine, la hardiesse du soldat le plus résolu & le plus brave : jamais homme ne mourut avec une fierté si noble. Il est difficile au plus homme de bien qui lira cette bataille, d'être fort pour la République contre lui : impossible de ne pas oublier son crime pour plaindre son malheur : il eût pu acquérir sûrement une grande autorité selon les loix. Cet ambitieux si *vaste* dans ses projets, aspira toujours à la puissance, & se porta à la fin à cette conspiration funeste qui le perdit.

Qui fut plus grand, plus habile que César ? Quelle adresse, quelle industrie n'eut-il pas pour renvoyer une multitude innombrable de Suisses qui cherchoient à s'établir dans les Gaules ? Il eut besoin d'autant de de prudence que de valeur, pour défaire & chasser loin de lui les Allemans : il eut une dextérité admirable à ménager les Gaulois, se prévalant de leurs jalousies particulieres pour les assujettir les uns par les autres. Quelque chose de *vaste* qui se mêloit dans son esprit avec ses belles qualités, lui fit abandonner ses mesures ordinaires, pour entreprendre l'expédition d'Angleterre ; expédition chimérique, vaine pour sa réputation, & tout-à-fait inutile pour ses intérêts. Que de machines n'a-t'il pas employées pour lever les obstacles qui s'opposoient au dessein de sa domination ! Il ruina le crédit de tous les gens de bien qui pouvoient soutenir la République : il fit bannir Ciceron par Clodius qui venoit de coucher avec sa femme : il donna tant de dégoût à Catulus & à Lucullus, qu'ils abandonnerent les affaires : il rendit la probité de Caton odieuse, la grandeur de Pompée suspecte : il souleva le peuple contre ceux qui protégeoient la liberté. Voilà ce qu'a fait César contre les défenseurs de l'Etat; voici ce qu'il fit avec ceux qui lui aidérent à le renverser. Son inclination pour les Factieux se découvrit à la conjuration de Catilina : il fut des amis de Catilina, & complice secret de son crime : il rechercha l'amitié de Clodius, homme violent & téméraire : il se lia avec Crassus, plus riche que bon citoyen : il se servit de Pompée pour acquérir du crédit. Dès qu'on songea à donner des bornes à son autorité, & à prévenir l'établissement de sa puissance, il n'oublia rien pour ruiner Pompée : il mit Antoine dans ses intérêts : il gagna Curion & Dolabella : il s'attacha Hirtius, Oppius, Balbus, & tout autant qu'il pût de gens inquiets, audacieux, entreprenans, capables de travailler sous lui à la ruine de la République. Des mesures si fines, si artificieuses ; des moyens si cachés & si délicats ; une conduite si étudiée en toutes choses ; tant de dissimulation, tant de secret, ne peuvent s'attribuer à un *esprit vaste* : ses fautes, ses malheurs, sa ruine, sa mort, ne doivent s'imputer qu'à cet esprit. Ce fut cet esprit qui l'empêcha d'assujettir Rome, comme il le pouvoit, ou de la gouverner, comme il l'eût dû : c'est ce qui lui donna fantaisie de faire la guerre aux Parthes, quand il falloit s'assûrer mieux des Romains. Dans un état incertain, où les Romains n'étoient ni citoyens ni sujets, où César n'étoit ni magistrat ni tyran, où il violoit toutes les loix de la République, & ne savoit pas établir les siennes ; confus, égaré, dissipé dans les *vastes idées* de sa grandeur, ne sachant régler ni ses pensées ni ses affaires, il offensoit le Sénat, & se fioit à des Sénateurs ; il s'abandonnoit à des infidéles, à des ingrats, qui préférant la liberté à toutes les vertus, aimerent mieux aſſaſſiner un ami & un bienfacteur, que d'avoir un maître. Louez, Meſſieurs, louez l'*eſprit vaſte*, il a coûté à Céſar l'Empire & la vie.

Bautru, qui étoit un aſſez bon juge du mérite des grands hommes, avoit coutume de préférer Charles-Quint à tout ce qu'il y avoit eu de plus grand dans l'Europe, depuis les Romains. Je ne veux pas décider, mais je pourrois croire que ſon eſprit, ſon courage, ſon activité, ſa vigueur, ſa magnanimité, ſa conſtance, l'ont rendu plus eſtimable qu'aucun Prince de ſon temps. Lorſqu'il prit le gouvernement de ſes Etats, il trouva l'Eſpagne révoltée contre le Cardinal Ximenès qui en avoit la Régence. L'humeur auſtere, & les manieres dures de ce Cardinal étoient inſupportables aux Eſpagnols. Charles fut obligé de venir en Eſpagne; & les affaires étant paſſées des mains de Ximenès dans les ſiennes, tous les Grands ſe mirent dans leur devoir, & toutes les Villes rentrérent bientôt dans l'obéiſſance. Charles Quint fut plus habile ou plus heureux que François I. dans leur concurrence pour l'Empire: François ſe trouvoit plus riche & plus puiſſant; Charles l'emporta par ſa fortune ou par la ſupériorité de ſon génie. Le gain de la Bataille de Pavie & la prise de Rome, laissérent prisonniers entre ses mains un Roi de France & un Pape: triomphe qui a passé tous ceux des Romains. La grande Ligue de Smalcalde fut ruinée par sa conduite & par sa valeur. Il changea toute la face des affaires d'Allemagne; transféra l'Electorat de Saxe d'une branche à une autre, de Frédéric vaincu & dépouillé, à Maurice qui avoit suivi le parti du victorieux. La Religion même fut soumise à la victoire, & elle reçut de la volonté de l'Empereur, le fameux INTERIM (1) dont on parlera toujours. Mais cet *esprit vaste* embrassa trop de choses pour en régler aucune. Il ne fit pas réfléxion qu'il pouvoit plus par autrui que par lui-même: & dans le temps qu'il croyoit avoir assujetti Rome & l'Empire, Maurice tournant contre lui les armées qu'il sembloit commander pour son service, faillit à le surprendre à Inspruck, l'obligea de se sauver en chemise, & de se retirer en toute diligence à Villach. Il est certain que Charles-Quint avoit de grandes qualités, & qu'il a fait de très-grandes choses; mais cet *esprit vaste* dont on le loue, lui a fait faire beaucoup de fautes, & lui a causé bien des malheurs. C'est à cet

---

(1) C'étoit une espèce de Réglement que Charles-Quint fit en 1548. sur les articles de Foi qu'il vouloit qu'on crût généralement en Allemagne, EN ATTENDANT qu'un Concile en eût décidé

esprit que sont dûes de funestes entreprises en Afrique ; c'est à lui que sont dûs divers desseins aussi mal conçûs que mal suivis ; à lui que sont dûs ces voyages de Nations en Nations, où il entroit moins d'intérêt que de fantaisie. C'est cet *esprit vaste* qui l'a fait nommer *Chevalier errant* par les Espagnols, & qui a donné le prétexte aux mal-affectionnés de l'estimer plus grand voyageur que grand conquérant. Admirez, Messieurs, admirez la vertu de cet *esprit vaste* ; il tourne les Héros en Chevaliers errans, & donne aux vertus héroïques l'air des aventures fabuleuses.

Je pourrois faire voir que cet *esprit vaste* fut cause de toutes les disgraces du dernier Duc de Bourgogne, aussi-bien que de celles de Charles-Emmanuel Duc de Savoye; mais j'ai impatience de venir au Cardinal de Richelieu, pour démêler en sa personne les différens effets du grand & du *vaste*.

On peut dire du Cardinal de Richelieu, que c'étoit un fort grand génie ; & comme grand, il apporta des avantages extraordinaires à notre Etat ; mais, comme *vaste*, (ce qu'il étoit quelquefois) il nous a mené bien près de notre ruine. Entrant dans le Ministere, il trouva que la France étoit gouvernée par l'esprit de Rome & par celui de Madrid. Nos Ministres recevoient toutes les impressions que Monsieur de

Marquemont (1) leur donnoit : le Pape inspiroit toutes choses à cet Ambassadeur; les Espagnols, toutes choses au Pape. Le Roi, jaloux de la grandeur de son état autant qu'un Roi le peut être, avoit intention d'en suivre les intérêts : les artifices de ceux qui gouvernoient, lui faisoient suivre ceux des étrangers ; &, si le Cardinal de Richelieu ne se fût rendu maître des Conseils, le Prince naturellement ennemi de l'Espagne & de l'Italie, eût été bon Espagnol & bon Italien, malgré toute son aversion. Je veux rapporter une chose peu connue, mais très-véritable. Monsieur de Marquemont écrivit une grande lettre au Cardinal de Richelieu sur les affaires de la Valteline; & pour se rendre nécessaire auprès du nouveau Ministre, il l'instruisit avec soin des mesures délicates qu'il falloit tenir lorsqu'on avoit affaire aux Italiens & aux Espagnols. Pour réponse, le Cardinal de Richelieu lui écrivit quatre lignes, dont voici le sens :

Le Roi a changé de Conseil, & le Conseil de maxime. On envoyera une Armée dans la Valteline, qui rendra le Pape plus facile, & nous fera avoir raison des Espagnols.

---

(1) Denis-Simon de Marquemont, Archevêque de Lyon, alors Ambassadeur de France à Rome, ensuite élevé au Cardinalat.

Monsieur de Marquemont fut fort surpris de la sécheresse de cette lettre, & plus encore du nouvel esprit qui alloit régner dans le ministére. Comme il étoit habile homme, il changea le plan de sa conduite, & demanda pardon au Ministre d'avoir été assez présomptueux pour vouloir donner des lumieres, lorsqu'il en devoit recevoir; avouant l'erreur où il avoit été, d'avoir cru qu'on pouvoit réduire les Espagnols à un Traité raisonnable, par la seule négociation. Monsieur de Seneâere a dit souvent, que cette petite lettre du Cardinal de Richelieu à Monsieur de Marquemont, a été la premiere chose qui a fait comprendre le dessein qu'avoit le Cardinal d'abaisser la puissance d'Espagne, & de rendre à notre Nation la supériorité qu'elle avoit perdue. Mais, pour entreprendre au-dehors, il falloit être assûré du dedans; & le Parti Huguenot étoit si considérable en France, qu'il sembloit faire un autre Etat dans l'Etat : cela n'empêcha pas Richelieu de le réduire. Comme on avoit fait la guerre assez malheureusement durant le ministére du Connétable de Luynes, il fallut faire un plan tout nouveau; & ce plan produisit des effets aussi heureux, que l'autre avoit eu des succès peu favorables. On ne doutoit point que la Rochelle ne fût l'ame du Parti : c'est là que se faisoient les délibérations, que les desseins se formoient, que les intérêts de cent & cent Villes venoient à s'unir; & c'étoit de-là qu'un corps composé de tant de parties séparées, recevoit la chaleur & le mouvement. Il n'y avoit donc qu'à prendre la Rochelle : la Rochelle tombant, faisoit tomber tout. Mais, lorsqu'on venoit à considérer la force de cette Place, lorsque l'on songeoit au monde qui la défendroit, & au zéle de tous ces peuples; quand on consideroit la facilité qu'il y avoit à la secourir, qu'on voyoit la mer toute libre, & par-là les portes ouvertes aux étrangers : alors on croyoit imprenable ce qui n'avoit jamais été pris : il n'y avoit qu'un Cardinal de Richelieu qui n'eût pas désespéré de le pouvoir prendre. Il espera, & ses espérances lui firent former le dessein de ce grand siége. Dans la délibération, toutes les difficultés furent levées; dans l'exécution, toutes vaincues. On se souviendra éternellement de cette digue fameuse, de ce grand ouvrage de l'art qui fit violence à la nature, qui donna de nouvelles bornes à l'Océan. On se souviendra toujours de l'opiniâtreté des assiégés & de la constance des assiégeans. Que serviroit un plus long discours ? On prit la Rochelle; & à peine se fut-elle rendue, que l'on fit une grande entreprise au dehors.

Le Duché de Mantoue étant échû par succession au Duc de Nevers, la France s'y voulut établir, & l'Espagne assembla une armée pour l'en empêcher : l'Empereur, sous prétexte de ses droits, mais en effet pour servir l'Espagne, fit passer des troupes en Italie, & le Duc de Savoye qui étoit entré dans les intérêts de la Maison d'Autriche, nous devoit arrêter au passage des montagnes, pour donner loisir aux Espagnols & aux Allemands d'exécuter leurs desseins. Tant d'oppositions furent inutiles: le Pas de Suse fut forcé, l'armée de l'Empereur se perdit, Spinola mourut de regret de n'avoir pas pris Casal, & le Duc de Nevers reconnu Duc de Mantoue, demeura paisible possesseur de son Etat. Tandis que l'armée de l'Empereur se ruinoit en Italie, on fit entrer le Roi de Suéde en Allemagne, où il gagna des batailles, prit des villes, étendit ses conquêtes depuis la Mer Baltique jusques au Rhin : il devenoit trop puissant pour nous losqu'il fut tué ; sa mort laissa les Suédois trop foibles pour nos intérêts. Ce fut là le chef-d'œuvre du ministére du Cardinal de Richelieu. Il retint des troupes qui vouloient repasser en Suéde ; il fortifia les bonnes intentions d'une jeune Reine mal établie, & s'assûra si bien du Général Banier, que la guerre se fit sous le nouveau Régne avec la même vigueur qu'elle s'étoit faite sous ce grand Roi. Quand le Duc de Weimar & le Maréchal de Horn eurent perdu la Bataille de Nortlingue, le Cardinal de Richelieu redoubla les secours, fit passer de grandes armées en Allemagne, arrêta le progrès des Impériaux, & donna moyen aux Suédois de rétablir leurs affaires dans l'Empire.

Voilà ce qu'a fait le Cardinal de Richelieu, comme grand, comme magnanime, comme sage, comme ferme. Voyons ce qu'il a fait par son *esprit vaste*.

La prison de l'Electeur de Tréves nous fournit le sujet ou le prétexte de déclarer la Guerre aux Espagnols ; & ce dessein étoit digne de la grande ame du Cardinal de Richelieu : mais cet *esprit vaste* qu'on lui a donné, se perdit dans l'étendue de ses projets. Il prit de si fausses mesures pour le dehors, & donna un si méchant ordre au dedans, que nos affaires vraisemblablement en devoient être ruinées. Le Cardinal se mit en tête le dessein le plus chimérique que l'on ait jamais vû ; c'étoit d'attaquer la Flandre par derriere, & lui ôter toute la communication qu'elle pouvoit avoir avec l'Allemagne, par le moyen de la Meuse. Il s'imagina qu'il prendroit Bruxelles, & feroit tomber les Pays-Bas en même temps. Pour cet effet, il envoya une Armée de trente-cinq mille hommes joindre celle du Prince d'Orange dans le Brabant. Mais au lieu d'enfermer la Flandre entre la Meuse & la Somme, il enferma notre Armée entre les Places de la Flandre & celles de la Meuse; ensorte qu'il ne venoit ni vivres, ni munitions dans notre camp; & sans exageration, la misere y fut si grande, qu'après avoir levé le siége de Louvain, soutenu par de simples Ecoliers, les Officiers & les Soldats revinrent en France, non pas en corps comme des troupes, mais séparés, & demandant par aumône leur subsistance comme des pélerins. Voilà ce que produisit l'*esprit vaste* du Cardinal, par le projet chimérique de la jonction de deux Armées. La seconde campagne, ce même esprit dissipé en ses idées, prit moins de mesures encore. Les Ennemis forcerent Monsieur le Comte de Soissons, qui défendoit le passage de Bray avec un corps peu considérable. La *Somme* passée, ils se rendirent maîtres de la campagne, prirent nos Villes qu'ils trouverent dépourvûes de toutes choses, porterent la désolation jusqu'à Compiegne, & la frayeur jusques dans Paris. Belle louange pour le Cardinal de Richelieu d'avoir été *vaste* dans ses projets! Cette même qualité que Messieurs de l'ACADEMIE font tant valoir, ne lui fit pas faire moins de fautes la campagne d'Aire. Il entreprit un grand siége en

Flandre, au même temps que Monsieur le Comte entroit en Champagne avec une Armée. A peine eûmes-nous pris Aire, que le Maréchal de la Meilleraye fut poussé, & la Ville assiégée par les Ennemis. Que si Monsieur le Comte n'eût pas été tué après avoir gagné la Bataille de Sedan (1), on pouvoit s'attendre au plus grand désordre du monde, dans la disposition où étoient les esprits. Si Messieurs de l'ACADEMIE avoient connu particuliérement Monsieur de Turenne, ils auroient pû voir que *l'esprit vaste* du Cardinal de Richelieu n'avoit aucune recommandation auprès de lui. Ce grand Général admiroit cent qualités de ce grand Ministre; mais il ne pouvoit souffrir le *vaste* dont il est loué. C'est ce qui lui a fait dire que *le Cardinal Mazarin étoit plus sage que le Cardinal de Richelieu; que les desseins du Cardinal Mazarin étoient justes & réguliers; ceux du Cardinal de Richelieu plus grands & moins concertés, pour venir d'une imagination qui avoit trop d'étendue.*

Voilà, Messieurs, une partie des raisons que j'avois à vous dire contre le VASTE. Si je ne me suis pas soumis au jugement que vous avez donné en faveur de Madame Mazarin, c'est que j'ai trouvé dans vos

---

(1) Louis de Bourbon, Comte de Soissons, fut tué à la Bataille de la Marfée, près de Sedan en 1641.

ŒUVRES DE M.

Ecrits une censure du VASTE, beaucoup plus forte que celle qu'on verra dans ce discours. En effet, Messieurs, vous avez donné des bornes si justes à vos esprits, que vous semblez condamner vous-mêmes le mot que vous défendez (1).

(1) Dans un ancien Manuscrit de M. de Saint-Evremond, au lieu de cette dernière période, *En effet, Messieurs, vous avez donné des bornes si justes à vos esprits*, &c. on trouve quelques traits fort vifs contre Messieurs de l'Académie Françoise, que M. de Saint Evremond jugea à propos de supprimer, lorsqu'il communiqua cette Pièce à ses amis. Cependant j'ai crû que le Lecteur ne seroit pas fâché de voir ici ce morceau. Le voici.

,, En effet, Messieurs, travaillerez-vous depuis quarante ans à retrancher huit ou dix mots de notre Langue, sans la juste aversion que vous avez conçue contre l'*esprit vaste*.

,, Ceux qui ont eu le plus de réputation parmi vous, ont vieilli sur des traductions ; faisant métier proprement d'assujettir leur sens à celui des autres. Y a-t-il rien de si opposé à l'*esprit vaste* ?

,, Si vous laissiez agir votre génie dans toute son étendue, vous pourriez faire des Historiens dignes de la grandeur de notre état. Cependant, Messieurs, vous vous con-

,, tentez d'écrire quelque relation polie, ou quelque petite nouvelle galanterie. N'est-ce pas prendre toutes les précautions possibles contre le *vaste* ?

,, Quelques-uns imitent Horace servilement ; quelques autres veulent accommoder les ouvrages des Grecs & des Latins à notre goût ; & personne n'oseroit s'abandonner à son imagination. Tant on a peur de ce *vaste*, où la justesse de vos régles seroit mal gardée !

,, Je ne m'allarme donc point, Messieurs, du Jugement que vous venez de donner. Ce que vous écrivez dément ce que vous dites. Vos ouvrages, monumens éternels de votre haine contre le *vaste*, ruinent votre décision.

,, Dans la vérité, Messieurs, tout ce que vous faites est si judicieusement borné, qu'un homme de bon sens ne vous accusera jamais d'avoir donné une approbation sincère à l'*esprit vaste*.

,, Si quelqu'un a pû le faire avec fondement, ç'a été M. Patru ; lui,

LETTRE

LETTRE
A MADAME LA DUCHESSE
MAZARIN.

J'AI entrepris de vous donner un conseil, Madame, quoique les femmes n'aiment pas à en recevoir. Mais il n'importe, je suis trop dans l'intérêt de votre beauté, pour ne vous avertir pas du tort que vous lui ferez, s'il vous arrive de vous parer à la naissance de la Reine. Laissez les ornemens pour les autres : les ornemens sont des beautés étrangeres qui leur tiennent lieu de naturelles, & nous leur sommes obligés de donner à nos yeux quelque chose de plus agréable que leurs personnes. Nous ne vous aurions pas la même obligation, Madame, si vous en usiez comme elles. Chaque ornement qu'on vous donne cache une beauté, chaque ornement

„ qui sur les plus petits sujets du monde, sur des sujets de Gradués, de Curés, de Religieuses & autres matieres plus séches & plus stériles encore, a fait voir une étendue d'esprit qu'on pourroit nommer vaste, si elle „ n'étoit par tout sagement „ reglée. Jamais homme „ n'a mieux employé sa „ raison que lui ; & jamais „ Auteurs ne se sont si bien „ servis de celle des Anciens, que M. Racine „ & M. Despreaux ont sû „ faire.

qu'on vous ôte, vous rend une grace, & vous n'êtes jamais si bien que lorsque l'on ne voit en vous que vous-même.

La plûpart des Dames se perdent avantageusement sous leur parure. Il y. en a qu'on trouve fort bien avec leurs perles, qu'on trouveroit fort mal avec leurs cols. Le plus beau collier du monde feroit un méchant effet sur le vôtre. Il en arriveroit quelque changement en votre personne; & tout changement qui se fait dans une chose parfaite, ne lui sauroit être avantageux. Que ceux qui retiennent vos pierreries, servent bien votre beauté ! Je suis plus votre serviteur qu'homme du monde : mais tout votre serviteur que je suis, je trouve des jours à excuser Monsieur Colbert & Monsieur de Metz (1). Si vous étiez dans la condition où vous devriez être, on ne démêleroit pas si aisément les avantages de votre mérite d'avec ceux de votre fortune. Ces Messieurs nous en ôtent l'embarras : graces au soin qu'ils ont de bien séparer ces deux choses, nous voyons nettement que vous n'avez obligation qu'à vous-même de tous les sentimens qu'on a pour vous. Laissez, laissez ruiner les autres en pierreries & en habits, la nature a fait pour vous toutes les dépenses. Vous seriez

---

(1) M. Colbert & M. de Metz Gardes du Tresor Royal, avoient en garde les pierreries de Madame Mazarin.

une ingrate, & nous aurions méchant goût, si nous n'étions également content des libéralités qu'elle vous a faites.

Je voudrois bien vous voir faire à la naissance de la Reine, ce que fit autrefois Bussi d'Amboise (1) à un Tournois. Ayant sû que tous les grands Seigneurs de la Cour devoient faire des dépenses extraordinaires pour leurs équipages & pour leurs habits, il habilla ses gens comme des Seigneurs, & marcha vêtu fort simplement au milieu de ce train si magnifique. La nature fit valoir tellement ses avantages en la personne de Bussi, que Bussi fut pris seul pour un grand Seigneur; & tous les Seigneurs qui s'étoient fiés à la magnificence, ne

(1) Louis d'Amboise, Seigneur de Bussi, Marquis de Reinel, Capitaine de 50 hommes d'armes du Roi, Gouverneur & Lieutenant Général en Anjou, premier Gentilhomme de la Chambre du Duc d'Alençon, se rendit illustre par son savoir, par son courage & par sa politesse. La Reine Marguerite en parle avec éloge dans ses MEMOIRES, & comme d'une personne qui ne lui étoit pas indifférente: elle avoue même qu'on disoit hautement au Roi Henri IV. son mari, qu'IL LA SERVOIT. Bussi fut malheureusement assassiné en 1579 dans son Gouvernement d'Anjou, à l'âge d'environ 28 ans. Le Comte de Montsoreau ayant sû qu'il voyoit sa femme, la força le poignard sur la gorge de lui écrire de se rendre incessamment auprès d'elle. Bussi vint; & dès que le Comte sût qu'il étoit dans la chambre de sa femme, il s'y jetta avec cinq ou six hommes armés. Bussi ne trouvant pas la partie égale, sauta par une fenêtre dans la cour: mais il s'y vit bientôt attaqué par d'autres personnes. Il se défendit long-tems avec une vigueur & une fermeté incroyable, & leur vendit bien chèrement sa vie. Brantôme n'a pas osé s'étendre sur la mort tragique de Bussi d'Amboise, dans l'abregé qu'il a donné de sa vie au Tome III. des HOMMES ILLUSTRES.

passerent que pour des valets. Réglez-vous, Madame, sur l'exemple de Bussi; faites habiller Fanchon & Grenier (1) en Duchesses, & marchez vêtue comme une simple Demoiselle avec le seul charme de votre beauté. Toutes les Dames seront prises pour des Fanchons, & la simplicité de votre habit n'empêchera pas que vous ne soyez au-dessus de toutes les Reines.

Je n'aime pas à faire des contes; & une vanité peut-être assez mal fondée, me fait préférer l'expression de ce que j'imagine au récit de ce que j'ai vû. Le métier de conteur est une puérilité dans les jeunes gens & une foiblesse dans les vieillards. Quand l'esprit n'a pas encore acquis sa force, ou qu'il commence à la perdre, il aime à dire ce qui ne coûte rien à penser. Je renonce au plaisir que me donne mon imagination, pour vous conter une petite avanture que j'ai vû arriver à la Haye.

Dans le temps que je demeurois à la Haye, il prit envie un jour à Monsieur le Comte de Guiche (2) & à Monsieur de la Valiere (3) de se parer pour attirer les yeux du peuple, & ils voulurent que la parure eût également de la magnificence & de l'invention. Le Comte de Guiche se

(1) Deux Demoiselles de Madame Mazarin.
(2) Armand de Grammont, mort sur la fin de l'année 1672.
(3) Frere de Madame la Duchesse de la Valiere.

distingua par beaucoup de singularités. Il portoit une aigrette à son chapeau ; & une boucle de diamans qu'il eût souhaité plus gros pour cette occasion, tenoit le chapeau retroussé. Il avoit au col du point de Venise, qui n'étoit ni cravate ni collet ; c'étoit une espece de petite fraise qui pouvoit contenter l'inclination secrette qu'il avoit prise pour la Golille à Madrid. Après cela, vous eussiez attendu une roupille à l'Espagnole, & c'étoit une veste à la Hongroise. Ici, l'antiquité lui revint en tête, pour lui mettre aux jambes des brodequins : mais plus galant que les Romains, il y avoit fait écrire le nom de sa maîtresse en lettres assez bien formées dans une broderie de perles. Du chapeau jusqu'à la veste, la *Bizarria* de l'Amirante avoit tout réglé : le Comte de Serin régnoit à la veste, & l'idée de Scipion lui avoit fait prendre les brodequins. Pour la Valiere, il se mit le plus extraordinairement qu'il lui fut possible : mais il sentoit trop le François ; & pour dire la vérité, il ne put s'élever à la perfection de la bizarrerie.

Telle étoit la parure de nos Messieurs, quand ils entrerent dans le Voohout, lieu destiné pour la promenade à la Haye. A peine y étoient-ils entrés, qu'on accourut de toutes parts pour les regarder ; & le monde surpris de la nouveauté, ne savoit encore s'il la falloit admirer comme extraordinaire, ou s'en moquer comme d'une chose extravagante. Dans cette petite suspension, où l'on songeoit à se déterminer, Monsieur de Louvigny (1) arriva. Il avoit un habit noir tout simple, & de beau linge faisoit sa parure : mais on lui voyoit la plus belle tête du monde, le plus agréable visage & le meilleur air. Sa modestie insinuoit le mérite de ses qualités : les femmes étoient touchées ; il plaisoit aux hommes. Disons la vérité, il touchoit tout. Sans vous, Madame, la question seroit décidée, & les avantages de votre sexe seroient perdus. Vous êtes la seule femme qui puissiez faire sur nous des impressions plus fortes. Après vous avoir dépeint ses charmes, vous n'aurez pas de peine à en deviner les effets. Tous les spectateurs furent aussi touchés, que Monsieur le Comte de Guiche & Monsieur de la Valiere furent confondus. On se souvient encore à la Haye de l'avantage de Monsieur de Louvigny & de la défaite de ces Messieurs. Si je n'étois pas en Angleterre, il m'en souviendroit plus qu'à personne ; mais vous ruinez tous objets & toutes idées ; vous déferiez cent Midletons & cent Louvignys : que reste-t'il dans l'un & dans l'autre sexe à vous opposer ?

(1) Antoine-Charles de Grammont, Comte de Louvigny, ensuite Duc de Grammont.

POUR MADEMOISELLE DE BEVERWEERT.

A Peine étions-nous à une lieue d'Euston (1), que nous nous repentîmes de l'avoir quitté. La beauté du lieu, la commodité de la vie qu'on y méne, le mérite & l'honnêteté du maître & de la maîtresse de la maison, les charmes de la *belle Egiptienne*, les agrémens d'une indifférente pour qui on ne peut jamais être indifférent, celle qu'on voit toujours avec plaisir & qu'on entend toujours avec surprise, cet esprit si vif & si juste, cette humeur si libre avec une conduite si réglée, toutes ces personnes, toutes ces choses se présenterent à notre imagination, & nous firent comprendre que les biens sont moins connus quand on les posséde, que lorsqu'on les perd.

L'affliction endormit Monsieur l'Ambassadeur de Portugal (2), par conformité peut-être avec Madame de Beverweert, qui ne dort jamais si bien que dans le temps qu'elle se trouve fort affligée. Comme les

(1) Maison de Campagne du Comte d'Arlington, dans le Comté de Suffolck.
(2) Dom Francisco, Comte de Mélos.

constitutions sont différentes, ma douleur me tint éveillé, pour songer à ce que nous perdions. J'entretins assez long-temps ces tristes pensées, qui n'étoient pas sans douceur : mais passant d'une rêverie à une autre, je me trouvai à la fin dans celles de Don Quichotte ; & l'esprit de Chevalerie venant à me transporter, je m'écriai tout haut : *Chevaliers de* SUFFOLCK, *Parlement de* BURY (1), *venez confesser au Chevalier* TAGE *& au Mancheque* NORMAND, *que toutes les* ORIANES *& les* ANGELIQUES *du monde ne sont pas dignes de déchausser la sans pareille* CAROLINE D'EUSTON.

Transporté comme j'étois, & plus Don Quichote que Don Quichote même, je vis venir deux Marchands, que je pris aussi-tôt pour deux Chevaliers. Ils avoient des bâtons qui me parurent des lances, & des bonnets rabattus comme celui de Mylord Townsend, qui passerent dans mon esprit pour des casques dont la visiere étoit abaissée. Cet équipage, qui me sembloit un vrai appareil de guerre, ne me laissa pas douter du combat ; & dans cette pensée, je criai trois fois : *Ami*, SANCHO, *selle Rossinante, & accommode le Grison.*

Le Docteur (2) qui étoit derriere le Ca-

___
(1) Petite Ville du Comté de Suffolck.
(2) Un Laquais de Mylord d'Arlington, à qui on avoit donné le nom de Docteur.

rosse, croyant que je l'appellois, descendit en diligence, & vint me demander ce qu'il me plaisoit. *Selle Rossinante*, SANCHO, *& dépêche-toi ; car voici assûrément une avanture.* Le bon Docteur pensa que je demandois une *monture*, & que peut-être ennuyé du Carosse, je voulois monter à cheval ; ce qui lui fit dire qu'*il n'y avoit pas même assez de chevaux pour le train de son Excellence.* La réponse du Docteur me fit rappeller mes esprits, & la machine de Chevalerie qui s'étoit formée dans ma tête, commençant à se dissiper, le *Chevalier du Tage* redevint peu à peu l'*Ambassadeur de Portugal*, le *Mancheque Normand* se changea en *Saint-Evremond*, & les Marchands passerent paisiblement auprès de nous avec des bâtons & des bonnets.

Ce n'étoit pas faire un grand sacrifice à Mademoiselle de Beverweert, que de perdre mon jugement pour l'amour d'elle. Le peu que j'en ai, n'en rendoit pas la perte considérable. Celui de l'Ambassadeur étoit important ; aussi le ménagea-t'il beaucoup mieux que je n'avois fait le mien ; & vous allez voir qu'il le conserva aussi sain & aussi entier dans sa douleur, que s'il avoit été dans l'état le plus tranquille.

Comme nous arrivâmes à une Riviere dont les eaux se débordoient par l'abondance de la pluye qui étoit tombée, je lui représentai la facilité qu'il auroit de satisfaire à ce que les vers de Mademoiselle de la Roche (1) desiroient de son amour ; c'étoit peu de chose, ce n'étoit que de chercher à mourir, pour se donner la gloire des Héros amoureux. » Si j'avois, *me dit-il*, une passion sale & vilaine pour Mademoiselle de Beverweert, je ne refuserois pas de me noyer dans une eau si trouble : mais tous mes desirs sont honnêtes, & méritent bien que je me noye dans une belle eau, claire, nette & digne de la pureté de mes pensées. » *Vivez*, repris-je, *vivez, Monsieur l'Ambassadeur : s'il vous faut pour vous noyer une eau aussi nette que la lumiére de votre jugement, vous ne vous noyerez de long-temps.*

Nous sortions de la Riviere avec ces sortes de discours, quand Charles parut ; & il poussa son cheval vers nous de si bonne grace, qu'on l'auroit plûtôt pris pour un Chevalier qui entroit en lice, que pour un laquais qui venoit rendre compte d'une commission. A la vérité, son éloquence fut assez confuse, quand il vint à parler ; car trente *Monseigneur*, mêlés avec autant de *Monsieur Jermyn*, de *Bury*; de Mylord, *Crofts* & de *Chively*, laisserent deviner à

(1) Mademoisel'e de la Roche Guilhen étoit alors auprès de la fille unique du Comte d'Arlington, mariée ensuite au Duc de Grafton. Cette Demoiselle est Auteur de quelques traductions, & de plusieurs Romans.

peine, que Charles n'avoit trouvé personne à la maison.

Si le déplaisir d'avoir quitté Euston avoit laissé place à d'autres chagrins, j'en aurois eu beaucoup de voir le méchant succès de toutes mes Lettres : mais il ne m'étoit permis de m'affliger que d'une chose ; je laissois le soin à Monsieur l'Ambassadeur de faire des réflexions sur la maladie de Mylord Crofts, & sur l'absence de Monsieur Jermyn.

Nous quittions la pensée d'aller à Chively, croyant que Monsieur Jermyn (1) n'y étoit plus, quand nous trouvâmes un de ses gens à Newmarket, qui me rendit une lettre de sa part. Cette lettre nous disoit, qu'ayant appris à son retour de Bury le dessein que nous faisions de l'aller voir, il nous conjuroit, autant qu'il lui étoit possible, de n'y manquer pas. Nous y allâmes, & fûmes très-bien reçûs par un homme qui, renonçant à la Cour, en avoit porté la civilité & le bon goût à la campagne.

Pendant que Monsieur l'Ambassadeur admiroit le Bois, les Jardins & les Espaliers, pendant qu'il louoit l'Ecurie, abattoit quelque muraille, achevoit la maison

---

(1) Henry Jermyn, créé Baron de Douvre en 1685, mort en 1708. Chively étoit sa Maison de Campagne, à deux mille de Newmarket.

& changeoit l'entrée, je me représentois Mademoiselle de Beverweert, jouant au billard, jouant à l'hombre, & quelquefois il me sembloit que je lui voyois mettre une perle à l'oreille de certain Chevalier, comme un ornement convenable à son air galant, & qui pouvoit relever le mérite de ses agréables courtoisies.

Après avoir fait un fort grand repas où j'avois porté plus de rêverie que d'appétit, il fallut nous séparer de Monsieur Jermyn, & poursuivre le voyage que nous avions commencé. Au sortir du Bois, Monsieur l'Ambassadeur reprit la tristesse qu'il avoit suspendue, & je continuai celle que je n'avois pas quittée. Ce ne fut que mélancolie & une mélancolie si grande, qu'un long chemin & un temps fâcheux n'y purent rien ajoûter.

L'ennui d'Audley-End (1) eut plus de force. Cette grande maison, vaste & solitaire, inspira de nouveaux chagrins, & mit le Comte de Mélos en tel état, qu'à peine fut-il louer la Galerie, blâmer les Appartemens & les Jardins. Alors je crûs qu'il étoit temps de faire une seconde tentative; & pour n'oublier aucun des secours qui se peuvent offrir au désespoir d'un ami, je lui proposai officieusement de se pendre à quelqu'un de ces longs & tristes arbres que Made-

(1) Maison de campagne du Comte de Suffolck.

moiselle de Beverweert fait ressembler à Mylord Suffolck: mais je trouvai un Ambassadeur, au lieu d'un Héros amoureux, & un esprit politique, capable de négocier à Nimegue (1), plûtôt qu'un amant désesperé propre à finir tragiquement la violence d'une passion. Peut-être que le Comte de Mélos n'a pas voulu mourir de douleur dans l'absence, pour mourir de joie au retour ; peut-être espere-t'il qu'après qu'il aura donné la paix à l'Europe, Mademoiselle de Beverweert ne refusera pas de lui donner ce repos heureux que ses longs services ont bien mérité. Pour moi, j'ai voulu vivre, je l'avoue, & je voudrois vivre éternellement pour honorer Mademoiselle de Beverweert & la servir.

LETTRE
A MADEMOISELLE
DE BEVERWEERT.

JE me suis assez mal justifié auprès de vous du méchant usage que j'ai fait des droits que nous avions sur la vie de son

(1) Le Comte de Mélos venoit d'être nommé par le Roi de Portugal, son Ambassadeur Plénipotentiaire au Traité de Nimegue.

Excellence. Si vous vous contentiez d'une petite mort subalterne, je vous offrirois la mienne, pour en faire faire ce qu'il vous plairoit à Mademoiselle de la Roche : mais ma mort ne mérite pas d'être confiderée. Je suis peu de chose en quoi que ce soit; petit joueur auprès de Madame Mazarin, petit mortel auprès de vous, indigne de mourir pour votre service. Je veux vivre & joindre mes ressentimens aux vôtres, pour vous venger de l'Ambassadeur, & rétablir par notre vengeance l'honneur de vos charmes. Je n'espere plus rien aux Rivieres, ni aux Arbres d'Audley-End. Son Excellence n'est pas Excellence à se noyer, ni à se pendre : elle engraisse de vos rigueurs, & votre indifférence lui donne une allure si ferme & si assûrée, que je lui trouve de la santé pour faire quatre paix générales au lieu d'une (1). Il pourroit enterrer tous les Plénipotentiaires de Nimegue, si vous continuez à le maltraiter : *Ma lasciate far a me, son furbo* ; & je vous donnerai une invention à réduire le Comte de Mélos au plus pitoyable état du monde. J'ai observé que vos cruautés le font vivre : il faut que vos faveurs le fassent

___

(1) Le Comte de Mélos étoit d'une extrême maigreur : il avoit la démarche si chancelante, qu'on eût dit qu'il alloit tomber à chaque pas. Il mourut à Londres dans le temps qu'il se préparoit à passer la mer pour se rendre à Nimegue.

périt. Il me souvient de certaines amours, où son Excellence eut contentement ; mais il ne se moqua pas des graces de la belle, comme il fait de vos rigueurs ; car il en devint malade à un tel point, que les Médecins eurent bien de la peine à le guérir. Quand on a de bons exemples, il n'est pas mal-aisé de se conduire : je vous conseille, Mademoiselle, de vous régler sur celui-ci ; & ne me croyez jamais, si quatre jours de bon traitement ne reculent plus le voyage de Nimegue, que l'opposition des Espagnols & celle de tous les Conféderés ensemble ne feroient. Je vais vous expliquer la chose en vers, aussi bien vous en dois-je quelques-uns pour ceux que vous m'avez envoyés. Vous aurez nom Caliste, s'il vous plaît : le nom est beau, grand & sonore ; non pas comme ceux d'une chétive Philis & d'une mince Iris, qui ne sauroient me donner jamais une grande idée.

> Caliste à ses vœux trop rebelle,
> Semble avoir résolu sa mort ;
> Mais Caliste se trompe fort
> De faire avec lui la cruelle :
> Les rigueurs assûrent ses jours ;
> Pour en finir bien-tôt le cours,
> Il faut contenter son envie ;
> Il vivroit cent ans de desirs :

V iiij

Mais je croi qu'il n'a pas de vie
Pour cinq ou six jours de plaisirs.

✤

Commencez d'être favorable,
Demain augmentez l'amitié ;
Venez aux pleins effets d'une bonne pitié,
C'est là le vrai moyen de punir le coupable :
Il peut souffrir tous les tourmens
Qu'amour fait donner aux amans
D'une constance non commune ;
Philosophe en adversité,
Peu capable en prospérité
De soutenir long-temps une bonne fortune.

DÉFENSE
DE QUELQUES PIECES DE THEATRE
DE M. CORNEILLE.
A M. DE BARILLON (1).

I. JE n'ai jamais douté de votre inclination à la vertu : mais je ne vous croyois pas scrupuleux jusqu'au point de ne pouvoir souffrir Rodogune sur le Théatre, parce qu'elle veut inspirer à ses amans

(1) Ambassadeur extraordinaire de France en Angleterre.

le dessein de faire mourir leur mere, après que la mere a voulu inspirer à ses enfans le dessein de faire mourir une maîtresse. Je vous supplie, Monsieur, d'oublier la douceur de notre naturel, l'innocence de nos mœurs, l'humanité de notre politique, pour considerer les coutumes barbares & les maximes criminelles des Princes de l'Orient. Quand vous aurez fait réflexion qu'en toutes les familles royales de l'Asie les peres se défont de leurs enfans sur le plus léger soupçon ; que les enfans se défont de leurs peres par l'impatience de régner ; que les maris font tuer leurs femmes, & les femmes empoisonner leurs maris ; que les freres comptent pour rien le meurtre des freres ; quand vous aurez consideré un usage si détestable établi parmi les Rois de ces Nations, vous vous étonnerez moins que Rodogune ait voulu venger la mort de son époux sur Cléopatre, qu'elle ait voulu assûrer sa vie, recouvrer sa liberté, & mettre un amant sur le trône, par la perte de la plus méchante femme qui fût jamais. Corneille a donné aux jeunes Princes tout le bon naturel qu'ils auroient dû avoir pour la meilleure mere du monde : il a fait prendre à la jeune Reine le parti qu'exigeoit d'elle la nécessité de ses affaires.

Peut-être, me direz-vous, que ces crimes-là peuvent s'exécuter en Asie, & ne se doivent pas représenter en France. Mais quelle raison vous oblige de refuser notre Théatre à une femme qui n'a fait que conseiller le crime pour son salut, & de l'accorder à ceux qui l'ont fait eux-mêmes sans aucun sujet ? Pourquoi bannir de notre scéne Rodogune, & y recevoir avec applaudissement Électre & Oreste ? Pourquoi Atrée y fera-t'il servir à Thyeste ses propres enfans dans un festin ? Pourquoi Néron y fera-t'il empoisonner Britannicus ? Pourquoi Hérode Roi des Juifs, Roi de ce peuple aimé de Dieu, fera-t'il mourir sa femme ? Pourquoi Amurat fera-t'il étrangler Roxane & Bajazet ? Et venant des Juifs & des Turcs aux Chrétiens, pourquoi Philippe II. ce Prince si Catholique, fera-t'il mourir Dom Carlos sur un soupçon fort mal éclairci ? La Nouvelle la plus agréable que nous ayons, (1) a renouvellé la mémoire d'une chose ensévelie, & a produit une Tragédie en Angleterre, (2) dont le sujet a sû plaire à tous les Anglois. Rodogune, cette pauvre Princesse opprimée, n'a pas demandé un crime pour un crime : elle a demandé sa sûreté, qui ne pouvoit s'établir que par un crime ; mais un crime

---

(1) DOM CARLOS, NOUVELLE HISTORIQUE par l'Abbé de S. Real.

(2) Composée par Monsieur Otway.

à l'égard d'un CAPUCIN, plus qu'à l'égard d'un AMBASSADEUR, un crime dont Machiavel auroit fait une vertu politique, & que la méchanceté de Cléopatre peut faire passer pour une justice légitimement exercée.

Une chose que vous trouviez fort à redire, Monsieur, c'est qu'on ait rendu une jeune Princesse capable d'une si forte résolution. Je ne sai pas bien son âge ; mais je sai qu'elle étoit Reine & qu'elle étoit veuve. Une de ces qualités suffit pour faire perdre le scrupule à une femme à quelque âge que ce soit. Faites grace, Monsieur, faites grace à Rodogune. Le monde vous fournira de plus grands crimes que le sien, où vous pourrez faire un meilleur usage de la vertueuse haine que vous avez pour les méchantes actions.

A Madame la Duchesse MAZARIN.

II. IL me semble que Rodogune n'est pas mal justifiée : faisons la même chose pour Emilie auprès de Madame Mazarin. Suspendez votre jugement, Madame; Emilie n'est pas fort coupable d'avoir exposé Cinna aux dangers d'une conspiration. Ne la condamnez pas, de peur de vous condamner vous-même : c'est par vos propres sentimens que je veux défendre les siens; c'est par Hortense que je prétens justifier Emilie.

Emilie avoit vû la proscription de sa famille; elle avoit vû massacrer son pere, & ce qui étoit plus insupportable à une Romaine, elle voyoit la République assujettie par Auguste. Le desir de la vengeance & le dessein de rétablir la liberté, lui firent chercher des amis, à qui les mêmes outrages pussent inspirer les mêmes sentimens, & que les mêmes sentimens pussent unir pour perdre un usurpateur. Cinna, neveu de Pompée, & le seul reste de cette grande Maison, qui avoit péri pour la République, joignit ses ressentimens à ceux d'Emilie; & tous deux venant à s'animer par le souvenir des injures, autant que par l'intérêt du public, formerent ensemble le dessein hardi de cette illustre & célebre conspiration.

Dans les conférences qu'il fallut avoir pour conduire cette affaire, les cœurs s'unirent aussi bien que les esprits; mais ce ne fut que pour animer davantage la conspiration; & jamais Emilie ne se promit à Cinna, qu'à condition qu'il se donneroit tout entier à leur entreprise. Ils conspirerent donc avant que de s'aimer; & leur passion, qui mêla ses inquiétudes & ses craintes à celles qui suivent toujours les conjurations, demeura soumise au desir de la vengeance, & à l'amour de la liberté.

Comme leur dessein étoit sur le point de s'exécuter, Cinna se laissant toucher à la confiance & aux bienfaits d'Auguste, fit voir à Emilie une ame sujette aux remords & toute prête à changer de résolution : mais Emilie, plus Romaine que Cinna, lui reprocha sa foiblesse, & demeura plus fortement attachée à son dessein que jamais. Ce fut-là qu'elle dit des injures à son amant, ce fut-là qu'elle imposa des conditions que vous n'avez pû souffrir & que vous approuverez, Madame, quand vous vous serez mieux consultée. Le desir de la vengeance fut la premiere passion d'Emilie : le dessein de rétablir la République se joignit au desir de la vengeance ; l'amour fut un effet de la conspiration, & il entra dans l'ame des conspirateurs, plus pour y servir que pour y régner.

Joignons à la douceur de venger nos parens,
La Gloire qu'on remporte à punir les Tyrans ;
Et faisons publier par toute l'Italie,
La liberté de Rome est l'œuvre d'Emilie :
On a touché son ame, & son cœur s'est épris ;
Mais elle n'a donné son amour qu'à ce prix (1).

Vous êtes née à Rome, Madame, & vous y avez reçû l'ame des Porcies & des

(1) Vers d'Emilie à sa confidente dans le CINNA.

Arries (1), au lieu que les autres qu'on y voit naître, n'y prennent que le génie des Italiens. Avec cette ame toute grande, toute Romaine, si vous viviez aujourd'hui dans une République qu'on opprimât, si vos parens y étoient proscrits, votre maison désolée, & ce qui est le plus odieux à une personne libre, si votre égal étoit devenu votre maître, ce couteau que vous avez acheté pour vous tuer, quand vous verriez la ruine de votre patrie, ce couteau ne seroit-il pas essayé contre le tyran, avant que d'être employé contre vous-même ? Vous conspireriez sans doute ; & un misérable amant qui voudroit vous inspirer la foiblesse d'un repentir, seroit traité plus durement par Hortense, que Cinna ne le fut par Emilie.

Je m'imagine que nous vivons dans une même République, dont un citoyen ambitieux opprime la liberté. En cet état déplorable, je vous offrirois un vieux Cinna qui feroit peu d'impression sur votre cœur : mais, quand vous lui auriez ordonné de punir le tyran, il ne reviendroit pas vous trouver avec des remords, avec cette vertu apparente qui cache des mouvemens de crainte & des sentimens d'intérêt. Il recevroit la confidence & les bienfaits du nouvel Auguste, comme des outrages : les pé-

(1) Femmes de Brutus & de Petus.

rils ne feroient que l'animer à vous servir : Il se porteroit enfin si généreusement à l'éxécution de l'entreprise, que vous le plaindriez mort pour avoir obéi à vos ordres, ou le loueriez vivant après les avoir exécutés.

Que la condition du vieux Philosophe est malheureuse ! Il ne se soucie point de gloire ; & le mieux qui lui puisse arriver, c'est qu'un peu de louange soit le prix de tous ses services. Encore cette apparence de grace, toute vaine qu'elle est, ne lui est accordée que bien rarement ; il voit même beaucoup plus de disposition à lui donner des chagrins que des louanges. Et Dieu conserve Monsieur l'Ambassadeur de Portugal (1) ! S'il n'étoit plus au monde, le Philosophe seroit exposé le premier aux mauvais traitemens que son Excellence essuye tous les jours.

A Messieurs de ***.

III. SI je dispute quelquefois avec vous, Messieurs, ce n'est que pour remplir le vuide du jeu, & pour vous ôter l'ennui d'une conversation trop languissante. Je conteste à dessein de vous céder, & vous oppose de foibles raisons, tout préparé à reconnoître la supériorité des vôtres.

(1) Le Comte de Mélos.

Dans cette vûe, j'ai soutenu que le Menteur étoit une bonne Comédie, que le sujet du Cid étoit heureux, & que cette Piéce faisoit un très-bel effet sur le Théatre, quoiqu'elle ne fût pas sans défaut : j'ai soutenu que Rodogune étoit un fort bel ouvrage, & que l'Œdipe devoit passer pour un chef-d'œuvre de l'art. Pouvois-je vous faire un plus grand plaisir, Messieurs, que de vous donner une si juste occasion de me contredire, & de faire valoir la force & la netteté de votre jugement aux dépens du mien ?

J'ai soutenu que pour faire une belle Comédie, il falloit choisir un beau sujet, le bien disposer, le bien suivre, & le mener naturellement à sa fin ; qu'il falloit faire entrer les caractéres dans les sujets, & non pas former la constitution des sujets après celle des caractéres ; que nos actions devoient précéder nos qualités & nos humeurs, qu'il falloit remettre à la Philosophie de nous faire connoître ce que sont les hommes, & à la Comédie de nous faire voir ce qu'ils font; & qu'enfin ce n'est pas tant la nature humaine qu'il faut expliquer, que la condition humaine qu'il faut représenter sur le Théatre.

Ne vous ai-je pas bien servi, Messieurs, quand je me suis rendu ridicule par de si sottes propositions ? Pouvois-je faire plus pour vous, que d'exposer à votre censure la rudesse d'un vieux goût qui a fait voir le rafinement du vôtre ? Vous avez raison, Messieurs, vous avez raison de vous moquer des songes d'Aristote & d'Horace; des rêveries de Heinsius & de Grotius; des caprices de Corneille & de Ben-Johnson; des fantaisies de Rapin & de Boileau. La seule régle des honnêtes gens, c'est la mode. Que sert une raison qui n'est point reçûe, & qui peut trouver à redire à une extravagance qui plaît ?

J'avoue qu'il y a eu des temps où il falloit choisir de beaux sujets, & les bien traiter : il ne faut plus aujourd'hui que des caractéres ; & je demande pardon au Poëte de la Comédie de Monsieur le Duc de Buckingham, s'il m'a paru ridicule quand il se vantoit d'avoir trouvé l'invention de faire des Comédies sans sujet (1). J'ai les mêmes excuses à vous faire, Messieurs : comme vous avez le même esprit, je vous ai tous offensés également ; ce qui m'oblige à vous donner une pareille satisfaction : mais je ne prétens pas me raccommoder simplement avec vous sur la Comédie ; j'espere que vous me ferez à l'avenir un traitement plus favorable en tout, & que Madame Mazarin me sera moins opposée qu'elle n'est.

(1) Voyez la Comédie du Duc de Buckingham, intitulée : THE REHEARSAL, c'est-à-dire, LA RE'PETITION DES ROLLES.

Que vous ai-je fait, Madame la Duchesse, pour me traiter de la façon que vous me traitez? Il n'y a que moi & le diable de Quevedo à qui l'on impute toutes les qualités contraires. Vous me trouvez fade dans les louanges, vous me trouvez piquant dans les vérités: si je veux me taire, je suis trop discret; si je veux parler, je suis trop libre: quand je dispute, la contestation vous choque; quand je m'empêche de disputer, ma retenue vous paroît méprisante & dédaigneuse. Dis-je des nouvelles, je suis mal informé; n'en dis-je pas, je fais le mystérieux. A l'hombre, on se défie de moi comme d'un piqueur, & on me trompe comme un imbécille: on me fait les injustices, & on me condamne. Je suis puni du tort qu'ont les autres. Tout le monde crie, tout le monde se plaint, & je suis le seul à souffrir.

Je vous ai l'obligation de toutes ces choses, Madame, sans compter que vous me donnez au public pour tel qu'il vous plaît. Vous me faites révérer ceux que je méprise, mépriser ceux que j'honore, offenser ceux que je crains. Quartier, Madame la Duchesse; je me rens. Ce n'est pas vaincre que d'avoir affaire à des gens rendus. Portez vos armes contre les rebelles, forcez les opiniâtres, & gouvernez avec douceur les soumis: la différence des uns aux autres ne doit pas durer long-temps. Un jour viendra, (& ce grand jour n'est pas loin) que le Comte de Mélos ne murmurera plus à l'hombre, & que le Baron de la Taulade perdra sans chagrin. Pour moi, j'ai abandonné les VISIONNAIRES & le MENTEUR. Racine est préféré à Corneille, & les caractéres l'emportent sur les sujets. Je ne renonce pas seulement à mon opinion, Madame ; je maintiens les vôtres avec plus de fermeté que Monsieur de Villiers n'en peut avoir à soutenir la beauté de ses parentes. J'ai changé l'ordre de mes louanges & de mes censures. Dès les cinq heures du soir, je blâmerai ce que vous jugerez blâmable, & je louerai à minuit ce que vous croirez digne d'être loué. Pour dernier sacrifice, je continuerai tant qu'il vous plaira, la maudite société que nous avons eue, Monsieur l'Ambassadeur de France, Monsieur le Comte de Castelmelhor (1), & moi. Proposez quelque chose de plus difficile ; vos ordres, Madame, le feront exécuter.

(1) Dom Louis de Vasconcellos & Sousa, Comte de Castelmelhor, premier Ministre & Favori d'Alphonse, Roi de Portugal. Après la révolution qui arriva en Portugal en 1667, il fut obligé de se retirer à Turin, d'où il obtint permission de passer en Angleterre. Il y demeura dix ou douze ans, & retourna ensuite en Portugal.

LETTRE
À MADAME LA DUCHESSE
MAZARIN.

SI vous trouvez des extravagances dans le petit livre que je vous envoye, vous êtes obligée de les excuser, puisque vous m'avez ôté le jugement qui m'auroit empêché de les écrire. J'ai passé ma vie avec des personnes fort aimables, à qui j'ai l'obligation de m'avoir laissé tout le bon sens dont j'avois besoin pour estimer leur mérite, sans intéresser beaucoup mon repos : j'ai bien sujet de me plaindre de vous, de m'avoir ôté toute la raison qu'elles m'avoient laissée.

Que ma condition est malheureuse ! J'ai tout perdu du côté de la raison ; du côté de la passion, je ne voi rien pour moi à prétendre. Demanderai-je que vous aimiez une personne de mon âge ? Je n'ai pas vécu d'une maniere à pouvoir espérer un miracle en ma faveur. Si le mérite de mes sentimens obtenoit de vous un regret que je fois vieux, & un souhait que je fusse jeune, je serois content. La grace d'un souhait est peu de chose, ne me la refusez pas. Il est naturel de souhaiter que tout ce qui nous aime soit aimable.

Il ne fut jamais de passion si désintéressée que la mienne. J'aime les personnes que vous aimez, & je n'aime pas moins ceux qui vous aiment. Je regarde vos amans comme vos sujets, au lieu de les hair comme mes rivaux : ce qui est à vous, m'est plus cher que ce qui est contre moi ne m'est odieux. Pour ce qui regarde les personnes qui vous sont cheres, je n'y prens guére moins d'intérèt que vous : mon ame porte ses affections & ses mouvemens où vont les vôtres. Je m'attendris de votre tendresse, je languis de vos langueurs. Les chants les plus passionnés des Opera ne me touchent plus d'eux-mêmes ; ils ne font d'impression sur moi que par celle qu'ils ont faite sur vous. Je suis touché de vous voir touchée ; & ces soupirs douloureux qui vous échappent, coûtent moins à votre cœur qu'ils ne coûtent au mien.

J'ai peu de part à faire vos peines, & j'en ai autant que vous à les souffrir. Quelquefois vous produisez en nous une passion différente de celle que vous avez voulu exciter. Si vous récitez les vers d'ANDROMAQUE, vous donnez de l'amour, avec les sentimens d'une mere qui ne veut donner que de la pitié : vous cherchez à nous rendre sensibles à ses infortunes, & vous nous trouvez sensibles à vos charmes. Les choses tristes & pitoyables rappellent nos cœurs secrettement à la passion qu'ils ont pour vous ; & la douleur que vous exigez pour une malheureuse, devient un sentiment naturel de nos propres maux.

On ne le croiroit pas sans en avoir fait l'expérience : les matieres les plus opposées à la tendresse, prennent un air touchant dans votre bouche : vos raisonnemens, vos disputes, vos contestations, vos coleres ont leurs charmes ; tant il est difficile de trouver rien en vous qui ne contribue à la passion que vous inspirez. Il ne sort rien de vous qui ne soit aimable : il ne se forme rien en nous qui ne soit amour.

Une réfléxion sérieuse vient m'avertir que vous vous moquerez de tout ce discours ; mais vous ne sauriez vous moquer de mes foiblesses, que vous ne soyez contente de votre beauté ; & je suis satisfait de ma honte, si elle vous donne quelque satisfaction. On sacrifie son repos, sa liberté, sa fortune ; *la gloire ne se sacrifie point*, dit Montagne. Je renonce ici à notre Montagne, & ne refuse pas d'être ridicule pour l'amour de vous : mais on ne sauroit vous faire un sacrifice de cette nature-là : il ne peut y avoir de ridicule à vous aimer. Un Ministre renonce pour vous à sa politique, & un Philosophe à sa morale, sans intéresser leur réputation. Le pouvoir d'une grande beauté justifie toutes les passions qu'elle fait produire ; & après avoir consulté mon jugement autant que mon cœur, je dirai, sans craindre le ridicule, que *je vous aime.*

L'Homme sur le retour.

TIRCIS, le bel âge nous laisse ;
Allons chercher une maîtresse
Qui se contente en ses amans,
De vertus au lieu d'agrémens :
Allons chercher la femme forte ;
Mais en est-il de cette sorte ?
On la cherchoit en vain, dit-on,
Du temps même de Salomon.
S'il n'est de ces femmes divines,
Il est de folles héroïnes,
A qui d'illustres visions
Tiendront lieu de perfections :
L'une est folle de la vaillance,
L'autre est folle de la science,
Et court après les beaux esprits
Par le charme de leurs écrits.
Telle est si folle de sagesse,
Qu'elle en méprise la jeunesse,

Et se fait une vanité
De plaire à notre gravité.
Il est vrai que cette chimére
N'est pas aux femmes ordinaire,
Et qu'on leur voit des appétits
Rarement pour les cheveux gris :
Mais leur incertaine nature,
Pour nous rompre toute mesure,
A le caprice quelquefois
D'aimer sagesse, honneur & loix.
Une impertinente adorable
Ecoutera de vieux mortels
Qui vont révérer ses autels ;
Et quelque sotte inéxorable
Pensant donner à ses appas
La gloire de notre trépas,
Nous laissera goûter ses charmes
Sans qu'il nous en coûte des larmes.
Il est mille chemins ouverts
Pour arriver à leurs travers :
Mais laissons la galanterie
Pour une jeunesse fleurie,
Et n'espérons pas, étant vieux,
De gagner le cœur par les yeux.
Que l'esprit soit notre conquête ;
Tâchons d'assujettir la tête,
Et qu'un ascendant de raison
Tienne la leur comme en prison.

Si je trouvois une Lucréce
Capable d'un peu de tendresse,
J'accorderois avec plaisir
Son honneur avec mon desir ;
J'entretiendrois en sa belle ame
La douceur d'une honnête flamme,
Et les intérêts de son cœur
Ménagés avec sa pudeur,
Feroient voir au monde une prude
Sans rien de trop doux ni de rude.
Mais, Dieux ! quelle espéce d'amour !
O triste & malheureux retour !
Qu'il te faut d'art avec des belles
Que tu veux tendres & cruelles !
Que d'art à vaincre des rigueurs !
Que d'art à borner les faveurs !
Que d'art à trouver la tendresse
Sans intéresser la Lucréce !
Encor, ce mal seroit léger,
N'étoit qu'on ne peut plus changer.
Adieu, pour jamais je vous quitte,
Agréable légereté ;
J'entre dans la saison maudite,
Où la triste fidélité
N'a rien qu'un ennuyeux mérite
Dont on est bien-tôt dégoûté.

LETTRE
A MONSIEUR LE COMTE
DE SAINT-ALBANS.

J'Ai failli à mourir, Mylord, depuis que je n'ai eu l'honneur de vous voir; & en quoi je suis plus malheureux, c'est qu'il n'y a pas eu de maladie à Londres que la mienne, pas un rhume, un mal de dents, un accès de goutte. Milord Arlington, à qui vous cédiez le rang de premier goutteux, pourroit faire aujourd'hui vingt tours de Mail, aussi bien que la bonne femme qui vous sert. Pour moi, je ne suis pas encore bien guéri : mais sans les secours que j'ai trouvés, je serois mort.

A quoi pensez-vous, Mylord, de passer l'hiver dans un pays où les chevaux sont traités plus soigneusement cent fois que nous, où il y a des Mayernes pour les maladies des chevaux de course, & des especes de Maréchaux pour celles des hommes? Si vous aviez de ces enthousiasmes de Religion qui rendent la vie odieuse à tant de Fanatiques, je comprendrois quelque chose dans cette impatience que vous avez de mourût. Mais si vous êtes homme comme nous, si vous conservez l'inclination naturelle de vivre, qui est demeurée à Monsieur le Maréchal de Villeroi, à Monsieur le Premier, (1) à Monsieur de Ruvigny & à vos autres contemporains, pourquoi vous opiniâtrer dans un lieu où vous ne passez aucun jour qui n'en retranche cinq ou six de votre vie ?

Je m'arrête trop sur des discours que je devois passer légerement ; il faut venir à des idées plus agréables. Madame de Portsmouth vous donnera telle part dans sa banque qu'il vous plaira. Mylord Hyde (2) vous promet des honnêtetés qui se distingueront mal-aisément de la confiance. Monsieur l'Ambassadeur vous offre une pleine lumiere des affaires de Hongrie & de la guerre où les Princes du Nord vont s'engager : &, ce que j'estime beaucoup, Monsieur le Duc d'Ormond est prêt à jouer au Tric-trac avec vous sans avantage. Vous m'allez dire que vous ne voyez presque plus, que vous êtes accablé d'incommodités qui peuvent aisément dégoûter le monde de vous. Vous prenez mal la chose, Mylord ; c'est la Province qui se dégoûte de vous, & non pas le monde.

On juge de vous, à la campagne, par

---

(1) Monsieur de Beringhen, premier Ecuyer.   (2) Ensuite Comte de Rochester.

la foiblesse de votre vûe : vos infirmités y sont prises pour des défauts ; & vous ne sauriez croire le mépris qu'a un homme de la *Contrée*, qui se porte bien, pour un homme de la Cour, qui se porte mal. Ici, Mylord, on vous considere par la force de votre esprit : vos maux y sont plaints & vos bonnes qualités réverées.

Quelle différence de séjour pour vous ! Et cependant vous avez fait choix de celui qui est si contraire à votre santé & à votre réputation. La plus grande peine des disgraces, vous vous l'êtes imposée vous-même. C'est la privation du commerce des gens du monde, avec lesquels vous avez toujours vécu. On se console de la perte de ses biens : on ne se console point d'avoir perdu la douceur des sociétés agréables, & de souffrir l'ennui des importunes. Ayez tant de raison qu'il vous plaira, le secours de la raison ne peut rien où la délicatesse du goût est affligée.

Revenez donc, Mylord, revenez à des gens qui connoissent votre mérite, comme vous connoissez le leur. Il n'y en a pas un qui ne contribue de tous ses soins à votre soulagement, ou à vos plaisirs. La politesse de Mylord Sunderland vous fera trouver rude & grossier le genre de vie que vous aviez crû le plus naturel ; & la facilité de la vie commode qu'il sait établir à la Cour, vous détrompera pour jamais du faux repos de votre campagne. Madame Mazarin vous ôtera le scrupule de vos visites : elle ne s'offensera point que vous soyez auprès d'elle sans la voir ; & moins sensible à l'injure qu'elle en reçoit, qu'à la perte que vous en souffrez, elle vous fera goûter la douceur d'un entretien qui ne céde pas au charme de sa beauté. Pour vous, elle suspendra la fureur de la Bassette, & rappellera cette raison pure & tranquille qu'elle nous refuse tous les jours. Monsieur Waller vous garde une conversation délicieuse. Je ne suis pas si vain que de vous parler de la mienne. Il vaut mieux vous promettre mes services le jour du sabbat, & me laisser perdre aux échets toutes les fois que Monsieur de Saissac pariera pour moi. Je ne vous dis rien de Mademoiselle Crofts : depuis qu'elle est *Duchesse de Chastellerault*, je ne sai point ce qu'elle veut être au *Comte de Saint-Albans* (1).

---

(1) Mademoiselle Crofts, sœur de Mylord Crofts, avoit été fille d'honneur de la Reine. Après qu'elle eut quitté la Cour, sa Maison devint un réduit fort agréable, où le Comte de Saint Albans & deux ou trois personnes de qualité alloient souper presque tous les soirs. Le Comte d'Arran, ensuite Duc d'Hamilton, s'attacha à cette Dame, & alors Mylord Saint Albans se retira. Monsieur de Saint Evremond raille ici sur cette nouvelle intrigue. Il appelle Mademoiselle Crofts DUCHESSE DE CHASTELLERAULT, parce que le Comte d'Arran avoit été en France, pour tâcher de faire valoir de vieilles prétentions de la Maison d'Hamilton, sur le Duché de Chastellerault.

Si ces tentations sont trop légeres, que vous ayez résolu de vous retirer du monde présentement, songez, Mylord, que c'est dans la Capitale qu'un honnête homme doit se retirer. Votre raison vous dérobe au monde dans la ville, quand il vous plaît; votre imagination vous y rend à la campagne, même quand vous ne le voulez pas. Vivez ici en Philosophe dans votre maison : c'est un nouveau mérite dont vous serez estimé. Vivre en Philosophe au pays de Suffolck, c'est se rendre obscur, plûtôt que sage, & se faire oublier des autres, au lieu de se connoître soi-même.

Les plus grands Philosophes de l'antiquité demeuroient dans la plus belle ville de la Grece; & celui qui conseilloit de *cacher sa vie* (1) avoit de beaux jardins à Athénes, où cinq ou six de ses amis philosophoient avec lui. Je ne sai comment revenir d'Athénes à Londres. Je souhaiterois pourtant que votre retour fût aussi prompt que le mien. M'y voilà, Mylord, pour vous attendre, & vous supplier de nous amener Monsieur Jermyn. Rendez-le au monde malgré lui. Il ne sera pas long-temps sans vous savoir gré d'une si heureuse violence, ni vous, Mylord, sans nous remercier de la résolution que vous aurez prise par notre moyen.

(1) Epicure. Voyez le Tome II. page 118.

LETTRE
A MONSIEUR LE DUC
DE BUCKINGHAM.

Monsieur Burnet (1) est si fort persuadé de votre conversion, Mylord, qu'il en parle en ces termes à tous vos amis : *Je suis prêt à répondre, sur mon salut, de celui du Duc de Buckingham, dans la ferme opinion que j'ai du changement de sa vie.* » Conversion, Monsieur Burnet ! » *dit Monsieur Waller* : on ne se conver-
» tit pas ainsi ; ce n'est ni par vous, ni
» par moi, ni par homme vivant qu'est
» venue la régularité nouvelle du Duc
» de Buckingham. Un de ses nouveaux
» amis, mort il y a long-temps, a fait
» depuis peu la merveille que nous admi-
» rons. C'est Petronius Arbiter, le plus
» délicat homme de son temps en Poésie,
» en Musique, en Peinture, voluptueux
» en toutes choses, qui faisoit du jour la
» nuit, & de la nuit le jour : mais il étoit
» si maître de ses vices & de son irrégula-
» rité, qu'il devenoit le plus reglé homme

(1) Gilbert Burnet, ensuite Evêque de Salisbury.

» du monde, quand il le jugeoit à propos.
» Le Duc de Buckingham, qui lui ressem-
» bloit déja par mille endroits, a voulu
» depuis peu lui ressembler par ce dernier ;
» voilà, Monsieur Burnet, d'où vient cette
» régle que vous avez prise pour une con-
» version.

Avec la permission de Monsieur Burnet & de Monsieur Waller, je raisonnerai d'une autre sorte ; & voici mon raisonnement : Il n'y a personne de bon goût qui aime le vice, quand le vice n'est pas agréable ; & il ne faut pas s'étonner qu'un homme fort délicat ait de la continence aux Pays du Nord, où il n'y a pas le moindre sujet de tentation. Mais qu'on vous donne, Mylord, des objets capables de vous tenter, & on verra que le converti de Monsieur Burnet & le nouveau Pétrone de Monsieur Waller, ne sont autre chose que le véritable Duc de Buckingham.

Dieu me préserve de vous tourner l'esprit du côté de l'amour. J'ai un autre péché à vous proposer que vous ne devineriez jamais, & que je vous souhaite de tout mon cœur ; c'est l'avarice, Mylord, que je tiens préférable pour vous à la sagesse des Philosophes & à la gloire des Conquérans. En effet, j'aimerois mieux vous voir ressembler à Sir Charles Herbert, qu'à Socrate, ni à César. Où la difficulté est plus grande, le mérite me paroit plus grand aussi ; & il est certain que vous aurez plus de peine à imiter ce Héros, que les deux autres.

Comme on ne va pas tout d'un coup à la perfection, je n'exige pas de vous cette austere discipline d'économie, qui porte un homme dur à soi-même à vouloir se passer de tout. Je desirerois seulement que vous observassiez avec soin ceux qui manient votre argent, pour leur conserver, en dépit d'eux, l'intégrité qu'ils voudroient perdre cent fois le jour à votre service.

Si vous revenez jamais à Londres avec peu de valets & beaucoup d'argent, vous ferez l'admiration de l'Angleterre : sans cela, Mylord, la multitude ne sera pas pour vous : & il faudra vous contenter de quelques admirateurs particuliers, dont votre très-humble serviteur sera le premier.

A MADAME LA DUCHESSE
MAZARIN,

Avec un Discours sur la Religion.

J'AI songé toute la nuit à la conversation que nous eûmes hier au soir, & je ne m'en étonne point, Madame : quand on a eû le plaisir de vous voir & de vous parler le soir, il ne faut pas s'attendre à celui de bien dormir. Il me sembloit que Monsieur de Barillon raisonnoit avec beaucoup de solidité. Le Comte de Mélos, qui préferoit toujours la soumission de l'esprit au raisonnement, voulut bien se rendre au vôtre; & vos lumieres lui tinrent lieu de l'autorité, qu'il a coutume de respecter.

J'avoue que j'étois convaincu & enchanté de vos raisons; elles faisoient leur impression sur mon esprit avec toute la force de la vérité, & s'insinuoient dans mon cœur avec tous vos charmes. Le cœur doux & tendre comme il est, a une opposition naturelle à l'austérité de la raison. La vôtre a trouvé un grand secret : elle porte des lumieres dans les esprits, & inspire en même temps de la passion dans les cœurs. Jusqu'ici, la raison n'avoit pas été comptée entre les appas des femmes : vous êtes la premiere qui l'ait rendue propre à nous donner de l'amour. Sans vous, Madame, les vérités que nous cherchons, nous auroient paru bien dures. La vérité qu'on a bannie du commerce comme une fâcheuse, & qu'on a cachée au fond d'un puits comme une séditieuse qui troubloit l'Univers, cette vérité change de nature dans votre bouche, & n'en sort que pour vous concilier généralement tous les esprits. Vous la rétablissez dans le monde avec une pleine satisfaction de tous ceux qui vous entendent.

Ce n'est pas, Madame, que vous n'ayez votre part de la malignité de la nature. Vous avez quelquefois des desseins formés de nous choquer. Sans être trop pénétrant, on découvre la malice de vos intentions ; mais vos charmes sont au-dessus de ces intentions malicieuses. Vous plaisez, lors même que vous avez envie de déplaire ; & de toutes les choses que vous voudriez entreprendre, ne plaire pas est la seule dont vous ne sauriez venir à bout.

La vérité ne peut plus souffrir la violence que vous lui faites : elle veut reprendre la sécheresse & l'austérité que vous lui avez ôtée. Je vais lui rendre ses qualités naturelles ; & vous vous en appercevrez, Madame, à la lecture du petit discours que je vous envoye.

DISCOURS.

» Aussi-tôt que nous avons perdu
» le goût des plaisirs, notre imagi-
» nation nous offre des idées agréables,
» qui nous tiennent lieu de choses sensi-
» bles. L'esprit veut remplacer des plaisirs
» perdus ; & il va chercher ses avantages
» en l'autre monde, quand les voluptés qui

» touchoient le corps nous font échappées.

» Le dégoût du libertinage, nous fait
» quelquefois naître l'envie de devenir dé-
» vots ; mais sommes-nous établis dans un
» état plus religieux & plus saint, nous
» passons la vie à vouloir comprendre ce
» qui ne sauroit être compris ; & il vient
» des temps de sécheresse & de langueur,
» où l'on fait de fâcheuses réflexions sur le
» tourment qu'on se donne pour un bien
» opposé aux sens, peu connu à la raison,
» conçû foiblement par une foi incertaine
» & mal assûrée. C'est de-là que viennent
» les plus grands désordres des Monaste-
» res. Quand la félicité qu'on promet aux
» Religieux leur paroît douteuse, le mal
» certain qu'il faut souffrir, leur devient
» insupportable.

» La diversité des tempérammens a beau-
» coup de part aux divers sentimens qu'ont
» les hommes sur les choses surnaturelles.
» Les ames douces & tendres se portent
» à l'amour de Dieu, les timides se tour-
» nent à la crainte de l'enfer, les irrésolus
» vivent dans le doute, les prudens vont
» au plus sûr sans examiner le plus vrai,
» les dociles se soumettent, les opiniâtres
» s'obstinent dans le sentiment qu'on leur
» a donné, ou qu'ils se forment eux-mê-
» mes ; & les gens attachés à la raison veu-
» lent être convaincus par des preuves qu'ils
» ne trouvent pas.

» *Quand les hommes*, disoit Monsieur
» WURTS, (1) *auront retiré du Christia-*
» *nisme ce qu'ils y ont mis, il n'y aura qu'une*
» *même Religion, aussi simple dans sa Doc-*
» *trine, que pure dans sa Morale.*

» Comme nous ne recevons point no-
» tre créance par la raison (2), aussi la rai-
» son ne nous en fait-elle pas changer.
» Un dégoût secret des vieux sentimens,
» nous fait sortir de la religion dans la-
» quelle nous avons vécu : l'agrément que
» trouve l'esprit en de nouvelles pensées,
» nous fait entrer dans une autre ; & lors-
» qu'on a changé de religion, si on est
» fort à parler des erreurs qu'on a quittées,
» on est assez foible à établir la vérité de
» celle qu'on a prise.

» La Doctrine est contestée par tout :
» elle servira éternellement de matiere à
» la dispute dans toutes les Religions ; mais
» on peut convenir de ce qui regarde les
» mœurs. Le monde est d'accord sur les
» Commandemens que Dieu nous fait &
» sur l'obéissance qui lui est dûe ; car alors
» Dieu s'explique à l'homme en des cho-
» ses que l'homme connoît & qu'il sent.
» Pour les mystéres, ils sont au-dessus de

---

(1) Général des Troupes Hollandoises, pendant la Guerre de 1672.
(2) Voyez le COMMENTAIRE PHILOSOPHIQUE de M. Bayle, sur ces paroles de JESUS-CHRIST, *Contrains-les d'entrer*. II. Partie page 534.

» l'esprit humain, & nous cherchons inu-
» tilement à connoître ce qui ne peut être
» connu, ce qui ne tombe ni sous les sens,
» ni sous la raison. La coutume en auto-
» rise le discours, la seule grace en peut
» inspirer la créance.

» Il ne dépend pas de nous de croire ce
» qu'on veut, ni même ce que nous vou-
» lons. L'entendement ne sauroit se ren-
» dre qu'aux lumiéres qu'on lui donne;
» mais la volonté doit se soumettre aux
» ordres qu'elle reçoit.

PORTRAIT
DE MADAME LA DUCHESSE
MAZARIN.

ON m'accuse à tort d'avoir trop de complaisance pour Madame Mazarin : il n'y a personne dont Madame Mazarin ait plus à se plaindre que de moi. Depuis six mois je cherche malicieusement en elle quelque chose qui déplaise; &, malgré moi, je n'y trouve rien que de trop aimable, que de trop charmant. Une curiosité chagrine me fait examiner chaque trait de son visage, à dessein d'y rencontrer ou de l'irrégularité qui me choque, ou du défagrément qui me dégoûte. Que je réuſſis mal dans mon deſſein! Tous ſes traits ont une beauté particuliere qui ne céde en rien à celle des yeux; & ſes yeux, du conſentement de tout le monde, ſont les plus beaux yeux de l'univers.

Voici une choſe dont je ne me conſole point. Ses dents, ſes lévres, ſa bouche & toutes les graces qui l'environnent, ſe trouvent aſſez confondues parmi les grandes & les diverſes beautés de ſon viſage: mais ſi on les compare à ces belles bouches qui font le charme des perſonnes qu'on admire le plus, elles défont tout, elles effacent tout : ce qui eſt peu diſtingué en elle, ne laiſſe pas conſidérer ce qu'il y a de plus remarquable dans les autres. La malice de ma curioſité ne s'arrête pas-là. Je vais chercher quelque défaut en ſa taille, & je trouve je ne ſai quelle grace de la nature répandue ſi heureuſement en toute ſa perſonne, que la bonne grace des autres ne me paroît plus que contrainte & affectation.

Quand Madame Mazarin plaît trop dans ſa négligence, je lui conſeille de s'ajuſter avec ſoin, eſpérant que l'ajuſtement & la parure ne manqueront pas de ruiner ſes agrémens naturels : mais à peine elle eſt parée, que je ſuis contraint d'avouer qu'on n'a jamais vû à personne un air si grand & si noble que le sien. Mon chagrin ne s'appaise pas encore. Je la veux voir dans sa chambre au milieu de ses chiens, de ses guenons, de ses oiseaux; & je m'attens que le désordre de sa coëffure & de ses habits, lui fera perdre l'éclat de cette beauté qui nous étonnoit à la Cour. Mais c'est là qu'elle est cent fois plus aimable; c'est là qu'un charme plus naturel donne du dégoût pour tout art, pour toute industrie; c'est là que la liberté de son esprit & de son humeur n'en laisse à personne qui la voye.

Que feroit le plus grand de ses ennemis? Je lui souhaite une maladie qui puisse ruiner ses appas : mais nous sommes plus à plaindre qu'elle dans ses douleurs; ses douleurs ont un charme qui nous cause plus de mal qu'elle n'en souffre.

Après m'être laissé attendrir par ses maux, je cherche à m'attirer des outrages qui m'irritent; je choque à dessein toutes ses opinions; j'excite sa colere dans la dispute; je me fais faire des injustices au jeu; j'insinue moi-même les moyens de mon oppression, pour me donner le sujet d'un véritable ressentiment. Que me sert toute cette belle industrie? Ses mauvais traitemens plaisent au lieu d'irriter; & ses injures, plus charmantes que ne seroient les caresses des autres, sont autant de chaînes
qui

qui me lient à ses volontés. Je passe de son sérieux à sa gaieté. Je la veux voir sérieuse, pensant la trouver moins agréable : je la veux voir plus libre, espérant de la trouver indiscrette. Sérieuse, elle fait estimer son bon sens : enjouée, elle fait aimer son enjouement.

Elle sait autant qu'un homme peut savoir, & cache sa science avec toute la discrétion que doit avoir une femme retenue. Elle a des connoissances acquises, qui ne sentent en rien l'étude qu'elle a employée pour les acquérir : elle a des imaginations heureuses, aussi éloignées d'un air affecté qui nous déplaît, que d'un naturel outré qui nous blesse.

J'ai vû des femmes qui se faisoient des amans par l'avantage de leur beauté, qui les perdoient par les défauts de leur esprit : j'en ai vû qui nous engageoient pour être belles & spirituelles ensemble, & qui rebutoient comme indiscrettes, peu sûres, & intéressées. Avec Madame Mazarin, passez du visage à l'esprit, des qualités de l'esprit à celles de l'ame, vous trouverez que tout vous attire, tout vous attache, tout vous lie, & que rien ne sauroit vous dégager : on se défend des autres par la raison; c'est la raison qui nous livre, & qui nous assujettit à son pouvoir. Ailleurs, notre amour commence d'ordinaire où finit notre raison ; ici, notre amour ne sauroit finir que notre raison ne soit perdue.

Ce que je trouve de plus extraordinaire en Madame Mazarin, c'est qu'elle inspire toujours de nouveaux desirs, que dans l'habitude d'un commerce continuel, elle fait sentir toutes les tendresses & les douceurs d'une passion naissante : c'est la seule femme pour qui l'on puisse être éternellement constant, & avec laquelle on se donne à toute heure le plaisir de l'inconstance. Jamais on ne change pour sa personne ; on change à tout moment pour ses traits, & on goûte en quelque façon cette joie vive & nouvelle qu'une infidélité en amour nous fait sentir.

Tantôt la bouche est abandonnée pour les yeux, tantôt on abandonne les yeux pour la bouche. Les joues, le nez, les sourcils, le front, les cheveux, les oreilles même, (tant la nature a voulu rendre toutes choses parfaites en ce beau corps!) les oreilles s'attirent nos inclinations à leur tour, & nous font goûter le plaisir du changement. A considérer ses traits séparés, on diroit qu'il y a une secrette jalousie entr'eux, & qu'ils ne cherchent qu'à s'enlever des amans : à considérer leur rapport, à les considérer unis & liés ensemble, on leur voit former une beauté qui ne souffre ni d'inconstance pour elle, ni de fidélité pour les autres. J'ai assez parlé des choses qui nous paroissent, devinons la perfection des endroits cachés, & disons par conjecture, que le mérite de ce qu'on ne voit point, passe de bien loin tout ce qu'on voit.

EPITRE
DE MONSIEUR
LE DUC DE NEVERS
A MONSIEUR
L'ABBÉ BOURDELOT (1).

QUoi, mes vers, Bourdelot, sans grace & sans beautés,
Vivent dans ta mémoire, & sont par toi cités !
Du profond de l'oubli tirant leur destinée,
Tu redonnes le jour à ma Muse étonnée !
Qui te prête la main ? Quel Dieu te fait agir,
Et t'inspire mes vers pour me faire rougir ?
Moi qui, sur le Parnasse, apprenti téméraire,
Ai fait parler ma Muse une langue étrangere,
Et qui n'ai, dans mes vers échappés au hazard,
Que l'audace pour régle, & le bon sens pour art.

(1) Médecin de Christine, Reine de Suéde, & ensuite du Prince de Condé. Il mourut en 1684.

Pour orner le François de nouvelles parures,
Je hazarde en mes vers d'insolentes figures,
Qui, par le choix des mots & l'adresse du tour,
Eblouissent l'esprit de l'éclat d'un faux jour.
Que ne puis-je à présent, dans l'ardeur qui m'anime,
Donner de la Fayette (1) au travers du sublime ;
Ou, puisant dans Meré (2) tous les charmes divers,
Des plus beaux agrémens façonner tous mes vers !
Alors je donnerois, par des traits connoissables
A la postérité, tes talens admirables :
L'éclat de ton esprit seroit un sûr garant
Pour dessiller les yeux du vulgaire ignorant.
Toi, qu'on a remarqué dans le siécle où nous sommes,
Par tant de beaux endroits, homme au-dessus des hommes,
Qui des travers du monde évitant le poison,
Te sais faire à toi-même un Dieu de la raison ;
Tu ris de la fortune & des tours de sa roue.
Quand du sort de nos jours l'inconstance se joue,
Tu sais qu'on n'a du Ciel des regards caressans,
Que pour en ressentir des regrets plus cuisans.
Les astres trop cruels dans leur course changeante,
Nous font voir du bonheur l'incertitude errante.
On voit dans l'Univers tant d'abus établis
Se fonder en coutume, au lieu d'être abolis ;
Le sang des grands Seigneurs mêlé dans la roture,
Faire, en naissant, changer au bourgeois de nature.

(1) Madame de la Fayette.   (2) Le Chevalier de Meré.

Rome a vû radoter au Trône des Céfars,
L'Eglife dans les mains d'imbécilles vieillards,
Donner à des neveux le faint Siége au pillage,
Et de fes fiefs facrés démembrer l'apanage.
Mais louons d'Innocent (1) la fainte auftérité.
Que l'Eglife eft fuperbe en fon humilité !
Il ôte à l'Univers l'effroyable fcandale,
L'hydre du Népotifme à Rome fi fatale :
Il veut du Janfénifme étouffer le poifon,
Et les faintes erreurs qui troublent la raifon.
Admirons fes vertus dans le temps que le monde
En vices éclatans plus que jamais abonde.
Un Miniftre fameux (2), pour foutenir fon nom,
Va, pour neveu poftiche, adopter un *Orgon* (3);
Qui de fes grands tréfors, pieufe frénéfie !
Des tartuffes du temps nourrit l'hypocrifie ;
Et, craignant plus le Ciel qu'il n'a le Ciel pour but,
Va, l'argent à la main, trafiquer fon falut.
S'il recevoit d'enhaut des notions plus claires,
Il iroit à la Trape imiter les Macaires ;
Car dans le monde on fait des efforts impuiffans,
Pour détacher l'efprit du commerce des fens.
C'eft trop, n'en parlons plus ; entrons en diligence
Dans le pompeux néant de la grandeur immenfe.
Qu'on ait vû de nos jours, appuyé par les lois,
Un Cromwel déranger un long ordre de Rois ;

(1) Innocent XI.
(2) Le Cardinal Mazarin.
(3) Le Duc de la Meilleraye, à qui le Cardinal donna fa niéce Hortenfe Mancini en mariage, a condition qu'il porteroit le nom & les armes de Mazarin.

Qu'une Reine ait pû faire, exempte de tous crimes,
De deux freres vivans deux maris légitimes (1);
Une autre, par son fils, voit signer aujourd'hui
L'arrêt dénaturé qui l'éloigne de lui (2).
De quel œil de Caton ta divine prudence,
Des caprices du Sort perce l'extravagance ?
Défiant son pouvoir, tu ris de son courroux,
Et tu mets les mortels à l'abri de ses coups.
La nature à tes yeux se montre toute nue,
T'apprend de ses secrets la science connue;
Découvre à ton esprit les énigmes divins,
Et fait faire à ton art obéir les destins :
Ta main sait renouer d'une vie ébranlée,
Dans les doigts de Clothon la trame défilée;
Et de l'ame aux abois ranimant les ressorts,
Des bords de l'Achéron tu rappelles les morts.
Ton esprit, ton bon goût, ta science profonde,
Triomphent des erreurs qui régnent dans le monde;
Dans tes Ecrits, l'on voit tous les traits pénétrans
Que ta main sait porter sur les vices du temps.
Chacun craint que ta plume en critique fertile,
Ne repande sur lui son éloquente bile :
Pour moi, qui ris du sort que mes vers trouveront,
Je baiserai les mains qui les déchireront;

(1) Marie-Elisabeth-Françoise de Savoye, fille de Charles-Amedée de Savoye, Duc de Nemours & d'Aumale, qui après avoir été mariée avec Alphonse VI. Roi de Portugal, épousa du vivant de ce Prince, Dom Pedro son frere. Voyez dans le DICTIONNAIRE de M. Bayle l'Article PORTUGAL (*Alphonse VI. Roi de*)

(2) Marie-Anne d'Autriche, mere de Charles II. Roi d'Espagne, obligée de se retirer à Tolede.

Aussi-bien dans le monde, hors deux Auteurs célébres,
Le reste est englouti dans l'horreur des ténébres:
Ces illustres du temps, Racine & Despréaux,
Sont du Mont Hélicon les Fermiers généraux :
Pour mettre des impôts sur l'onde d'Hippocrene,
Phœbus leur donne à bail son liquide domaine :
Tout passe par leurs mains ; les précieux trésors
Ne coulent que pour eux des Castalides bords :
On a vû dans leurs vers leur extrême richesse ;
Leurs plumes dégorgeoient des liqueurs du Permesse:
A présent de la rime abandonnant les loix,
Ils veulent que Phœbus reprenne tous ses droits;
Et sortant tout d'un coup de l'ordre poëtique,
Ils entrent étrangers dans le monde historique (1).
LOUIS, par ses hauts faits qu'ils sont prêts à traiter,
Eblouit tout le monde à force d'éclater.
Qui peindra les beaux traits de sa gloire immortelle ?
Le pinceau trembleroit entre les mains d'Apelle.
Quel bonheur d'être nés au siécle de LOUIS!
Admirons, Bourdelot, ses exploits inouis,
Que nous pouvons tous voir, que nous pouvons écrire;
Et plaignons l'avenir qui ne peut que les lire.

(1) Messieurs Racine & Despreaux furent nommés en 1677, pour écrire l'Histoire de Louis XIV.

LETTRE
A MADAME LA DUCHESSE
MAZARIN.

JE viens de lire avec Monsieur Van-Beuning (1) les vers que vous m'avez fait l'honneur de m'envoyer. Cet Ambassadeur, qui a passé sa vie dans l'étude, aussi bien que dans les affaires, les trouve fort beaux ; & mon sentiment est, Madame, qu'il y en a dans ce petit ouvrage d'aussi élevés que j'en aye vû depuis long-temps dans notre langue. Ce qui me les fait estimer davantage, c'est qu'il y a de la nouveauté & du bon sens, ajustement difficile à faire : car nos nouveautés ont souvent de l'extravagance ; & le bon sens qui se trouve dans nos écrits, est le bon sens de l'antiquité plus que le nôtre. Je veux que l'esprit des anciens nous en inspire, mais je ne veux pas que nous prenions le leur même. Je veux qu'ils nous apprennent à bien penser ; mais je n'aime pas à me servir de leurs pensées. Ce que nous voyons d'eux avoir la grace de la nouveauté, lorsqu'ils

___
(1) Ambassadeur des Etats Généraux en Angleterre.

qu'ils le faisoient : ce que nous écrivons, aujourd'hui a vieilli de siécle en siécle, & est tombé comme éteint dans l'entendement de nos Auteurs.

Qu'avons-nous affaire d'un nouvel Auteur, qui ne met au jour que de vieilles productions, qui se pare des imaginations des Grecs, & donne au monde leurs lumiéres pour les siennes ? On nous apporte une infinité de régles qui sont faites il y a trois mille ans, pour régler tout ce qui se fait aujourd'hui ; & on ne considére point que ce ne sont point les mêmes sujets qu'il faut traiter, ni le même génie qu'il faut conduire.

Si nous faisions l'amour comme Anacréon & Sapho, il n'y auroit rien de plus ridicule ; comme Terence, rien de plus bourgeois ; comme Lucien, rien de plus grossier. Tous les temps ont un caractere qui leur est propre ; ils ont leur politique, leur intérêt, leurs affaires ; ils ont leur morale, en quelque façon, ayant leurs défauts & leurs vertus. C'est toujours l'homme, mais la nature se varie dans l'homme ; & l'art, qui n'est autre chose qu'une imitation de la nature, se doit varier comme elle. Nos sottises ne sont point les sottises dont Horace s'est moqué ; nos vices ne sont point les vices que Juvenal a repris : nous devons employer un autre ridicule, & nous servir d'une autre censure.

J'ai obligation à Monsieur de Nevers ; je cherchois de la nouveauté il y a longtemps, & il m'en a fait rencontrer. Je trouve un homme qui sait penser lui-même ce qu'il écrit, & qui donne son propre tour à l'expression de ses pensées.

Moi, qui n'ai dans mes vers échappés au hazard,
Que l'audace pour régle & le bon sens pour art.

Si la fortune, l'*audace* & le *bon sens* produisent tant de beautés, je conseille aux Auteurs de renoncer aux régles de l'art, & de s'abandonner purement à leur génie.

Pour orner le François de nouvelles parures,
Je hazarde en mes vers d'insolentes figures.

Celui qui hazarde ces *insolentes figures*, est assûré de n'en avoir que de nobles ; c'est une hardiesse heureuse qui n'a rien d'extravagant ni de faux ; un éclat d'imagination que le jugement peut avouer pour une de ses lumiéres.

Je ne sai pas bien si les avantages que Monsieur de Nevers attribue à Madame de la Fayette & à Monsieur de Meré, sont sinceres. Leur mérite me persuade la sincérité : sans cela, la délicatesse du tour me seroit suspecte ; & je craindrois qu'il n'y eût quelque ridicule caché sous le *sublime* de l'une & sous les *charmes divers* de l'autre. Les louanges que l'on donne à Monsieur Bourdelot sont plus nettement expliquées. Je n'en donnerois pas moins à sa personne, mais je voudrois qu'elles fussent plus dégagées de sa profession. A mon avis, la médecine rompt plus de *trames* qu'elle n'en renoue; & il ne falloit pas moins que les vers de Monsieur votre frere, pour remettre en honneur une science que ceux de Moliere avoient décriée. A vous parler franchement, je retrancherois quelque chose de l'habileté du Médecin, pour donner plus, s'il étoit possible, aux lumiéres du bel esprit.

J'ai plus de vénération pour la Cour de Rome, que pour la Faculté de Paris; & quoique j'aye toute liberté de parler du Pape dans un pays où on le brûle tous les ans, je ne dirai rien de son éloge, sinon que Saint Pierre en doit avoir de la jalousie : car il est plus aisé de fonder un Etat que de le reformer; d'y mettre l'ordre, que de l'y rétablir.

La discrétion que vous avez toujours en parlant de Monsieur votre mari, me fait passer légerement sur Orgon; & ma retenue fondée sur la vôtre, m'ôte l'idée de Monsieur Mazarin. Mais un homme qui *trafiqueroit son salut l'argent à la main*, me donneroit mauvaise opinion du Marchand qui achete le Ciel, & plus méchante de ceux qui le vendent.

Revenons à la beauté des vers, qui ne peut pas être égale par tout. L'élévation de l'esprit laisse de petites choses en prise à l'exactitude de la critique; & c'est une consolation que les grands génies ne doivent pas envier aux médiocres. Que des malheureux, à qui la nature a été peu favorable, se fassent valoir comme ils pourront par le travail d'une étude si génante; pour moi, je me sens transporté avec plaisir à des endroits qui m'enlevent, & mon admiration ne laisse point de place au chagrin de la censure.

Il est beaucoup plus facile de louer le Roi en prose qu'en vers. Les vers, avec tout le merveilleux de la poësie, n'approchent point de la magnificence du sujet; & en prose, une vérité simple est un grand éloge. Il ne faut que dire purement ce qu'a fait le Roi, pour effacer tout ce qu'on a écrit des autres. Monsieur de Nevers a entrepris une chose plus difficile : il a cherché des pensées qui pussent égaler les actions de son Héros. Le dessein étoit hardi, mais il n'a pas été tout-à-fait malheureux; car s'il demeure fort au-dessous de la gloire de celui qu'il loue, il s'éleve fort au-dessus du génie de tous ceux qui l'ont loué.

Qui peindra les beaux traits de sa gloire immortelle ?
Le pinceau trembleroit entre les mains d'Apelle.
Quel bonheur d'être nés au siécle de LOUIS !
Admirons, Bourdelot, ses exploits inoüis,
Que nous pouvons tous voir, que nous pouvons écrire ;
Et plaignons l'avenir, qui ne peut que les lire.

Je plaindrois la condition de nos neveux, si la mienne n'étoit plus à plaindre. Ils vivront un jour : ils entreront dans le monde, d'où je suis prêt de sortir, où je suis réduit à lire les exploits du Roi, sans en pouvoir être témoin non plus qu'eux. C'est un grand malheur de passer la vie loin de son Empire : mais si la fortune ne m'en avoit éloigné, je ne vivrois pas sous le vôtre, Madame. Vous inspirez de la passion à tout ce qui en est capable, & la raison vous donne ceux que la passion ne touche plus.

ÉPISTRE AU ROI.

ARbitre des mortels, je connois ta puiſſance;
Que ne puis-je auſſi bien connoître ta clémence!
L'excès de tes bontés en tous lieux eſt connu,
Mais tu m'as réſervé pour une autre vertu:
Je dois ſervir toujours à montrer ta juſtice,
Sans murmurer jamais d'un aſſez long ſupplice:
On ne me verra point, par de triſtes accens,
Par un air douloureux, des ſoupirs languiſſans,
M'attirer la pitié qu'excite un miſérable,
Ni faire l'opprimé lorſque je ſuis coupable.
Que des infortunés ſoulagent leur douleur
Par la compaſſion qu'on a de leur malheur;
Pour moi, je me condamne; & ſévere à moi-même,
Je ne me prens qu'à moi de mon malheur extrême.
Je vis depuis long-temps éloigné d'une Cour
Pour qui le plus ſauvage auroit eu de l'amour.
L'exil a conſumé la vigueur de mon âge,
Et me laiſſe aujourd'hui la vieilleſſe en partage;
Il joint au noir chagrin de mes jours avancés
Un triſte ſouvenir de ceux que j'ai paſſés:
Cependant mes regrets ont de plus juſtes cauſes:
Des merveilles du Roi, de tant de grandes choſes,

Malheureux que je suis, hélas! je n'ai rien vû;
C'est le bien le plus cher qu'un sujet ait perdu.
Sans un fatal exil, j'aurois vû ces armées
Dont tant de Nations sont encore allarmées;
J'aurois vû ces grands Chefs, fameux par mille
 exploits,
Commandés & conduits par le premier des Rois;
Et mes yeux attachés sur sa seule personne,
N'auroient fait qu'observer les ordres qu'il leur
 donne :
J'aurois vû sa valeur inspirer aux soldats
L'ardeur qui les anime au milieu des combats :
J'aurois vû ce qu'on voit rarement sur la terre,
Une paix glorieuse autant que fut la guerre.
 Après tant de périls, après tant de travaux,
Chacun fit le dessein de terminer ses maux ;
On ne regarda plus que son propre dommage ;
Et qui fut moins constant, s'estima le plus sage.
La Hollande solide en tous ses intérêts,
Laissa les impuissans avec leurs faux projets ;
Et l'Espagne connut dans cette ligue usée,
La vanité des noms qui l'avoient abusée.
Le Lorrain qu'animoient l'Empire & sa maison,
Par mille camps divers parvint jusqu'à Mouçon ;
Mais à peine fut-il regarder la Champagne,
Que Fribourg emporté termina la campagne :
La paix fut résolue au Conseil de Madrid,
Et résolue à Vienne aussi-tôt qu'on l'apprit ;

Et le parti confus après ce coup funeste,
A ses Ambassadeurs laissa le soin du reste :
Mais tous les Généraux allarmés de la paix,
Se montroient plus ardens & plus fiers que jamais ;
Ils cherchoient les combats, quand les soins de
    leurs Princes
Se tournoient pleinement au repos des Provinces.
  Que servoient dans les camps ces dernieres ar-
    deurs,
Qu'à coûter au public & du sang & des pleurs ?
Malheureux doublement ceux qui perdoient la vie
Sur le point que la guerre alloit être finie !
Il ne nous restoit plus qu'à réduire le Nord
Qui sembloit de si loin mépriser notre effort,
Espérant vainement que notre politique
Craindroit le bruit fameux que fait la Mer Balti-
    que ;
Espérant follement que des lieux reculés
Où jamais les François n'étoient encore allés,
Pour éteindre ce feu qui forme notre audace,
Auroient assez pour eux du seul nom de leur glace.
Que vous connoissez mal les François d'aujour-
    d'hui !
On nous a vûs légers chez nous & chez autrui ;
Mais ceux qu'on accusoit autrefois d'inconstance,
N'auront, à vos dépens, que trop de patience.
Peuples qui nous cédez l'avantage d'agir,
Nous savons mieux que vous fatiguer & souffrir ;

Vos plus vastes forêts, vos plus grandes rivieres,
Sont contre les François d'impuissantes barrieres.
Créqui marche, il approche, il vous donne com-
: bat;
Il passe le Wezer, votre fierté s'abat,
Tous les confédérés ont de vives allarmes;
Et leur docilité fut l'effet de nos armes;
On vit là nos amis que Wrangel (1) a perdus:
Malgré d'un jeune Roi les naissantes vertus,
Malgré tant de combats où parut sa vaillance;
On vit là nos amis tombés dans l'impuissance;
D'un sort si malheureux se relever par nous,
Et du plus triste état passer dans le plus doux.
  Ainsi des Nations furent les destinées,
Comme il plut à LOUIS, dures ou fortunées;
Ainsi fut rétabli ce tranquille repos
Qui ne dément en rien la gloire du Héros.
On voit dans le repos les plaisirs sans mollesse,
Les intérêts conduits avec ordre & sagesse,
Les fidéles conseils prudemment écoutés,
Et les plus grands projets justes & concertés.
Le courage du Prince à la guerre l'anime,
Sa raison n'en veut point qui ne soit légitime.
Il est sage, il est grand, il est ambitieux,
Vertus & passions, tout en est glorieux;
Au milieu des progrès la justice l'arrête;
A peine a-t-il promis qu'il rend une conquête;

(1) Général des Troupes Suédoises.

De sa simple parole il se fait un devoir
Qui l'oblige à régler lui-même son pouvoir;
Et ce que n'auroit pû tout l'Univers contraire,
Pour l'avoir voulu dire, il a voulu le faire:
Mais, s'il a quelquefois une offense à punir,
Un droit à conserver, un rang à maintenir,
C'est alors que l'ardeur d'un courage héroïque,
Anime les raisons qu'avoit la politique:
Tout s'émeut, tout agit à son commandement;
Et l'Espagne tremblante à chaque mouvement,
N'a, pour se rassûrer, que la seule espérance
De trouver des jaloux ennemis de la France.
Espagne, deviens sage, & quitte une fierté
Si contraire aux moyens qui font ta sûreté;
Abandonne un orgueil qui s'attache à des Ti-
   tres (1);
Dans le cœur de LOUIS va chercher des arbitres:
C'est là qu'est le salut du reste des Etats,
Que tes foibles efforts ne conserveroient pas.
Peuples abandonnés, que rien ne peut défendre,
Pour le dernier malheur on ne veut pas vous pren-
   dre:
Nous vous laissons troublés de cent maux intestins,
Assez & trop punis par vos propres destins.
  Du plus grand des mortels je connois la puissance,
Mille autres du plus doux ont connu la clémence;

---

(1) Le Roi d'Espagne en cédant la Franche-Comté, vouloit retenir le Titre de DUC DE BOURGOGNE.

Du plus juste, en tous lieux, j'ai ressenti la loi;
Et le fâcheux état dans lequel je me voi,
Me feroit demander la fin de ma souffrance :
Mais puisqu'il a tant fait pour l'honneur de la France,
Puisque de tous nos Rois c'est le plus digne Roi;
François, comme je suis, il fait assez pour moi.

LETTRE
A MONSIEUR LE COMTE D'OLONNE.

JE ne sai pas pourquoi vous admireriez mes vers, puisque je ne les admire pas moi-même ; car vous devez savoir qu'au sentiment d'un grand maître de l'art poëtique (1), le Poëte est toujours le plus touché de son ouvrage. Pour moi, je reconnois beaucoup de fautes dans le mien, que je pourrois corriger, si l'exactitude ne faisoit trop de peine à mon humeur, & ne consumoit trop de temps à une personne de mon âge. D'ailleurs, j'ai une excuse que vous recevrez, si je ne me trompe : les coups d'essais ne sont pas souvent des

(1) Aristote.

chefs-d'œuvres, & les louanges que je donne au Roi, étant les premieres véritables & sinceres que j'ai données, il ne faut pas s'étonner que je n'y aye pas trop bien réussi. Les vôtres, pour moi, ont une ironie ingénieuse, dans laquelle je me suis vû si grand maître autrefois, que le Maréchal de Clerambaut ne trouvoit que moi capable de vous disputer le mérite de cette figure-là. Vous ne deviez pas vous en servir contre un homme qui en a perdu l'usage, & qui est autant votre serviteur que je le suis. Vous me voyez assez en garde contre le ridicule ; & malgré toutes mes précautions, je ne laisse pas de me laisser aller agréablement aux louanges que vous me donnez sur mon goût. Vous avez intérêt qu'il soit bon, juste & délicat ; car l'idée du vôtre, que je conserve toujours, régle le mien.

Le miracle d'amour (1), que je vis à Bourbon, est le miracle de beauté que je vois à Londres. Quelques années qui lui sont venues, lui ont donné plus d'esprit, & ne lui ont rien ôté de ses charmes.

Beaux yeux, de qui l'éclat feroit cacher sous l'onde
Ceux qu'on en vit sortir pour animer le monde,
Je ne m'étonne pas que les plus grands malheurs
    Ne vous coûtent jamais de pleurs ;

(1) Madame Mazarin.

Ce n'est pas au malheur à vous causer des larmes,
On ne les connoît point où régnent tant de charmes.
Si vous avez, beaux yeux, des larmes à jetter,
C'est l'amour seulement qui vous les doit coûter.

Pour les attentats que vous me conseillez, je suis peu en état de les faire, & elle est en état de les souffrir. S'il faut veiller les nuits entieres, on ne me donne pas quarante ans : s'il faut faire un long voyage avec le vent & la pluye, quelle santé que celle de Monsieur de Saint-Evremond ! Veux-je approcher ma tête de la sienne, sentir des cheveux & baiser le bout de l'oreille, on me demande si j'ai connu Madame Gabrielle, (1) & si j'ai fait ma cour à Marie de Médicis. Le papier me manque : je vous prie de me mettre au rang des amis solides, immédiatement après Monsieur de Canaples (2). Miracle d'amour est votre servante.

(1) Gabrielle d'Estrées, maîtresse de Henri IV.
(2) Alphonse de Créqui, Marquis de Canaples, qui a été ensuite Duc de Lesdiguieres.

LETTRE
A MADAME LA DUCHESSE
MAZARIN.

SI je venois un jour, pénétré de vos charmes,
Me mettre à vos genoux, & répandre des larmes,
Pour obtenir de vous la grace d'un baiser,
  Pourriez-vous me le refuser ?
  Le pourriez-vous en conscience ?
  Répondez, répondez, Hortence.
Las ! il y va de mon trépas :
Pour Dieu, ne me refusez pas.
Donnez-le moi par complaisance,
Ou prenez-le par pénitence,
Comme une sainte affliction
Propre pour la dévotion
De ce triste temps de Carême ;
Ce temps où chacun, le teint blême,
Le cœur contrit, les yeux en pleurs,
Cherche la peine & les douleurs.
Baiser, aux ames salutaire
Plus que jeûner & porter haire ;
Baiser, devant Dieu, précieux,
Tu conduirois Hortence aux cieux,

Et l'établirois dans la gloire,
Sans passer par le Purgatoire.
Qu'à la Trape, des Réformés
D'un zéle indiscret animés,
Ne mangent rien qu'herbe & légume,
Aillent nuds pieds & prennent rhûme,
Couchent sans chemise & sans draps,
De leurs austérités je ne fais pas grand cas ;
Mais consoler une vieillesse
D'un petit effet de tendresse,
Prendre soin de mes pauvres sens
Tout infirmes, tout languissans,
Et ranimer ma froide masse
Par la chaleur de quelque grace ;
C'est une sainte charité,
C'est un office mérité
Qui de tout péché rendroit quitte
La plus criminelle beauté.
Merveille de nos jours, ô belle & sage Hortence
Qui, pour vivre sans crime, ignorez les remors,
Ne vous fiez pas trop à la simple innocence ;
Pour le salut de l'ame, il faut haïr le corps,
Gêner ses appétits, se faire violence ;
Il faut faire sur vous de vertueux efforts :
Et me baiser, Madame, en est un que je pense
Beaucoup plus cher à Dieu que n'est la continence.

Après vous avoir demandé un baiser en vers, je vous en demanderai un en prose.

dont je vous sollicite autant pour votre intérêt que pour le mien. Ce sera le dernier effet de la piété, ou le dernier effort de la raison; & il ne tiendra qu'à vous d'être la plus grande Sainte, ou la plus grande Philosophe qu'on vît jamais. Priver nos sens de certains plaisirs, est un commencement de sagesse; vaincre leur répuguance & leurs dégoûts, c'est la perfection de la vertu. Que n'avez-vous été pécheresse, vous auriez une belle occasion d'être pénitente. Faut-il que votre innocence soit un obstacle à votre sainteté & à mon bonheur! Mais il n'y a rien qui ne se puisse réparer. Si le passé n'a aucun droit sur votre repentir, j'espere que l'avenir y aura les siens ; & en ce cas, Madame, je vous propose une espece d'indulgence, qui regarde les péchés à faire aussi bien que les péchés déja faits. On porte envie aux injures que vous me dites; il n'y a personne qui ne voulût être appellé sot comme je le suis : cependant, Madame, il y a des graces moins détournées, des graces plus naturelles que je voudrois bien recevoir. Tout le monde est présentement dans mes intérêts : Madame Hyde vous tient quitte de l'assiduité que vous lui avez promise à ses couches, pourvû que vous vous portiez de bonne grace à m'obliger : Mademoiselle de Beverweert est prête à rendre des oracles en ma faveur. Il me semble

ble que je la voi les cheveux en désordre & les coëffes de côté ; que je la voi toute émûe de son esprit, toute inspirée de son Dieu, vous dire impérieusement : *Baisez le veillard*, REINE, *baisez-le.*

Que ferez-vous, Madame ? Négligerez-vous les prieres, les avertissemens, les oracles ? Compterez-vous pour rien mes services des dents que j'ai sauvées (1), le charme de vos oreilles que j'ai découvert ? Compterez-vous pour rien les précipices où je me suis jetté, les périls que j'ai courus, les douleurs que m'a donné votre maladie ; douleurs qui égaloient pour le moins les vôtres ? Mais ce qui est de plus important, n'aurez-vous aucun soin de votre salut? S'il est ainsi, Madame, plus de sainteté, plus de sagesse, plus de reconnoissance, plus de justice. Adieu toutes les vertus. Vous serez comme une simple femme, comme une petite coquette, à qui une ride fait peur, & que des cheveux blancs peuvent effrayer.

Mais je m'allarme avec bien peu de raison. Vous n'avez rien des foiblesses de votre sexe. Votre ame tout-à-fait maîtresse de vos sens, peut les obliger, malgré eux, à faire mes plaisirs, sans songer aux vôtres.

---

(1) Monsieur de Saint-Evremond empêcha Madame Mazarin de se faire arracher quelques dents.

Je viens, pénétré de vos charmes,
Vous demander avec des larmes,
La grace d'un simple baiser ;
Pouvez-vous me le refuser ?

LETTRE
A MONSIEUR LE COMTE
DE GRAMMONT.

J'AI appris de Monsieur le Maréchal de Créqui, que vous étiez devenu un des plus opulens Seigneurs de la Cour (1). Si les richesses qui amolissent le courage, & qui savent anéantir l'industrie, ne font pas de tort aux qualités de mon Héros, je suis prêt à me réjouir du changement de votre fortune : mais si elles ruinent les vertus du CHEVALIER & le mérite du COMTE, je me repens de n'avoir pas exécuté le dessein que j'ai eu tant de fois de vous tuer, pour assurer l'honneur de votre mémoire. Que j'aurois de chagrin, Monsieur le Comte, de vous voir renoncer au jeu & devenir indifférent pour les Dames ; de vous voir réserver de l'argent pour le ma-

---

(1) Il avoit hérité de son frere Henri de Grammont, Comte de Toulongeon, mort en 1679.

riage de votre fille; aimer les rentes & parler du fonds de terre, comme d'une chose nécessaire à l'établissement des maisons! Quel changement, si vous faisiez tant de cas du fonds de terre, après l'avoir abandonné si long-temps aux Pies, aux Corneilles & aux Pigeons! Quel changement, si vous aspiriez à devenir *Monsieur le Baron de Saint-Meat*, pour avoir la noblesse de Bigorre à votre lever, & entretenir vos voisins avec ce fausset heureux & brillant, qui gagne tous les cœurs de la Gascogne!

  Ah! Que deviendroit cette *vie*
  Tant *admirée & peu suivie?*

Que deviendroient tous les avantages que je vous ai donnés sur Salomon?

  Ce grand Sage avec ses PROVERBES,
  Avec sa connoissance d'herbes,
  Et le reste de ses talens,
Sans bien, comme tu vis, n'eût pas vécu deux ans

  Beaux éloges, vous seriez effacés de la mémoire des hommes; & pour toute louange du Comte de Grammont, on entendroit dire aux Gascons & aux Bearnois: *La maison de Monsieur le Comte va bien: on y mange dans le vermeil de Monsieur de Toulongeon, & l'ordre y est excellent: si les* choses continuent, Mademoiselle de Grammont se fait un des bons partis de la Cour. Sauvez-vous, Seigneur, de tout discours de cette nature : celui qui a soin des allouettes, aura soin de vos enfans. C'est à vous de songer à votre réputation & à vos plaisirs.

Devenez opulent, Seigneur, devenez riche ;
Mais ne vous donnez pas un languissant repos :
Vous pouvez n'être pas en amour un héros,
Que vous ne serez pas comme un Comte de Guiche.
On peut, on peut encore aujourd'hui vous aimer ;
Et, si jamais le temps, à tous inéxorable,
Vous ôtoit les moyens de plaire & de charmer,
N'aimez pas moins, Seigneur, ce qui paroît aimable.
Salomon, après vous, ce sage incomparable,
Sur la fin de ses jours se laissoit enflammer,
Et plus il vieillissoit, plus ce feu secourable
  Savoit le ranimer.
Waller qui ne sent rien des maux de la vieillesse,
Dont la vivacité fait honte aux jeunes gens,
S'attache à la beauté pour vivre plus long-temps ;
Et ce qu'on nommeroit en un autre foiblesse,
Est en ce rare esprit une sage tendresse
Qui le fait résister à l'injure des ans.
Contre l'ordre du Ciel, je reste sur la terre ;
  Et le charme divin.

De celle qui me fait une éternelle guerre,
   Arrête mon destin.
Du chagrin malheureux où l'âge fait conduire,
Les plus beaux yeux du monde ont droit de me
 sauver :
Un funeste pouvoir qui tâche à me détruire,
En rencontre un plus fort qui veut me conserver.
Mon corps tout languissant, ma triste & froide
 masse
Reçoit une chaleur qui vient fondre sa glace;
Et la nature usée abandonnant mes jours,
Je vis sans elle encor par de nouveaux secours.
Je vis, & chez un autre est le fond de ma vie;
Je ne suis animé que de feux empruntés;
Ma machine ne va que par ressorts prêtés;
   Ma trame défunie
   Se reprend & se lie
Par des esprits secrets qu'inspirent ses beautés.
N'enviez pas, Seigneur, ces innocentes aides
Que nous savons tirer de nos derniers desirs :
Les sentimens d'amour sont pour nous des réme-
 des,
   Et pour vous des plaisirs.
Notre exemple pour vous n'est pas encore à sui-
 vre.
Par diverses raisons nous nous laissons charmer;
Dans l'âge où je me vois, je n'aime que pour vi-
 vre :
Il vous reste du temps à vivre pour aimer.

Je vous souhaiterois un siécle, si je ne savois que les hommes extraordinaires ont plus de soin de leur gloire, que de leur durée.

Soutenez jusqu'au bout la gloire d'une vie
Qui fait l'amour d'un séxe, & de l'autre l'envie;
Unissez les talens d'un Abbé singulier,
Avec les qualités d'un rare Chevalier;
      Joignez le Chevalier au Comte;
Et qu'on trouve un Héros, qui mon Héros surmonte.
Abbé, vous fûtes plaire à ce grand Richelieu:
Vous plûtes, Chevalier, au Foudre de la Guerre:
      Le Comte a le plus digne lieu;
Il a part aux bienfaits du Maître de la terre,
D'un Roi que l'Univers regarde comme un Dieu;
Je sais que son courroux est pis que le tonnerre:
Heureux qui peut jouir de ses faveurs! Adieu.

L'AMITIÉ SANS AMITIÉ.

A M. LE COMTE DE SAINT-ALBANS (1).

J'AI crû long-temps que les femmes avoient un assez grand avantage sur nous, en ce que nous ne sommes aimés que des moins sages, & que le plus sage des hommes a trouvé à propos de les aimer toute sa vie. Le plus galant de l'antiquité, le plus vertueux, le plus grand, Alcibiade, Agesilas, Alexandre, ont connu d'autres appas que ceux des Dames. Le plus magnanime des Romains, Scipion, l'honneur d'une République, à qui on ne peut rien reprocher que l'ingratitude qu'elle eût pour lui; Scipion est loué d'une continence qui ne fut autre chose que le peu de goût, que le peu de sentiment qu'il eut pour elles. César, qu'il suffit de nommer pour tout éloge, ne se montra difficile à

---

(1) Madame la Duchesse Mazarin fit imprimer cette Pièce à Londres en 1681, & y mit malicieusement ce titre.

aucun amour. Salomon fut bien éloigné de ces partages & de ses dégoûts ; il s'attacha pleinement aux femmes, insensible à tous autres charmes que les leurs.

C'est une chose assez surprenante, que les plus galans, les grands hommes, les gens de bien, les magnanimes, ayent pû se passer de l'amour des femmes ; & comme si cet amour étoit réservé pour le caractere du sage, que Salomon en ait fait la plus ordinaire occupation de sa vie : il est surprenant, je l'avoue ; mais après y avoir fait quelque réflexion, je n'y trouve rien qui doive étonner. Les galans de l'antiquité avoient une grande répugnance pour la sujétion. Amoureux de tous agrémens, ils se gardoient la liberté de passer d'un sexe à l'autre à leur fantaisie. L'amour des femmes auroit amolli le courage des grands hommes ; la vertu des gens de bien en eût été alterée ; la grandeur d'ame des magnanimes en eût pû être affoiblie : mais la sagesse couroit peu de danger avec les femmes. Le sage, supérieur à leurs foiblesses, à leurs inégalités, à leurs caprices, sait les gouverner comme il lui plaît, ou il s'en défait comme bon lui semble. Tandis qu'il voit les autres dans la servitude, agités de quelque passion malheureuse, il goûte une douceur qui charme ses maux, qui lui ôte le sentiment de mille ennuis, qu'on ne rend

pas

pas insensibles par la raison. Ce n'est pas qu'il ne puisse tomber en quelque erreur; la nature humaine ne laisse à notre ame aucun état assûré : mais il n'est pas long-temps sans retrouver ses lumiéres égarées & sans rétablir la tranquillité qu'il a perdue.

C'est ce qu'on a vû pratiquer à Salomon, lequel aima les femmes toute sa vie ; mais différemment, selon les temps différens. Etant jeune, il eut la tendresse d'un amant : ses expressions molles & amoureuses le témoignent assez ; & il suffit de lire le CANTIQUE DES CANTIQUES, pour s'en convaincre. Qu'on me pardonne; si je ne cherche pas un sens mystique. On ne me persuadera jamais que Salomon ait voulu faire parler JESUS-CHRIST à son Eglise, avec des sentimens plus moûs & des expression plus lascives, que n'en ont eu Catulle pour Lesbie, Ovide pour Corinne, en vers plus tendres que ceux de Pétrarque pour Laure, plus galans que ceux de Voiture pour Belize. Je crois que Salomon ne parloit pas même à une épouse. Tant d'amour, tant d'ardeur regardoit une maîtresse cherement aimée. Il avoit connu par l'expérience de ses amours, que les femmes sont plus passionnées que les hommes. C'est une vérité dont l'Ecriture même a pris la peine de nous assûrer : car voulant exprimer les sentimens que David & Jonathan avoient l'un pour l'autre, *ils s'aimoient*, dit-elle (1), *de l'amour d'une femme*, pour montrer que c'étoit le plus tendre des amours.

Salomon dans la vigueur de son âge, fait voir moins de tendresse & de sincérité dans ses affections. Il employa jusqu'à la réputation de sa sagesse pour se faire aimer. C'est par-là qu'il tira tant d'or de la Reine de Saba, de cette Reine follement éprise de la sagesse, qui voulut quitter son Royaume pour voir un sage. Comme Salomon approcha de la vieillesse, il changea de conduite avec les femmes. Lorsqu'il eut perdu le mérite de plaire, il s'en fit un d'obéir. Il pouvoit commander; il pouvoit contraindre; mais il ne voulut rien devoir à la puissance; il voulut que la docilité & la soumission lui tinssent lieu de ses agrémens passés. Tout Roi, tout sage qu'il est, il se soumet aux maîtresses sur ses vieux jours, croyant qu'en cet âge triste & malheureux, il faut se dérober autant qu'on peut à soi-même; & qu'il vaut mieux se livrer aux charmes d'une beauté qui enchante nos maux, qu'à des réflexions qui nous attristent & à des imaginations qui nous effrayent.

(1) Au second Livre de SAMUEL, chap. I. verf. 26. Il y a dans l'Hébreu: *L'amour que vous aviez pour moi étoit extrême: il passoit l'amour des femmes.* C'est David qui parle de son cher Jonathan, qu'il venoit de perdre.

Je n'ignore pas que Salomon a été blâmé de cette derniere conduite : mais quoique sa raison parût affoiblie, il ne laissoit pas d'être sage à son égard. Il adoucissoit par-là ses chagrins, flattoit ses douleurs, détournoit des maux qu'il ne pouvoit vaincre ; & la sagesse, qui ne trouvoit plus les moyens de le faire heureux, se servoit utilement de diversions, pour le rendre moins misérable. A peine commençons-nous à vieillir, que nous commençons à nous déplaire, par un dégoût qui se forme secrettement en nous de nous-mêmes. Alors notre ame vuide d'amour-propre, se remplit aisément de celui qu'on nous inspire ; & ce qui n'auroit plû que légerement autrefois, par la résistance de nos sentimens, nous charme & nous assujettit dans notre foiblesse. C'est par-là que les maîtresses disposent à leur gré des vieux amans, & les femmes des vieux maris ; c'est par-là que Syphax s'abandonna aux volontés de Sophonisbe, & qu'Auguste fut gouverné par Livie ; & pour ne pas tirer tous mes exemples de l'antiquité, c'est ainsi que Monsieur de Senectere (1), digne d'être nommé avec les Rois & les Empereurs, par le seul mérite d'honnête homme, c'est ainsi que ce courtisan aussi sage que délicat & poli, se laissoit aller

(1) Pere du Maréchal de la Ferté.

mollement à l'amitié d'une jeune femme qu'il avoit épousée sur ses vieux jours. *Si vous saviez*, disoit-il à ses amis, *quel est l'état d'un homme de mon âge, qui n'a que soi-même à se présenter dans la solitude, vous ne vous étonneriez pas que j'aye cherché une compagnie qui me plaît, à quelque prix que ce fût.* Je ne l'en blâmai jamais. Comment blâmer une chose que Salomon a autorisée par son exemple, & que Monsieur le Maréchal d'Estrées vient d'autoriser par le sien (1) ? Cependant, malgré toutes ces autorités, j'estimerois beaucoup une personne qui auroit assez de force d'esprit, pour conserver le goût de la liberté jusqu'à la fin de ses jours.

Ce n'est pas qu'une pleine indépendance soit toujours louable ; de ces gens si libres & si détachées, se font les indifférens & les ingrats. Evitons l'assujettissement & la liberté entiere, pour nous contenter d'une liaison douce & honnête, aussi agréable à nos amis qu'à nous-mêmes. Si on me demande plus que de la chaleur & des soins, pour les intérêts de ceux que j'aime, plus que mes petits secours, tout foibles qu'ils sont dans les besoins, plus que la discrétion dans le commerce & le secret dans la

---

(1) Le Maréchal d'Estrées épousa en troisiémes nôces & à l'âge de 91 ans, Gabrielle de Longueval, fille de Manicamp.

confidence, qu'on aille chercher ailleurs des amitiés; la mienne ne sauroit fournir rien davantage.

Les passions violentes sont inégales, & font craindre le désordre du changement. En amour, il les faut laisser pour les Polexandres & les Cyrus dans les Romans; en amitié, pour Oreste & Pylade dans les Comédies. Ce sont des choses à lire & à voir représenter, qu'on ne trouve point dans le monde; & heureusement on ne les y trouve pas, car elles y produiroient des avantures bien extravagantes.

Qu'a fait Oreste, ce grand & illustre exemple d'amitié; qu'a-t'il fait qui ne doive donner de l'horreur? Il a tué sa mere & assassiné Pyrrhus; il est tombé en de si étranges fureurs, qu'il en coûte la vie aux Comédiens qui tâchent de les bien représenter (1). Observons avec attention la nature de ces attachemens uniques qu'on vante si fort, & nous trouverons qu'ils sont formés d'une mélancolie noire qui fait tous les Misantropes. En effet, se réduire à n'aimer qu'une personne, c'est se disposer à hair toutes les autres; & ce qu'on croit une vertu admirable à l'égard d'un particulier,

---

(1) Montfleuri fit de si grands efforts pour représenter le personnage d'Oreste, dans l'ANDROMAQUE de Racine, qu'il tomba malade & en mourut. La même chose étoit arrivée à Mondori dans une représentation de la MARIANE d Tristan.

est un grand crime envers tout le monde. Celui qui nous fait perdre le commerce des hommes, par un abandonnement pareil au sien, nous fait perdre plus qu'il ne vaut, eût-il un mérite considérable. Faisons les désintéressés tant qu'il nous plaira, renfermons tous nos desirs dans la pureté de notre passion, n'imaginant aucun bien qui ne vienne d'elle, nous languirons cependant en cette belle amitié, si nous ne tirons de la société générale des commodités & des agrémens qui animent la particuliere.

L'union de deux personnes attachées entierement l'une avec l'autre, cette belle union a besoin de choses étrangeres qui excitent le goût du plaisir & le sentiment de la joie. Avec toute la sympathie du monde, tout le concert, toute l'intelligence, elle aura de la peine à fournir la consolation de l'ennui qu'elle fait naitre. C'est dans le monde & dans un mélange de divertissement & d'affaires, que les liaisons les plus agréables & les plus utiles sont formées. Je fais plus de cas de la liaison de Monsieur le Maréchal d'Estrées & de Monsieur de Senecterre, qui ont vécu cinquante ans à la Cour dans une confidence toujours égale : je fais plus de cas de la confiance que Monsieur de Turenne a eue en Monsieur de Ruvigny, quarante ans durant, que de ces amitiés toujours citées, & jamais mises en usage parmi les hommes.

Il n'y a rien qui contribue davantage à la douceur de la vie que l'amitié; il n'y a rien qui en trouble plus le repos que les amis, si nous n'avons pas assez de discernement pour les bien choisir. Les amis importuns font souhaiter des indifférens agréables. Les difficiles nous donnent plus de peine par leur humeur, qu'ils ne nous apportent d'utilité par leurs services. Les impérieux nous tirannisent : il faut haïr ce qu'ils haïssent, fût-il aimable ; il faut aimer ce qu'ils aiment, quand nous le trouverions désagréable & fâcheux. Il faut faire violence à notre naturel, asservir notre jugement, renoncer à notre goût, &, sous le beau nom de *complaisance*, avoir une soumission générale pour tout ce qu'impose leur autorité. Les jaloux nous incommodent ; ennemis de tous les conseils qu'ils ne donnent pas, chagrins du bien qui nous arrive sans leur entremise, joyeux & contens du mal qui nous vient par le ministere des autres. Il y a des amis de profession, qui se font un honneur de prendre notre parti sur tout ; & ces vains amis ne servent à autre chose qu'à aigrir le monde contre nous, par des contestations indiscrettes. Il y en a d'autres qui nous justifient, quand personne ne nous accuse, qui par une chaleur imprudente, nous mettent en des affaires où nous n'étions pas, & nous en attirent que nous voudrions éviter. Se contente qui voudra de ces amitiés, pour moi je ne me satisfais pas d'une bonne volonté nuisible ; je veux que cette bonne volonté soit accompagnée de discrétion & de prudence. L'affection d'un homme ne raccommode point ce que sa sottise a gâté. Je lui rens graces de son zéle impertinent, & lui conseille d'en faire valoir le mérite parmi les sots. Si les lumieres de l'entendement ne dirigent les mouvemens du cœur, les amis sont plus propres à nous fâcher qu'à nous plaire, plus capables de nous nuire que de nous servir.

Cependant, on ne parle jamais que du cœur dans tous les discours qu'on entend faire sur l'amour & sur l'amitié. Les Poëtes en deviennent importuns ; les amans ennuyeux, & les amis ridicules. On ne voit autre chose à nos Comédies que des filles de Roi, qui donnent le cœur & refusent la main, ou des Princesses qui offrent la main, & ne sauroient consentir à donner le cœur. Les amans se rendent fades à demander éternellement la pureté de ce cœur ; & les amis érigés en précieux, le veulent avoir comme les amans. Ce n'est pas en connoître bien la nature ; car pour un peu de chaleur mal reglée, pour quelque tendresse inégale & incertaine qu'il peut avoir, il n'y a caprice, ingratitude, infidélité, qu'on n'en doive craindre.

On nomme l'Amour *aveugle*, fort mal-à-propos, n'en déplaise aux rêveries des Poëtes & aux fantaisies des Peintres. L'Amour n'est autre chose qu'une passion dont le cœur fait d'ordinaire un méchant usage. Le cœur est un aveugle, à qui sont dûes toutes nos erreurs : c'est lui qui préfére un sot à un honnête-homme ; qui fait aimer de vilains objets, & en dédaigner de fort aimables; qui se donne aux plus laids, aux plus difformes, & se refuse aux plus beaux & aux mieux faits.

C'est lui qui par un Nain a fait courir le monde
A l'ami de Joconde (1).

C'est lui qui déconcerte les plus réguliéres ; qui enléve les prudes à la vertu, & dispute les saintes à la grace. Aussi peu soumis à la régle dans le Couvent, qu'au devoir dans les familles ; infidéle aux époux; moins sûr aux amans ; troublé le premier, il met le désordre & le déréglement dans les autres : il agit sans conseil & sans connoissance. Révolté contre la raison qui le doit conduire, & mû secrettement par des

(1) Voyez dans les CONTES de la Fontaine la Nouvelle intitulée Joconde.

ressorts cachés qu'il ne comprend pas, il donne & retire ses affections sans sujet ; il s'engage sans dessein, rompt sans mesure, & produit enfin des éclats bizarres qui déshonorent ceux qui les souffrent & ceux qui les font.

Voilà où aboutissent les amours & les amitiés fondées sur le cœur. Pour ces liaisons justes & raisonnables, dont l'esprit a sû prendre la direction, il n'y a point de rupture à appréhender ; car, ou elles durent toute la vie, ou elles se dégagent insensiblement avec discrétion & bienséance. Il est certain que la nature a mis en nos cœurs quelque chose d'aimant, (si on le peut dire) quelque principe secret d'affection, quelque fond caché de tendresse qui s'explique & se rend communicable avec le temps ; mais l'usage n'en a été reçû & autorisé parmi les hommes, qu'autant qu'il peut rendre la vie plus tranquille & plus heureuse. C'est sur ce fondement qu'Epicure l'a tant recommandé à ses disciples : que Cicéron nous y exhorte par ses discours, & nous y convie par des exemples : que Sénéque, tout rigide & tout austére qu'il est, devient doux & tendre aussi-tôt qu'il parle de l'amitié : que Montagne enchérit sur Sénéque par des expressions plus animées : que Gassendi explique les avantages de cette vertu, & dispose ses lecteurs, autant qu'il lui eſt poſſible, à ſe les donner.

Toutes perſonnes raiſonnables, tous les honnêtes gens imitent en cela les Philoſophes, ſur le fondement que l'amitié doit contribuer, plus qu'aucune autre choſe, à notre bonheur. En effet, on ne ſe détacheroit point en quelque façon de ſoi-même pour s'unir à un autre, ſi on ne trouvoit plus de douceur en cette union que dans les premiers ſentimens de l'amour-propre. L'amitié des ſages ne voit rien de plus précieux qu'elle dans le monde : celle des autres, impétueuſe & déconcertée, trouble la paix de la ſociété publique, & le plaiſir des commerces particuliers. C'eſt une amitié ſauvage que la raiſon déſavoue, & que nous pourrions ſouhaiter à nos ennemis pour nous venger de leur haine.

Mais, quelque honnêtes, quelque réglés que ſoient les amis, c'eſt une choſe incommode que d'en avoir trop : nos ſoins partagés ne nous laiſſent ni aſſez d'application pour ce qui nous touche, ni aſſez d'attention pour ce qui regarde les autres. Dans l'épanchement d'une ame qui ſe répand univerſellement ſur tout, les affections diſſipées ne s'attachent proprement à rien. Vivons pour peu de gens qui vivent pour nous ; cherchons la commodité du commerce avec tout le monde, & le bien de nos affaires avec ceux qui peuvent nous y servir.

LA PRUDE ET LA PRECIEUSE.

A MADAME ***.

Pour un plaisir trop rare en commerce d'amour,
Une Dame galante est souvent décriée,
Quand la femme de bien, la *Prude* mariée
Epuise chastement son époux nuit & jour.
   Dans leur volupté domestique,
Si l'époux une fois tombe en quelque langueur ;
   Aussi-tôt la Prude se pique,
Sa vertu se chagrine ; & le fâcheux honneur
   De la bonne Dame pudique
Ne laisse rien exempt de sa méchante humeur.
   Mais passons à la *Précieuse*,
   Vestale à l'égard d'un amant,
   Et solide voluptueuse
   Avec un mari peu charmant.
   Le jour sa belle ame épurée
Vit d'un tendre desir & d'une chere idée ;
  La nuit, elle prend soin du corps,
Animant d'un époux les vertueux efforts ;
   L'appétit conjugal la presse,
   Et sa pudeur, d'un homme nud

Souffre la robuste caresse ;
Mais ses façons & sa vertu
Reprennent leur délicatesse
Si-tôt que le jour est venu,
Par quelque secrette influence
Qui se rend maîtresse des mœurs :
C'est votre fort, mes cheres sœurs,
De jouir sans amour, d'aimer sans jouissance.
Je veux excepter les plaisirs
De votre amitié mutuelle,
Qui tient souvent au-dessous d'elle
La simple douceur des desirs.
Nous ne vous plaignons point, ô cheres Précieu-
ses,
Qui, dans les bras aimés de quelque tendre sœur,
Savez goûter le fruit des peines amoureuses,
Sans intéresser votre honneur.
Nous plaignons, nous plaignons une Dame galante,
Discrette en ses amours, & rarement contente ;
Elle a, dans sa maison, à souffrir le courroux
Ou les soins inquiets d'un bizarre jaloux :
Pour des indifférens, il lui faut se contraindre,
Dissimuler ses maux, ne parler que pour feindre,
Voir toujours son époux, & vouloir un amant.
Ah ! Qui peut exprimer un si cruel tourment ?
Aimer est une chose rude
Au prix du métier de la Prude.
La Prude n'a point ces langueurs
Dont on voit sécher tant de cœurs :

La nuit se donne à la nature,
Tout le jour se passe en censure :
Elle blâme jusqu'aux desirs ;
Et parlant de vertus, se créve de plaisirs.
On condamne ce qu'elle blâme,
Par respect à son jugement.
L'appétit lui tient lieu de flâme ;
Elle jouit commodément.
Si Dieu m'avoit fait naître femme,
Je serois Prude assûrément.
Je pourrois bien aussi d'une sœur précieuse,
Vivre aimée autant qu'amoureuse :
Mais, quand le premier des Médors,
Pour me toucher le cœur, seroit tous ses efforts,
Il me trouveroit inhumaine ;
Je rirois de ses vains soupirs,
Et ferois tous les jours sa peine,
Sans faire jamais ses plaisirs.

LETTRE
A MADEMOISELLE
DE L'ENCLOS.

VOtre vie, ma très-chere, a été trop illustre, pour n'être pas continuée de la même maniere jusqu'à la fin. Que l'*enfer* de Monsieur de la Rochefoucault ne vous épouvante pas (1); c'étoit un *enfer* médité, dont il vouloit faire une maxime. Prononcez donc le mot *d'amour* hardiment, & que celui de *vieille* ne sorte jamais de votre bouche. Il y a tant d'esprit dans votre bouche; il y a tant d'esprit dans votre lettre, que vous ne laissez pas même imaginer le commencement du retour. Quelle ingratitude d'avoir honte de nommer l'AMOUR, à qui vous devez votre mérite & vos plaisirs! Car enfin, ma belle gardeuse de Cassette, la réputation de votre probité est particuliérement établie, sur ce que vous avez résisté à des amans qui se fussent accommodés volontiers de l'argent de vos amis. Avouez toutes vos passions, pour faire valoir toutes vos vertus. Cependant, vous n'avez exprimé que la moitié du caractere: il n'y a rien de mieux que la part qui regarde vos amis; rien de plus sec que ce qui regarde vos amans. En peu de vers, je veux faire le caractére entier; & le voici, formé de toutes les qualités que vous avez, ou que vous avez eûes.

Dans vos amours on vous trouvoit légere,
En amitié toujours sûre & sincére ;

(1) L'ENFER DES FEMMES, C'EST LA VIEILLESSE, disoit un jour le Duc de la Rochefoucault à Mademoiselle de l'Enclos. Voyez la VIE *de Monsieur de Saint-Evremond*.

Pour vos amans, les humeurs de Vénus;
Pour vos amis, les solides vertus.
Quand les premiers vous nommoient infidelle,
Et qu'asservis encore à votre loi,
Ils reprochoient une flamme nouvelle,
Les autres se louoient de votre bonne foi.
Tantôt c'étoit le naturel d'Héléne,
Ses appétits comme tous ses appas;
Tantôt c'étoit la probité Romaine,
C'étoit d'honneur la régle & le compas.
Dans un Couvent, en sœur dépositaire,
Vous auriez bien ménagé quelque affaire;
Et dans le monde, à garder les dépôts,
On vous eût justement préférée aux dévots.

Que cette diversité ne surprenne point.

L'indulgente & sage Nature
A formé l'ame de NINON
De la volupté d'Epicure,
Et de la vertu de Caton.

LETTRE

LETTRE
A M. JUSTEL (1).

JE suis ravi, Monsieur, de vous voir en Angleterre ; le commerce d'un homme aussi savant & aussi curieux que vous, me donnera beaucoup de satisfaction : mais permettez-moi de n'approuver pas la résolution que vous avez prise de quitter la France, tant que je vous verrai conserver pour elle un si tendre & si amoureux souvenir. Quand je vous vois triste & désolé, regretter Paris aux bords de notre Tamise, vous me remettez dans l'esprit les pauvres Israëlites, pleurant leur Jerusalem aux bords de l'Euphrate. Ou vivez heureux en Angleterre, par une pleine liberté de conscience, ou accommodez-vous à de petites rigueurs sur la religion en votre pays, pour y jouir de toutes les commodités de la vie.

Est-il possible que des images, des ornemens, de légeres cérémonies, que de

---

(1) M. Justel, homme de mérite, & qui avoit une grande connoissance des Livres, se retira à Londres avec toute sa famille au mois d'Octobre 1681. Quelques années après, il obtint la Charge de Bibliothécaire du Roi à Saint James.

petites nouveautés superstitieuses à votre égard, dévotes au nôtre, que de certaines questions agitées avec plus de subtilité pour la réputation des Docteurs, que de connoissance & de bonne foi pour notre édification ; est-il possible enfin, que des différences si peu considérables ou si mal fondées, troublent le repos des Nations & soient cause des plus grands malheurs qui arrivent aux hommes ? Il est beau de chercher Dieu *en esprit & en vérité*. Ce premier Etre, cette souveraine intelligence mérite nos spéculations les plus épurées : mais quand nous voulons dégager notre ame de tout commerce avec nos sens, sommes-nous assûrés qu'un entendement abstrait ne se perde pas en des pensées vagues, & ne se forme plus d'extravagances, qu'il ne découvrira de vérités ? D'où pensez-vous que viennent les absurdités de tant de Sectes, que des méditations creuses, où l'esprit, au bout de sa rêverie, ne rencontre que ses propres imaginations ?

Perdez, Monsieur, cette opposition chagrine & opiniâtre que vous avez contre nos images. Les images arrêtent en quelque façon cet esprit si difficile à fixer. D'ailleurs, il n'y a rien de plus naturel à l'homme que l'imitation ; & de toutes les imitations, il n'y en a point de si légitime que celle d'une peinture, qui nous représente ce que nous devons révérer. L'idée des personnes vertueuses nous porte à l'amour de leurs vertus, & fait naître en nous un juste desir d'acquérir la perfection qu'ils ont acquise. Il est des émulations de sainteté aussi bien que des jalousies de gloire; & si le portrait d'Alexandre anima l'ambition de César à la conquête du monde, l'image de nos Saints peut bien exciter en nous l'ardeur de leur zéle, & nous inspirer cette heureuse violence qui ravit les cieux.

Chacun sait que Numa défendit toutes sortes d'images dans les Temples des Romains, & sa loi fut religieusement observée assez long-temps : mais il fallut revenir à la nature, qui se passe avec trop de peine de la représentation des objets, lorsque les objets lui manquent; & les livres de ce Législateur ayant été trouvés par hazard dans son sépulchre, on jugea plus à propos de les brûler, que de retourner à la sécheresse de ces premiéres institutions. Les Peres n'ont rien attaqué si vivement chez les Payens, que les figures & les images: *c'étoient des Dieux de bois & de pierre; c'étoient des Divinités peintes, vains effets de la fantaisie, travail impie de la main des hommes.* Il est vrai qu'à peine le Paganisme fut-il aboli & la Religion chrétienne établie, qu'on rappella l'usage des représentations tant condamnées ; & un grand Concile tenu peu de temps-après, en ordonna même la vénération (1).

J'avoue que le vieux Testament ne permettoit pas de rien former à la ressemblance de Dieu. Ce Dieu s'étoit peint lui-même dans le grand ouvrage de l'univers. Les Cieux, le Soleil, les Etoiles, les Elemens étoient les images de son immensité & de sa puissance ; l'ordre merveilleux de la nature nous exprimoit sa sagesse ; notre raison, qui veut tout connoître, trouvoit chez elle quelque idée de cette intelligence infinie ; & voilà tout ce qui pouvoit être figuré d'un DIEU, qui ne se découvroit aux hommes que par ses œuvres. Il n'en est pas ainsi dans la nouvelle alliance. Depuis qu'un Dieu s'est fait homme pour notre salut, nous pouvons bien nous en former des images, qui nous excitent à la reconnoissance de sa bonté & de son amour. Et en effet, si on a condamné comme *Hérétiques* ceux qui nioient son humanité, n'est-ce pas une absurdité étrange de nous traiter d'*Idolâtres*, pour aimer à la voir représentée ? On nous ordonne de songer toujours à sa passion, de méditer toujours sur ses tourmens ; & on nous fait un crime d'avoir des figures qui en entretiennent le

(1) Le second Concile de Nicée, tenu l'an 787, par les intrigues de l'Impératrice Irène.

souvenir : on veut que l'image de sa mort soit toujours présente à notre esprit, & on ne veut pas que nous en ayons aucune devant les yeux.

Votre aversion pour les ornemens de nos Prêtres & pour ceux de nos Eglises, n'est pas mieux fondée. Ne savez-vous pas, Monsieur, que Dieu prit le soin d'ordonner lui-même jusqu'à la frange des habits du grand Pontife ? Nos habits pontificaux n'approchent point de ceux du grand Sacrificateur ; & vous ne pardonneriez guére à nos Evêques un *Pectoral* & de petites *Clochettes*, s'ils disoient la Messe avec ces beaux ornemens. Pour la pompe de nos Eglises, vous avez raison de la nommer vaine, si vous la comparez avec la magnificence solide du Temple de Salomon, où l'or & l'argent auroient pû servir de pierre à la structure de ce bâtiment si somptueux. Votre austérité n'est pas moins farouche à retrancher nos musiques, qu'à condamner nos images. Vous devriez vous souvenir que David n'a rien tant recommandé aux Israëlites, que de chanter les louanges du Seigneur avec toutes sortes d'instrumens. La musique des Eglises éleve l'ame, purifie l'esprit, touche le cœur, inspire & augmente la dévotion.

Lorsqu'il s'agit d'un mystere, ou d'un miracle, vous ne connoissez que les sens

& la raison. Dans les choses naturelles qui conduisent à la piété, les sens & la raison sont vos ennemis : là, vous donnez tout à la nature ; ici, à la grace : là, on ne vous allégue rien de surnaturel, que vous ne traitiez de ridicule : ici, on ne vous dit rien d'humain, que vous ne trouviez profane & impie.

Les contrariétés, Monsieur, n'ont duré que trop long-temps. Convenez avec nous des usages légitimement établis, & nous crierons avec vous contre des abus qui s'introduisent, contre un sale intérêt, des gains sordides, contre des piéges tendus à la foiblesse des femmes & à la simplicité des hommes superstitieux & crédules. Que ceux à qui on reproche la corruption, travaillent à se donner de la pureté ; que ceux qui ont la vanité de se croire purs, s'accommodent à de petites altérations insensibles où tombe la condition humaine par nécessité. Qu'ici, un Catholique ne soit pas exterminé comme *Idolâtre* ; que là, un Protestant ne soit pas brûlé comme *Hérétique*. Il n'y a rien de plus juste que d'adorer ce qu'on croit un Dieu : il n'y a rien de moins criminel que de n'adorer pas ce qu'on croit simplement un Signe ; & je ne sai comment cette diversité de créance a pû causer des supplices si barbares dans une religion toute fondée sur l'amour. Si ce sont là des effets de zéle, qu'on m'apprenne quels peuvent être ceux de la fureur !

Une partie des Peres s'est attachée au sens littéral de ces paroles : CECI EST MON CORPS. L'autre, les a prises au sens figuré, dans un pays où l'on parloit presque toujours par figure. La vérité de ce que je dis se prouve très-clairement par les livres de Monsieur Arnauld & de Monsieur Claude, où quand Monsieur Arnauld allégue un passage de quelque Pere, tout l'esprit & la dextérité de Monsieur Claude suffisent à peine pour l'éluder ; & lorsque ce dernier en cite un autre avantageux à son opinion, toute la force & la véhémence de Monsieur Arnauld ne renversent point l'argument de Monsieur *Claude*. Cette différence de sentimens dans les Peres est manifeste : il ne faut qu'avoir un peu de sens pour le connoître & un peu de sincerité pour l'avouer. Cependant, Monsieur, cette différence ne rompoit point la Communion de l'Eglise, & tous ces Peres alloient religieusement ensemble recevoir les graces qui nous sont promises en ce Sacrement.

Vous me direz qu'il est difficile de convenir avec nous d'*un corps sans figure & sans extension* : mais il est aisé de s'accommoder avec vous de votre *Manducation spi-*

rituelle, de cette *foi qui mange réellement la substance de ce même corps*. La difficulté est grande de tous côtés, & un miracle est aussi nécessaire à votre opinion qu'à la nôtre. Laissez-nous donc la créance d'un mystere inconcevable, & nous vous laisserons ce mélange bizarre de foi & de raison, inexplicable pour vous & incompréhensible pour les autres. Que chacun demeure attaché à sa doctrine comme il lui plaira; mais accordons-nous dans l'usage du Sacrement. Les Peres en ont usé autrefois ainsi; pourquoi ne ferons-nous pas aujourd'hui la même chose?

L'article de l'*Adoration* n'y doit pas être un obstacle, puisque la véritable *Adoration* est un acte intérieur qui dépend de vous; & sans la direction de votre esprit & le mouvement de votre cœur, vous avez beau vous mettre à genoux, vous n'adorez rien. Si être à genoux étoit adorer, les enfans seroient idolâtres en Angleterre, pour aborder leurs *parens* dans cette posture humble & soumise; & un amant qui se met aux pieds de sa maitresse feroit un acte d'idolâtrie; & les Espagnols, dont les révérences sont des especes de génufléxions, seroient pour le moins des profanes. C'est par un rafinement de votre principe, que les Quakers n'ôtent leur chapeau ni aux Princes ni aux Magistrats, dans l'appréhension qu'ils ont de communiquer à la créature la gloire qui n'est dûe qu'au Créateur. Chose étrange que vos Messieurs, qui font une guerre ouverte à la superstition, tombent eux-mêmes dans une conduite plus superstitieuse que celle qu'on impute aux Catholiques les moins instruits ! En effet, ne pas rendre le respect qu'on doit, par un scrupule de religion mal fondé, est plus inexcusable, que d'en rendre trop par un zéle mal entendu.

Si j'avois été en la place des Réformés, j'aurois reçû le Livre de Monsieur de Condom, le plus favorablement du monde ; & après avoir remercié ce Prélat de ses ouvertures insinuantes, je l'aurois supplié de me fournir une catholicité purgée & conforme à son EXPOSITION DE LA FOI CATHOLIQUE. Il ne l'auroit pas trouvée en Italie, en Espagne, ni en Portugal ; mais il auroit pû vous la faire trouver en France, dégagée des superstitions de la multitude & des inspirations étrangeres, réglée avec autant de sagesse que de piété par nos loix, & maintenue avec fermeté par nos Parlemens. Alors, si vous craigniez la puissance du Pape, les libertés de l'Eglise Gallicane vous en mettront à couvert : alors, sa Sainteté ne sera ni infaillible, ni arbitre souveraine de votre foi : là, elle ne disposera ni des Etats des Princes, ni du Royaume des Cieux à sa volonté : là, devenus assez Romains, pour révérer avec une soumission légitime son caractere & sa dignité, il vous suffira d'être François, pour n'avoir pas à craindre sa Jurisdiction.

Que si l'amour de la séparation vous possede encore, & que vous ne puissiez vous détacher en rien de l'habitude de vos sentimens, ne vous plaignez pas de ce qu'on vous ôte, comme d'une injustice ; remerciez de ce qu'on vous laisse, comme d'une grace. Le chagrin, les murmures, les oppositions, sont capables d'avancer la ruine de votre parti. Une conduite plus respectueuse, des intérêts plus discretement ménagés, que violemment soutenus, pourroient arrêter le dessein de votre perte, s'il étoit formé. Les controverses ne font qu'aigrir les esprits. En l'état que sont les choses, vous avez besoin de bons Directeurs, plus que de bons Ecrivains, pour vous conserver. Vos Peres ont mis tous leurs talens en usage, pour se faire accorder des privileges ; votre habileté doit être employée pour empêcher qu'on ne vous les ôte. L'audace, la vigueur, la fermeté, ont sû faire les Protestans. Le zéle, la fidélité, la soumission, vous maintiendront, & on souffrira comme obéissans ceux qu'on détruiroit comme rebelles. Enfin, Monsieur, si vous avez une religion douce & paisible dans laquelle vous ne cherchiez que votre salut, il faut croire qu'on ne troublera point des exercices modestes & pieux : mais si jalouse & querelleuse, elle attaque celle de l'Etat, si elle reprend, censure, & condamne les choses les plus innocentes, je ne vous répons pas d'une longue indulgence, pour l'indiscrétion d'une étrangere, injuste & fâcheuse en ses corrections.

Une des premieres sagesses & des plus recommandées, c'est de respecter en tout pays la religion du Prince. Condamner la créance du Souverain, c'est condamner le Souverain en même temps. Un Catholique Anglois, qui dans ses discours ou dans ses écrits donne le nom d'Heresie à la Religion Anglicane, traite le Roi d'Angleterre d'Heretique, & lui fait une insulte dans ses propres Etats. Un Huguenot en France, qui traite la Religion Catholique d'Idolatrie, accuse le Roi, par une conséquence nécessaire, d'être Idolatre ; ce que les Empereurs Payens même n'ont pû souffrir. Je ne trouve rien de plus injuste que de persécuter un homme pour sa créance ; mais je ne vois rien de plus fou que de s'attirer la persécution.

Voulez-vous me croire, Monsieur, jouissez paisiblement de l'exercice qu'on vous permet, tel qu'il puisse être, & soyez persuadé que les Princes ont autant de droit sur l'extérieur de la Religion, qu'en ont les sujets sur le fond secret de leur conscience.

Si vous entrez bien dans la considération de cette vérité, un Temple abattu en Languedoc ne vous sera pas une injure. Charenton conservé sera un bienfait. La fureur des opinions & l'opiniâtreté des partis, ne sont pas pour un homme sage comme vous: votre honneur & votre zéle sont à couvert de tout reproche, par ce que vous avez déja souffert ; & vous ne sauriez mieux faire, que d'aller fixer à Paris une Religion errante & vagabonde, que vous avez traînée de pays en pays assez long-temps. Je vous exhorterois vainement à y renoncer, dans la disposition où vous êtes. Un sentiment comme naturel, qui se forme des premieres impressions, l'attachement qu'on se fait par les anciennes habitudes, la peine qu'on a de quitter une créance dans laquelle on est nourri, pour en prendre une autre où l'on a vécu toujours opposé, une fausse délicatesse de scrupule, une fausse opinion de constance, sont des liens que vous romprez difficilement : mais laissez à vos enfans la liberté de choisir, que vos vieux engagemens ne vous laissent pas. Vous vous plaignez de l'arrêt qui les oblige de faire choix d'une

Religion à sept ans, & c'est la plus grande faveur qu'on leur pouvoit faire. Par-là, on leur rend la Patrie que vous leur aviez ôtée, on les remet dans le sein de la République d'où vous les aviez tirés, on les fait rentrer dans le droit des honneurs & des dignités dont vous les aviez exclus. Ne leur enviez donc point, Monsieur, des avantages que vous avez négligés ; & gardant pour vous vos opinions & vos malheurs, remettez le soin de leur Religion & de leur fortune à la Providence.

Où est le Pere qui n'inspire le zéle de son parti, autant que celui de sa religion, à ses enfans ? Et que sait-on ce qui arrivera de ce zéle, s'il s'en formera de la fureur, ou de la piété, s'il produira des crimes ou des vertus ? Dans cette incertitude, Monsieur, remettez tout à la disposition d'une loi qui n'a pour but que le bien public & l'intérêt particulier de vos familles. En effet, ne vaut-il pas mieux recevoir la Religion des loix de son pays, que de la liberté de sa fantaisie, ou de l'animosité des factions où l'on se trouve, que de faire le premier point de sa foi de la haine des PAPISTES, comme injustement vous nous appellez ? Soyez sage, soyez prudent, quand les emportés devroient vous appeller tiéde ; il vous convient d'achever en paix les jours qui vous restent. Dieu vous tiendra compte de votre repos ; car il se plait à la sagesse qu'il a inspirée, & ne peut souffrir le zéle indiscret, qui cause ou attire le trouble imprudemment.

ÉPISTRE
A MADAME LA DUCHESSE
MAZARIN,
SUR LA BASSETTE.

Qu'est devenu le temps heureux
Où la raison, d'accord avec vos plus doux vœux,
Où les discours sensés de la Philosophie
Partageoient les plaisirs de votre belle vie ?
  Les plus sages vous admiroient,
  Les cœurs les plus durs soupiroient ;
Et vous, qui connoissiez les ressorts de votre ame,
Rendiez graces aux Dieux de n'avoir rien de femme.
Non, vous n'en aviez rien ; vos charmes n'étoient
  pas
Sujets aux changemens des fragiles appas.
De ce fond de beauté, sans fard & sans mollesse,
Le Ciel avoit voulu former une Déesse.

Vous n'aviez point de visions,
Point de fausses impressions ;
Et la vanité rebutée
Alloit chercher ailleurs qui pût être flattée.
Vous jouissiez en liberté
D'une heureuse tranquillité :
Enfin, on vous trouvoit & trop sage & trop belle,
Pour avoir rien d'une mortelle.
Cependant regardons la fin
De cette vertu si complette :
Hortence joue à la Bassette
Aussi long-temps que veut Morin.
Que le soleil vienne éclairer le monde,
Il vous voit la carte à la main :
Que lassé de son cours il repose sous l'onde,
Vous veillez jusqu'au lendemain.
Plus d'Opera, plus de Musique,
De Morale, de Politique.
Chop (1). animal traître & malin,
Des Savans tient l'ame inquiéte,
Et fait faire aussi tôt retraite
Au grand & docte Van Beuning.
Vossius apportoit un Traité de la Chine,
Où cette Nation paroît plus que divine ;
Et vous auriez vû Rome en ses derniers écrits,
Quarante fois au moins plus grande que Paris (2).

(2) Dogue de Madame Mazarin.

(1) Voyez la VIE de M. de S. Evremond, sur l'année 1662.

Juſtel, plein des leçons de la rare CRITIQUE
Qui du VIEUX TESTAMENT tout le fonds nous
  explique,
Etoit venu chercher, au bruit de votre nom,
   Comment, fans crainte & fans dommage,
On feroit imprimer quelque nouvel ouvrage
   Du trop ſavant Pere Simon (1).
Léti, de Sixte-Quint vous préſentoit l'HISTOI-
  RE (2),
Tout prêt à travailler pour votre propre gloire,
Et vous pouviez tirer de ſon talent ſi beau
   Un caractére tout nouveau.
Que ſert à ces Meſſieurs leur illuſtre ſcience?
A peine leur fait-on la ſimple révérence;
Et les pauvres Savans, interdits & confus,
Regardent Mazarin qui ne les connoît plus.
 Tout ſe change ici-bas, à la fin tout ſe paſſe;
Les livres de Baſſette ont des autres la place;
Plutarque eſt ſuſpendu, Don Quichotte interdit;
Montagne auprès de vous a perdu ſon crédit;
Racine vous déplaît, Patru vous importune,
Et le bon la Fontaine a la même fortune.
   Qu'eſt devenu ce temps heureux
Où la raiſon d'accord avec vos plus doux vœux;
Où les diſcours ſenſés de la Philoſophie
Partageoient les plaiſirs de votre belle vie?

(1). (2) Voyez la VIE de M. de Saint-Evremond, ſur l'année 1688.

Vous n'ayez écouté six ans que la raison ;
La fantaisie esclave étoit comme en prison ;
Indocile, à regret elle portoit sa chaîne,
Souffroit, impatiente, un ordre qui la gêne ;
Haïssoit du repos le solide intérêt,
Et vouloit établir le caprice qui plaît :
Trop libre, & maintenant à la Bassette unie,
Elle usurpe le droit qu'avoit son ennemie ;
Et la pauvre Raison, dans la captivité,
De ce régne nouveau souffre la dureté.
Vos sens plus désolés en ce triste esclavage,
Se plaignent avec elle, & souffrent davantage.

  On ôte au cœur tous ses tendres soupirs,
  En lui donnant comme une autre nature ;
  On fait le gain, l'objet de ses desirs,
  Et sa perte est sa peine la plus dure.

La bouche qui formoit la plainte des amans,
Ne sert plus qu'à fournir aux joueurs des sermens.
Le goût est négligé, de Bassette passée
Le discours ennuyeux a l'oreille lassée,
Tandis que le bon sens, ou timide, ou discret,
De tout ce qu'il entend ne juge qu'en secret.
Dans l'étroite union de ce commun martyre,
Quand la raison gémit, la volupté soupire ;
Déplorant, à l'envi, la perte d'une COUR (1),
Où cent & cent douceurs se goûtoient chaque jour,

(1) La Maison de Madame Mazarin, que ses amis nommoient leur COUR.

Sans qu'on y vît jamais votre ame poſſédée
Ni d'un faux ſentiment, ni d'une vaine idée.
Nous allions, il eſt vrai, ſur de tranquilles
    eaux,
Chercher les raretés qu'apportoient les Vaiſ-
    ſeaux (1);
Mais vous n'expoſiez point à la fureur de l'onde,
Cette tête adorable & chere à tout le monde :
Aujourd'hui vous bravez les plus fiers matelots,
Et ne craignez rien tant que le calme des flots.
Il faut des temps fâcheux, il faut un grand orage :
Vous haïriez la mer ſans péril de naufrage ;
    Et l'on vous entendroit gémir,
Si vous pouviez, à l'aiſe, & manger & dormir :
Votre ancien repos, votre délicateſſe
Auroit bien mieux ſervi notre juſte tendreſſe ;
    La nonchalante oiſiveté,
De crainte & de ſouci nous auroit exempté ;
Au lieu que des dangers les funeſtes images
Ont marqué leur effet ſur nos pâles viſages.
Que de votre Grenier même les folles peurs
Ont été de vrais maux à nos ſenſibles cœurs !
    Paſſons à la retraite.
    Madame eſt de retour,
    Et dès le même jour
    On joue à la Baſſette.

---

(1) Madame Mazarin aimoit à aller juſqu'à l'embouchure de la Tamiſe, pour voir les Vaiſſeaux qui revenoient des Indes, & y acheter des curioſités.

D'abord le jeu commence avec tranquillité,
Mais, six tailles après, chacun est démonté ;
Et chez les moins émûs l'on voit bientôt détruire
Cette basse raison qu'on appelle *conduite* :
Par degrés toutefois on discerne aisément
Le différent état du bel emportement.
En charmes seulement vous étes sans seconde ;
Car votre chere amie (1), en marques si féconde,
  Fait des paix & des doubles paix,
  Plus que vous n'en ferez jamais :
Vous pourriez égaler la vigueur qui l'anime
  A dire toujours, PAROLI ;
Mais ne disputez rien à l'ardeur magnanime
Qui du sept & le va pousse le coup hardi :
  Une ardeur si noble & si belle
  N'appartient qu'à Mademoiselle.
Parlons sans raillerie ; un peu de gravité.
Avez-vous résolu de perdre la santé ?
  Vos yeux, dont les mortelles armes
  Coûtoient aux nôtres tant de larmes,
  Eux qui mettoient tout sous vos loix,
  S'usent aujourd'hui sur un trois ;
Et votre ame attentive à la carte qui passe,
Tremble secrettement du péril de la face.
  Beaux yeux, quel est votre destin ?
Périrez-vous, beaux yeux, à regarder Morin ?
Cieux ! daignez rétablir les séances de l'hombre,
Envoyez la Bassette en ce royaume sombre

(1) Mademoiselle de Bewerveert.

Qu'on nomme les Enfers :
C'est un nouveau tourment, c'est un nouveau sup-
  plice,
Pour punir des Démons l'infidelle malice,
  Pire que leurs feux & leurs fers.
On verroit s'assembler les ombres criminelles
Autour d'un vieux Démon qui tailleroit pour elles
  Dans un noir & commun chagrin ;
La flamme d'un bûcher serviroit de lumiere,
Et ces infortunés fermeroient la paupiere
  Aussi peu que Morin.
  Et vous, Dames & Demoiselles,
  Que l'amour trouve si rebelles
  Depuis la nouvelle fureur,
Pouvez-vous écouter la voix triste, dolente
  Du malheureux qui se lamente
  D'être chassé de votre cœur ?
  Si c'étoit pour être plus sages
  Que vous lui fissiez ces outrages ;
  Si c'étoit par dévotion,
  Grands intérêts, ambition,
  Véritable desir de gloire,
  Dessein de vivre dans l'histoire
  Comme la femme de Pétus (1)

(1) Arria, femme de Pétus Cecinna, voyant son mari condamné à la mort, pour avoir eu part à une conspiration contre l'Empereur Claude, prit un poignard, se l'enfonça dans le sein, & le présentant ensuite à Pétus, lui dit : que ce n'étoit pas le coup qu'elle venoit de se donner qui lui causoit de la douleur, mais celui qu'il alloit se donner lui même.

DE SAINT-EVREMOND.

Y vit encor par ses vertus ;
» Amour, dirois-je, il faut se taire ;
» Cédez au plus haut caractére :
» Sentimens délicats & doux,
» Molle passion, taisez-vous ;
Mais qu'une petite Bassette
Triomphe ici de sa défaite,
Et le tienne en un rang si bas,
Amour ne le souffrira pas.

Vous me quittez, dit-il, folles, & je vous quitte,
Je pars avec Maroc (1) pour chercher ce mérite,
Que signala jadis le peuple Grenadin ;
Je vais chercher les feux dont une ame soupire,
Je vais trouver les cœurs dignes de mon empire,
Et laisse pour jamais les vôtres à Morin.

(1) L'Ambassadeur du Roi de Maroc, qui etoit alors en Angleterre, & qui s'y fit beaucoup estimer par sa politesse, par son esprit & par son adresse à manier un cheval. Quelque temps auparavant, le Roi de Maroc avoit obligé l'Envoyé d'Angleterre de paroître nuds pieds à l'Audience qu'il lui donna. Charles II. résolut d'en user de même à l'égard de cet Ambassadeur, & de s'en divertir. Il choisit un jour qu'il faisoit excessivement froid, (le 21 de Janvier 1682,) & le reçut dans une salle pavée de marbre, où son Excellence, fort mal à son aise, se tenoit tantôt sur un pied, tantôt sur l'autre, &c. M. de Saint Olon dans son ETAT PRESENT DE L'EMPIRE DE MAROC, l'appelle *l'Alcayde de Mehemeth Aden ben Asar*, & dit qu'il étoit alors (1693) favori & premier Ministre du Roi de Maroc.

LETTRE A LA MESME.

J'AI toujours eu sur la conscience d'avoir soupçonné que vos yeux pouvoient s'user à la Bassette.

Vos yeux, dont les mortelles armes
Coûtoient aux nôtres tant de larmes ;
Eux, qui mettoient tout sous vos loix,
S'usent aujourd'hui sur un trais ;
Et votre ame attentive à la carte qui passe,
Tremble secrettement du péril de la face.
Beaux yeux, quel est votre destin !
Périrez-vous, beaux yeux, à regarder Morin ?

C'est une question injurieuse qui m'a laissé un si grand scrupule, que pour me mettre l'esprit en repos, j'ai été obligé d'ajoûter quelques vers, qui montrent que votre beauté est incapable de recevoir aucune altération.

Beaux yeux, quel est votre destin !
Périrez-vous, beaux yeux, à regarder Morin ?
Non, d'un charme éternel le fond inépuisable
Vous rend, malgré Morin, chaque jour plus aimable;

Sa Bassette a détruit, bien, repos, liberté ;
Tout céde à son désordre, hormis votre beauté :
Tout se déregle en vous, tout se confond par elle,
Mais le déréglement vous rend encor plus belle ;
Et, lorsque vous passez une nuit sans sommeil,
Plus brillante au matin que l'éclat du soleil,
Vous nous laissez douter si sa chaleur féconde
Vaut le feu de vos yeux pour animer le monde.

N'apprehendez pas, Madame, de perdre vos charmes à Newmarket : montez à cheval dès cinq heures du matin ; galopez dans la foule à toutes les courses qui se feront ; enrouez-vous à crier plus haut que Mylord Thomond (1) aux combats des Cocqs ; usez vos poûmons à pousser des DONE (2) à droite & à gauche ; entendez tous les soirs ou la Comédie de HENRI VIII. (3) ou celle de la Reine ELISABETH ; (4) crevez-vous d'Huîtres à souper, & passez les nuits entiéres sans dormir, votre beauté qui est échappée à la Bassette de Monsieur Morin, (5) se sau-

---

(1) Henri O Brian, Comte de Thomond en Irlande, grand parieur aux combats des Cocqs.

(2) Expression angloise, qui en matiere de pari, répond a notre VA.

(3) Composée par le fameux Shakespear, mort en 1616.

(4) Composée par Thomas Heywood, qui fleu-rissoit sous les régnes d'Elisabeth & de Jacques I. Toutes les Piéces de Theatre de ce temps-là sont extrêmement longues & fort ennuyeuses.

(5) Morin se croyoit souvent malade, & il n'étoit pas possible que les veilles n'epuisassent un corps aussi fluet que le sien.

vera bien des fatigues de Newmarket.

Venons au grand Morin. Parler de vos appas,
Est un discours perdu, vous ne l'écoutez pas.
A votre jeu fatal l'ame la plus sincére
De tromper le tailleur fait sa premiere affaire ;
Et le noble tailleur autant & plus loyal,
Sur l'argent du metteur fait un dessein égal ;
Il s'applique, il s'attache à ce doux exercice
De voler son voisin sans craindre la justice,
Laissant d'un vieil honneur la scrupuleuse loi,
Et le grossier abus de toute bonne foi :
Il établit ses droits dans la seule industrie,
Et l'adresse des mains est sa vertu chérie.
Tel est le vrai banquier. Pour les nouveaux tail-
    leurs,
Ils quitteront bientôt ou banque ou bonnes mœurs.
Otez au grand Morin son subtil avantage,
La Bassette pour lui sera pis que la rage :
Quoi qu'on ose lui dire, il doit tout endurer,
Et chacun s'autorise à le désespérer.
Que sa langueur augmente avecque sa jaunisse (1),
Il faut, malgré son mal, qu'il fasse son office.
            MORIN.
Madame, ze (1) me meurs.
        Madame MAZARIN.
            Vous taillerez, Morin ;

(1) Morin grasseyoit beaucoup, & se donnoit de grands airs ridicules.

Expirer

Expirer en raillant est une belle fin.
Pour derniere oraison, lorsque vous rendrez l'ame,
Vous pourrez reclamer le Valet ou la Dame.
Quelle plus digne mort que d'être enseveli
Après avoir gagné quelque gros paroli !
C'est par de si beaux coups qu'une célèbre histoire
Aux banques à venir portera votre gloire.
Mais c'est trop discourir. La bourse, Pelletier;
Et vous, maître Morin, faites votre métier.

MORIN.

Un moment de repos, Madame la Duffesse;
Sacun vous le dira; Madame la Comtesse,
Et Monsieur de Verneuil & Monsieur de Bezon :
Parbleu, l'on m'auroit crû l'enfant de la maison (1).
C'étoit, assûrément, toute une autre maniere,
Un petit compliment en forme de priere,
Monsieur, Monsieur Morin, dînez avecque nous;
Ou bien quelque autre sose & d'honnête & de
  doux :
Ici z'entens gronder touzours quelque tempête;
Il faudra qu'à la fin ze lui casse la tête.
Si ze me porte mal, *vous taillerez, Morin;*
Expirer en taillant est une belle fin.
Ah ! Ce n'est pas ainsi que le Banquier se traite,
Lorsque l'on veut sez soi tenir une Bassette.

---

(1) Morin étoit de Beziers, & il avoit quelquefois joué avec Monsieur le Duc de Verneuil & avec Monsieur de Bezons. Le premier étoit Gouverneur de Languedoc, & l'autre en étoit Intendant.

Madame MAZARIN.

Monsieur, Monsieur Morin, l'enfant de la maison
De *Monsieur de Verneuil*, de *Monsieur de Bezon*,
Sans *petit complimens en forme de priere*,
Je vous dirai tout net d'une franche maniere :
Il faut tailler, Morin, & tailler promptement,
Ou sortir aussi-tôt de mon appartement.

Il taille, eût-il la mort peinte sur son visage ;
Mais d'une main fidelle il ne perd pas l'usage ;
Et son œil attentif, par un soin diligent,
Aide la Provençale (1) a s'attirer l'argent.
 Laissez, ô grand Morin ! parler toute la terre :
Que chacun, par dépit, vous déclare la guerre :
Que certains enchanteurs irrités contre vous,
Fassent passer la mer à tous vos billets doux ;
(Billets que la noirceur d'une magie étrange
A transformés à Londre en des Billets de chan-
 ge.) (2)
Ne vous allarmez point, un plus grand enchanteur
S'est déclaré déja pour votre protecteur ;
De Merlin & Morin le secret parentage
Vous donnera sur eux un entier avantage :
C'est par lui qu'à Saint James vous taillez hardi-
 ment ;

---

(1) Maniere de mêler les cartes à la Bassette, venue de Provence.

(2) Morin étoit venu de France fort endetté ; & dès qu'on savoit qu'il avoit gagné au jeu, on lui envoyoit ses billets pour les acquitter.

C'est par lui qu'à White-hal vous dormez sûrement (1) ;
Par lui de Newmarket les routes détournées
Dans l'ombre de la nuit vous seront enseignées,
Et de son char volant les magiques ressorts
Transporteront Morin & Morice à Windsors (2).
Du géant Malambrun l'ordinaire monture,
Chevillard n'eût jamais une si douce allûre ;
Et l'on ne vit jamais ce renommé coursier
Porter si digne maître, & si rare écuyer.
Loin, felons malandrins, sorciers, races damnées,
Sur le bon Don Quichotte autrefois déchaînées ;
Loin, maudits enchanteurs, restes de la Voisin (3),
Députés de Satan pour tourmenter Morin ;
Sortez d'ici, méchans ; abandonnez une isle
Où tant de gens de bien ont cherché leur asyle ;
Vos piéges décevans sont ici superflus ;
Fourbes, retirez-vous, & ne revenez plus.

Mais plûtôt, cher Morin, forcez cette canaille
D'adorer dans vos mains les vertus de la taille ;
Produisez devant eux un miracle nouveau,
Plus fort que leur magie, & plus grand & plus beau :

(1) Morin perdoit quelquefois de si grosses sommes, qu'il n'osoit paroître que dans les lieux privilegiés.
(2) Quand la Cour étoit à Newmarket, & que Morin vouloit y aller, il faisoit souvent ce voyage la nuit, de peur de ses créanciers, & prenoit avec lui un valet de chambre de Madame Mazarin, nommé Morice, qui étoit un bouffon assez plaisant.
(3) La Voisin fut brûlée à Paris pour sortilége.

Découvrez à leurs yeux les monceaux de guinées,
Des banques par vos loix sagement gouvernées ;
Un valet bien soumis à l'ordre de vos doigts,
Qui, pour vous obéir, perdra les quatre fois :
Ce fidéle valet acquitera les dettes
Qui viennent de Paris ou qu'à Londres vous faites.
Une Dame attachée à tous vos intérêts,
Fera pour vous autant qu'auront fait les valets ;
Elle saura fournir à la magnificence
Que vous nous faites voir tous les jours de naissance ;
Elle vous fournira frange, point de Paris,
Boucles de diamans & boutons de rubis ;
Elle vous fournira des repas pour les Dames
Qui sayent contenter vos amoureuses flammes.
Nymphes, dont le mérite & le charme divin
Vous ont fait oublier feu la Dame Morin,
Quatre Rois aujourd'hui devenus tributaires,
Font leur soin principal d'avancer vos affaires ;
Travaillent, à l'envi, d'un zéle assez égal,
A qui remplira mieux votre trésor royal.
Enfin, dans votre Etat, tout ce qui fait figure,
Ou ce qui n'en fait point, est votre créature ;
Et, par cette raison, Madame Mazarin
Vous nomme & nommera toujours LE GRAND
  MORIN.

Après m'être élevé au genre sublime ,
pour donner des louanges aux vertus de

mon Héros, vous trouverez bon, Madame, que je descende à la naïveté du stile ordinaire, pour vous rendre compte de la Volatille de votre Maison.

Le *Pretty* (1) ne se porte pas mal : mais comme c'est un oiseau fort bien né, & qui vient assûrément de bon lieu, il se plaint modestement d'être abandonné à une servante, au sortir des mains délicates de Mademoiselle Silvestre. Ce n'est pourtant pas là son plus grand chagrin : il ne voit plus Madame ; il ne peut plus voler après elle, ou la suivre à la trace sur ses petits pieds : voilà sa douleur. On n'oublie rien pour le consoler ; on lui donne du thé tous les matins ; mais ce n'est pas sur votre lit : il a reglément son bœuf à dîner, mais ce n'est pas sur votre table : rien ne peut consoler son affliction, que l'espérance de votre retour.

Ma premiere visite se fait au *Pretty* ; la seconde aux Poules, qui sont bien les plus honnêtes Poules que j'aye vûes de ma vie. Elles préferent un vieux Cocq tout couvert de playes, un vieux Soldat estropié, qui pourroit demander place aux Invalides de Newmarket ; elles le préferent à un jeune Galant qui a la plus belle crête & la plus belle queue du monde. Il faut que je

---

(1) Perroquet de Madame Mazarin ; *Pretty* en Anglois, veut dire *Joli*.

me satisfasse de ma condition, telle qu'elle est ; mais si j'avois à choisir, j'aimerois mieux être vieux Cocq parmi ces vertueuses Poules, que vieil homme parmi les Dames. Cette considération me fait visiter vos Poules deux fois le jour ; & là, par une fausse idée, je m'applique en quelque façon la nature & le bonheur de votre Cocq. Il marche avec une gravité extraordinaire, glorieux du respect qu'on lui rend & fort content de lui-même. Nous n'avons point de terme en notre langue qui puisse bien exprimer cette satisfaction grave & composée qui se répand sur tout l'extérieur. L'Ufano des Espagnols y seroit tout-à-fait propre ; mais je ne sai si *Monsieur Poussy* (1) permettroit qu'on s'en servît pour d'autre que pour lui.

Si vous me donnez quelque commission ajoûtée à celle que j'ai reçue, pour avoir soin de la Volatille, il n'y a personne au monde qui s'en acquitte si ponctuellement que moi. Ma Guenon devient plus maigre que je ne voudrois ; & sans l'attachement que j'ai auprès d'elle, elle seroit morte il y a long-temps.

(1) Le Chat de Madame Mazarin.

PENSÉES, SENTIMENS, MAXIMES.

Sur la Santé.

I.

SI vous avez quelque soin de la délicatesse de votre goût, & de l'intérêt de votre santé, vous ne mangerez que des viandes naturelles sans mélange aucun, mais exquises par leur bonté propre & par la curiosité de votre choix.

II.

Que tous les potages gommés, précis, ragoûts, hors-d'œuvres & généralement toutes compositions de cuisine, soient bannies de votre table, pour éviter des maladies qu'on ignoroit autrefois dans la simplicité des repas.

III.

La diversité des vins peut être agréable quelquefois ; jamais utile. Soyez tempérant & délicat ; buvez peu de vin, mais excellent, & le plus long-temps du même qu'il sera possible.

IV.

Les vins de Champagne sont les meilleurs. Ne pouffez pas trop loin ceux d'Ay ; ne commencez pas trop tôt ceux de Reims. Le froid conferve les efprits des vins de riviere ; les chaleurs emportent le goût de terroir des vins de montagne.

V.

Vous ne fauriez avoir trop d'attention pour le régime, trop de précaution contre les remedes. Le régime entretient la fanté & les plaifirs : les remedes font des maux préfens, dans une vûe affez incertaine du bien à venir.

V I.

Les plaifirs & le régime doivent avoir une efpece de concert & une proportion affez jufte. Les plaifirs déreglés mettent la nature en défordre ; une exactitude féche & trifte ternit les efprits, & infenfible*** les éteint.

Sur l'Amour.

V I I.

Ayons autant d'amour qu'il en faut pour nous animer ; pas affez pour troubler notre repos. Le cœur nous a été donné pour aimer, ce qui eft un mouvement agréable ; non pas pour fouffrir, ce qui eft un fentiment douloureux.

V I I I.

C'eft aller contre l'intention de la nature,

re, que de faire notre tourment d'une chose dont elle a voulu faire notre plaisir.

IX.

Les voluptueuses sentent moins leur cœur que leurs appétits : les précieuses, pour conserver la pureté de ce cœur, aiment leurs amans tendrement sans jouissance, & jouissent de leurs maris solidement avec aversion.

Sur la Dévotion.

X.

Les Dames galantes qui se donnent à Dieu, lui donnent ordinairement une ame inutile qui cherche de l'occupation; & leur dévotion se peut nommer une passion nouvelle, où un cœur tendre qui croit être repentant, ne fait que changer d'objet à son amour.

XI.

Quand nous entrons dans la dévotion, il nous est plus aisé d'aimer Dieu que de le bien servir. La raison en est que nous conservons un cœur accoûtumé à l'amour, & une ame qui avoit beaucoup d'habitude avec les vices. Le cœur ne trouve rien de nouveau dans ses mouvemens : il y a beaucoup de nouveauté, pour une ame déreglée, dans les sentimens de la vertu : ainsi, quelque changement qu'il paroisse, on est toujours le même qu'on a été. On aime comme on aimoit : on est injuste, glorieux & intéressé comme on l'étoit auparavant.

XII.

La vraye dévotion est raisonnable & bienfaisante : plus elle nous attache à Dieu, plus elle nous porte à bien vivre avec les hommes.

XIII.

La vie des Religieux est la même pour la régle ; mais inégale par l'inégalité de l'assiette où se trouvent les esprits.

XIV.

Le doute a ses heures dans le Couvent ; la persuasion les siennes : il y a des temps où l'on pleure les plaisirs perdus, des temps où l'on pleure les péchés commis.

Sur la Mort.

XV.

La meilleure de toutes les raisons pour se résoudre à la mort, c'est qu'on ne sauroit l'éviter. La Philosophie nous donne la force d'en dissimuler le ressentiment, & ne l'ôte pas : la Religion y apporte moins de confiance que de crainte.

XVI.

A juger sainement des choses, la sagesse consiste plus à nous faire vivre tranquillement, qu'à nous faire mourir avec constance.

XVII.

Les belles morts fournissent de beaux discours aux vivans, & peu de consolation à ceux qui meurent.

Attendant la rigueur de ce commun destin,
Mortel, aime la vie, & n'en crains pas la fin.

LETTRE
A MADAME LA DUCHESSE
MAZARIN.

Le premier jour de l'An.

JE vous souhaite une heureuse année, quand je ne puis en avoir de bonnes, ni en espérer de longues. C'est une méchante condition, Madame, d'être mal satisfait du présent, & d'avoir tout à craindre de l'avenir : mais je me console de ce malheur, par la pensée que j'ai de me voir bien-tôt en état de vous servir. Vous savez que vous n'avez point de serviteur si dévoué que moi en ce monde. Mes vers vous apprendront que je ne serai pas moins attaché à vos intérêts dans l'autre. Comptez donc sur mon ombre, comme sur ma personne; & soyez assûré d'une fidélité éternelle jointe à une égale discrétion. Je ne viendrai point vous importuner au jeu par ma présence; je ne viendrai point vous effrayer par des apparitions; je ne vous troublerai point par des songes, & n'inquiéterai en quelque maniere que ce puisse être le peu d'heures que la Bassette vous laisse pour le sommeil.

Voilà des effets de ma discrétion, apprenez ceux de mon zéle. Je vais déclarer la guerre à Hélene & à Cléopatre pour l'amour de vous; je vais réduire des rebelles, & remettre des indociles dans le devoir. Mais pour cela, Madame, j'ai besoin d'une instruction que je vous demande dans mes vers : vous ne sauriez me l'accorder trop promptement. Autant de temps que vous tarderez à me la donner, autant de retardement apporterez-vous à votre gloire.

Je m'apperçois que ma raison (1),
Trop long-temps au corps asservie,
Est prête à quitter sa prison,
Pour goûter le bonheur d'une plus douce vie.

---

(1) Ces Stances sont imitées de l'Epigramme de Maynard au Cardinal de Richelieu : ARMAND, L'AGE AFFOIBLIT MES YEUX, &c.

Bien-tôt je verrai ces beautés
Qui sont dans les Champs Elisées,
D'un repos éternel & de biens enchantés,
Heureusement favorisées.

Je verrai dans ces lieux charmans
Les Hélénes, les Cléopatres,
Dont les fameux événemens
Font tant de bruit sur nos Théatres.

Là, s'informant de vos beaux yeux,
Et de tous les traits d'un visage
Qui nous est donné par les Dieux,
Comme le plus parfait ouvrage;
Elles sauront que vos appas
Auroient ôté Pâris à son aimable Héléne;
Qu'Antoine, que César près de vous n'auroient pas
Regardé seulement le sujet de leur peine;
Et vous auriez sauvé d'un funeste trépas
Deux Héros malheureux que perdit cette Reine.

Rome a là des objets également connus,
Sa Virginie & sa Lucréce;
Mais, pour avoir suivi de farouches vertus,
Elles gardent encor certain air de rudesse;
Et leurs rares attraits, odieux à Vénus,
Ne jouiront jamais de la douce mollesse.

Sachant que j'ai l'honneur d'être connu de vous,
Elles voudront savoir si quelque amour trop vaine
De jeu, d'amusement, ou de plaisir trop doux,
N'ont pas gâté l'esprit d'une Dame Romaine.

Je leur dirai que votre cœur
Est digne de leur République;
Ferme & constant comme le leur,
Mais plus noble & plus magnifique.

Je dirai que du plus beau corps,
Et de l'ame la plus parfaite,
Nous voyons en vous les accords;
Et je ne dirai pas un mot de la Bassette.

Je leur dirai que Brute & Collatin
Sont fort de votre connoissance;
Que d'Appius vous sauvez le destin,
Et comment finit sa puissance:
Mais pour Coné, Mazenot & Morin (1);
Ils seront passés sous silence.

De-là, j'irai chercher les beautés de nos jours;
Marion, Montbazon, modernes immortelles,
A qui nous donnerons toujours
L'honneur d'avoir été de leur temps les plus belles.

(1) Les trois tailleurs de l'assette de Madame Mazarin.

Je pense voir leurs déplaisirs,
Je vois déja couler leurs larmes;
Et le sujet de leurs soupirs,
C'est d'entendre parler tous les jours de vos charmes.

*

Vous qui venez du séjour des mortels,
(Me dira-t-on dans une humeur chagrine,)
Nous cherchez-vous pour parler des autels
Dressés par tout à votre MAZARINE ?

*

Ah ! C'est nous faire un enfer de ces lieux
Qu'on destinoit aux ames fortunées :
Le mal que nous causent ses yeux
Est plus grand mille fois que celui des damnés.

*

» OMBRES, goûtez le bien d'avoir jadis été
» Les merveilles de notre France.
» Heureuse est une vanité
» Que la mort met en assûrance !

*

» Si le jour vous étoit resté,
» Vous en auriez haï la triste jouissance,
» Ou, du moins, auriez-vous cherché l'obscurité,
» Pour ne pas voir l'éclat de la divine HORTENCE.

*

» Mais que servent enfin tous ces chagrins jaloux?
» Le grand maitre de la nature

» Ne pourra-t'il former rien de plus beau que vous,
  » Sans attirer votre murmure ?

※

  » Héléne auroit plus de raison
  » De murmurer & de se plaindre,
  » Que Madame de Montbazon ;
» Cependant elle sait sagement se contraindre.

※

» Celle qui put armer cent & cent Potentats,
» Qui d'Hector & d'Achille anima la querelle ;
  » Qui fit faire mille combats,
» Où les Dieux partagés étoient pour ou contre elle :
» Héléne à MAZARIN ne le dispute pas ;
  » Et vous aurez un cœur rebelle,
» Vous qui borniez l'honneur de vos appas
» Au peu de bruit que fait une ruelle ?

※

À ces mots, sans rien contester,
Nos Ombres baisseront la tête ;
Et, docile pour m'écouter,
Chacune aussi-tôt sera prête.

※

Je dirai que vos yeux pourroient tout enflammer,
Et, comme ceux d'Héléne, armer toute la terre ;
  Mais vous aimez mieux la charmer,
  Que la désoler par la guerre.

※

Je leur dirai que tous nos vœux
S'adressent à vous seule au milieu de nos Dames;
Que nos plus forts liens se font de vos cheveux;
Que le front, le sourcil, ont leur droit sur nos ames.

☙

Je dirai que tous les amans
Voudroient mourir sur une bouche
Qu'environnent mille agrémens,
Et de qui le charme nous touche.

☙

De la gorge & du coû (ce miracle nouveau)
L'orgueilleuse beauté sera bien exprimée:
Les bras, les mains, les pieds dignes d'un corps si
  beau,
Auront aussi leur part à votre renommée.

☙

La chose jusques-là ne peut mieux se passer;
Et leur confusion ne peut être plus grande:
  Mais, si voulant m'embarrasser,
  Elles me font une demande;
  Si Marion veut s'informer
De cet endroit caché qui se dérobe au monde;
  Et que je n'ose ici nommer,
  Que voulez-vous que je réponde ?
  Là, ma connoissance est à bout,
  Et je devrois connoître tout.
  O belle, ô généreuse Hortence !
  Sauvez-moi de cette ignorance.

A LA MESME.

Sur le deſſein qu'elle avoit de ſe retirer dans un Couvent.

JE ne ſai ſi le titre d'AMITIÉ SANS AMITIÉ, que vous avez donné à mon écrit, lui convient aſſez (1); mais je ſai bien qu'il ne convient pas à mes ſentimens, particuliérement à ceux que vous m'inſpirez, Madame. Je les abandonne à votre pénétration: l'état où je ſuis, ne me laiſſe pas la force de les exprimer.

Depuis ce ſoir malheureux que vous m'apprîtes la funeſte réſolution que vous voulez prendre, je n'ai pas eu un moment de repos, ou pour mieux dire, vous m'avez laiſſé une peine continuelle, une agitation bien plus violente que la perte du repos, qui ſeroit une aſſez grande affliction pour tout autre que pour moi. La premiere nuit de votre trouble, je ne fermai pas les yeux, & ils furent ouverts pour verſer des larmes. Les nuits ſuivantes, je dormis quelques heures d'un ſommeil inquiet, par un ſentiment ſecret de mes douleurs; & je ne m'éveillai pas ſi-tôt que je

_____
(1) Voyez ci-deſſus, page 291.

retrouvai mes soupirs, mes pleurs & tous les tristes effets de mon tourment. Je les cache le jour autant que je puis ; mais il n'y a point d'heure qu'ils n'échappent à la contrainte que je leur donne ; & voilà, Madame, cet homme si peu animé, ce grand partisan des *amitiés commodes & aisées*.

Comment est-il possible que vous quittiez des gens que vous charmez & qui vous adorent, des amis qui vous aiment mieux qu'ils ne s'aiment eux-mêmes, pour aller chercher des inconnus qui vous déplairont & dont vous serez peut-être outragée ! Songez-vous, Madame, que vous vous jettez dans un Couvent, que Madame la Connétable (1) avoit en horreur. Si elle y rentre, c'est qu'il y faut rentrer ou mourir ; sa captivité présente, toute affreuse qu'elle est, lui semble moins dure que cet infortuné séjour ; & pour y aller, Madame, vous voulez quitter une Cour où vous êtes estimée, où l'affection d'un Roi doux & honnête vous traite si bien, où toutes les personnes raisonnables ont du respect & de l'amitié pour vous. Le jour le plus heureux que vous passerez dans le Couvent, ne vaudra pas le plus triste que vous passerez dans votre maison.

---

(1) Marie Mancini, sœur de Madame Mazarin, qui avoit épousé le Prince Colonne, Connétable du Royaume de Naples.

Encore si vous étiez touchée d'une grace particuliere de Dieu, qui vous attachât à son service, on excuseroit la dureté de votre condition, par l'ardeur de votre zéle, qui vous rendroit tout supportable : mais je ne vous trouve pas persuadée, & il vous faut apprendre à croire celui que vous allez servir si durement. Vous trouverez toutes les peines des Religieuses, & ne trouverez point cet époux qui les console. Tout époux vous est odieux & dans le Couvent & dans le monde. Douter un jour de la félicité de l'autre vie, est assez pour désesperer la plus sainte fille d'un Couvent ; car la foi seule la fortifie & la rend capable de supporter les mortifications qu'elle se donne. Qui sait, Madame, si vous croirez un quart-d'heure ce qu'il faut qu'elle croye toujours, pour n'être pas malheureuse ? Qui sait si l'idée d'un bonheur promis aura jamais la force de vous soûtenir contre le sentiment des maux présens ?

Il n'y a rien de plus raisonnable à des gens véritablement persuadés, que de vivre dans l'austérité, qu'ils croyent nécessaire pour arriver à la possession d'un bien éternel ; & rien de plus sage à ceux qui ne le sont pas, que de prendre ici leurs commodités, & de goûter avec modération tous les plaisirs où ils sont sensibles. C'est la raison pourquoi les Philosophes qui ont crû l'immortalité de l'ame, ont compté pour rien toutes les douceurs de ce monde ; & que ceux qui n'attendoient rien après la mort, ont mis le souverain bien dans la volupté. Pour vous, Madame, vous avez une Philosophie toute nouvelle. Opposée à Epicure, vous cherchez les peines, les mortifications, les douleurs. Contraire à Socrate, vous n'attendez aucune récompense de la vertu. Vous vous faites Religieuse, sans beaucoup de religion : vous méprisez ce monde ici, & vous ne faites pas grand cas de l'autre. A moins que vous n'en ayiez trouvé un troisiéme fait pour vous, il n'y a pas moyen de justifier votre conduite.

Il faut, Madame, il faut se persuader avant que de se contraindre : il ne faut pas souffrir sans savoir pour qui l'on souffre. En un mot, il faut travailler sérieusement à connoître Dieu avant que de renoncer à soi-même. C'est au milieu de l'univers que la contemplation des merveilles de la nature vous fera connoître celui dont elle dépend. La vûe du soleil vous fera connoître la grandeur & la magnificence de celui qui l'a formé. Cet ordre si merveilleux & si juste, qui lie & entretient toutes choses, vous donnera la connoissance de sa sagesse. Enfin, Madame, dans ce monde que vous quittez, Dieu est tout ouvert & tout expliqué à nos pensées. Il est si resserré dans les Monasteres, qu'il se cache au lieu de se découvrir ; si déguisé par les basses & indignes figures qu'on lui donne, que les plus éclairés ont de la peine à le reconnoître. Cependant, une vieille Supérieure ne vous parlera que de lui, & ne connoîtra rien moins : elle vous commandera des sottises, & une exacte obéissance suivra toujours le commandement, quelque ridicule qu'il puisse être. Le Directeur ne prendra pas moins d'ascendant sur vous, & votre raison humiliée se verra soumise à une ignorance présomptueuse. La raison, ce caractere secret, cette image de Dieu que nous portons en nos ames, vous fera passer pour rebelle, si vous ne réverez l'imbécillité de la nature humaine en ce Directeur. De bonnes Sœurs trop simples vous dégoûteront ; des libertines vous donneront du scandale : vous verrez les crimes du monde ; hélas ! vous en aurez quitté les plaisirs.

Jusqu'ici, vous avez vécu dans les grandeurs & dans les délices : vous avez été élevée en Reine, & vous méritiez de l'être. Devenue héritière d'un Ministre qui gouvernoit l'univers, vous avez eu plus de bien en mariage, que toutes les Reines de l'Europe ensemble n'en ont porté aux Rois leurs époux. Un jour vous a enlevé tous ces biens ; mais votre mérite vous a tenu lieu de votre fortune, & vous a fait vivre plus magnifiquement dans les pays étrangers, que vous n'eussiez vécu dans le nôtre. La curiosité, la délicatesse, la propreté, le soin de votre personne, les commodités, les plaisirs ne vous ont pas abandonnée; & si votre discrétion vous a défendu des voluptés, vous avez cet avantage, que jamais faveurs n'ont été si desirées que les vôtres.

Que trouverez-vous, Madame, où vous allez ? Vous trouverez une défense rigoureuse de tout ce que demande raisonnablement la nature, de tout ce qui est permis à l'humanité. Une cellule, un méchant lit, un plus détestable repas, des habits sales & puants remplaceront vos délices. Vous serez seule à vous servir, seule à vous plaire au milieu de tant de choses qui vous déplairont; & peut-être ne serez-vous pas en état d'avoir pour vous la plus secrette complaisance de l'amour-propre; peut-être que votre beauté devenue toute inutile, ne se découvrira ni à vos yeux, ni à ceux des autres.

Cependant, Madame, cette beauté si merveilleuse, ce grand ornement de l'univers ne vous a pas été donné pour le cacher. Vous vous devez au public, à vos amis, à vous-même. Vous êtes faite pour vous plaire, pour plaire à tous, pour dissiper la tristesse, inspirer la joie, pour ranimer généralement tout ce qui languit. Quand les laides & les imbécilles se jettent dans les Couvens, c'est une inspiration divine qui leur fait quitter le monde, où elles ne paroissent que pour faire honte à leur auteur. Sur votre sujet, Madame, c'est une vraie tentation du diable, lequel envieux de la gloire de Dieu, ne peut souffrir l'admiration que nous donne son plus bel ouvrage. Vingt ans de Pseaumes & de Cantiques chantés dans le chœur, ne feront pas tant pour cette gloire, qu'un seul jour que votre beauté sera exposée aux yeux du monde. Vous montrer, est votre véritable vocation : c'est le culte le plus propre que vous puissiez lui rendre. Si le temps a le pouvoir d'effacer vos traits, comme il efface ceux des autres, s'il ruine un jour cette beauté que nous admirons, retirez-vous alors; & après avoir accompli les volontés de celui qui vous a formée, allez chanter ses louanges dans le Couvent. Mais suivez la disposition qu'il a faite de votre vie; car si vous prévenez l'heure qu'il a destinée pour votre retraite, vous trahirez ses intentions, par une secrette complaisance pour son ennemi.

Un de vos grands malheurs, Madame, si vous écoutez cet ennemi, c'est que vous n'aurez à vous prendre de tous vos maux qu'à qu'à vous-même. Madame la Connétable rejette les siens sur la violence qu'on lui fait. Elle a les cruautés d'un mari qui la force ; l'injustice d'une Cour qui appuye son mari : elle a mille objets vrais ou faux qu'elle peut accuser. Vous n'avez que vous, Madame, pour cause de votre infortune ; vous n'avez à condamner que votre erreur. Dieu vous explique ses volontés par ma bouche, & vous ne m'écoutez pas : il se sert de mes raisons pour vous sauver, & vous ne consultez que vous pour vous perdre. Un jour, accablée de tous les maux que je vous dépeins, vous songerez, mais trop tard, à celui qui a voulu les empêcher.

Peut-être êtes-vous flattée du bruit que fera votre retraite ; &, par une vanité extravagante, vous croyez qu'il n'y a rien de plus illustre que de dérober au monde la plus grande beauté qu'on y vit jamais, quand les autres ne donnent à Dieu qu'une laideur naturelle, ou les ruines d'un visage tout effacé. Mais depuis quand préférez-vous l'erreur de l'opinion à la réalité des choses ? Et qui vous a dit, après tout, que votre résolution ne paroîtra pas aussi folle qu'extraordinaire ? Qui vous a dit qu'on ne la prendra pas pour le retour d'une humeur errante & voyageuse ? Qu'on ne croira pas que vous voulez faire trois cens lieues pour chercher une avanture, celeste si vous voulez, mais toujours une espece d'avanture?

Je ne doute point que vous n'esperiez trouver beaucoup de douceur dans l'entretien de Madame la Connétable : mais, si je ne me trompe, cette douceur-là finira bien-tôt. Après avoir parlé trois ou quatre jours de la France & de l'Italie, après avoir parlé de la passion du Roi & de la timidité de Monsieur votre oncle, & de ce que vous avez pensé être & de ce que vous êtes devenue, après avoir épuisé le souvenir de la maison de Monsieur le Connétable, de votre sortie de Rome & du malheureux succès de vos voyages, vous vous trouverez enfermée dans un Couvent; & votre captivité, dont vous commencerez à sentir la rigueur, vous fera songer à la douce liberté que vous aurez goûtée en Angleterre. Les choses qui vous paroissent ennuyeuses aujourd'hui, se présenteront avec des charmes; & ce que vous aurez quitté par dégoût, reviendra solliciter votre envie. Alors, Madame, alors, de quelle force d'esprit n'aurez-vous pas besoin, pour vous consoler des maux présens & des biens perdus?

Je veux que mes pénetrations soient fausses & mes conjectures mal fondées; je veux que la conversation de Madame la Connétable ait toujours de grands agrémens pour vous : mais qui vous dira que vous en pourrez jouir librement ? Une des maximes des Couvens est de ne souffrir aucune liaison entre des personnes qui se plaisent, parce que l'union des particuliers est une espece de détachement des obligations contractées avec l'Ordre. D'ailleurs, les soins de Monsieur le Connétable pourront bien s'étendre jusqu'à empêcher une communication qui fait tout craindre à un homme soupçonneux qui a trop offensé. Je ne parle point des caprices d'une Supérieure, ni des secrettes jalousies des Religieuses, qui voudront nuire à une personne dont le mérite confondra le leur. Ainsi, Madame, vous vous serez faite Religieuse pour vivre avec Madame la Connétable, & il arrivera que vous ne la verrez presque pas. Vous serez donc ou seule, avec vos tristes imaginations, ou dans la foule, parmi les sottises & les erreurs, ennuyée de Sermons en langue qui vous sera peu connue, fatiguée de Matines qui auront troublé votre repos, lassée d'une habitude continuelle du chant des Vêpres & du murmure importun de quelque Rosaire.

Quel parti prendre, Madame ? Conservez votre raison : vous vous rendrez malheureuse, si vous la perdez. Quelle perte de n'avoir plus ce discernement si exquis & cette intelligence si rare! Avez-vous commis un si grand crime contre vous, que vous deviez vous punir aussi rigoureusement que vous faites? Et quel sujet de plainte avez-vous contre vos amis, pour exercer sur eux une si cruelle vengeance? Les Italiens assassinent leurs ennemis: mais leurs amis se sauvent de la justice sauvage qu'ils se veulent faire.

Mademoiselle de Beverweert & moi avons déja eu les coups mortels: la pensée de vos maux a fait les nôtres, & je me trouve aujourd'hui le plus misérable de tous les hommes, parce que vous allez vous rendre la plus malheureuse de toutes les femmes. Quand je vais voir Mademoiselle de Beverweert les matins, nous nous regardons un quart-d'heure sans parler; & ce triste silence est toujours accompagné de nos larmes. Ayez pitié de nous, Madame, si vous n'en avez de vous-même. On peut se priver des commodités de la vie pour l'amour de ses amis: nous vous demandons que vous vous priviez des tourmens, & nous ne saurions l'obtenir. Il faut que vous ayez une dureté bien naturelle, puisque vous êtes la premiere à en ressentir les effets. Songez, Madame, songez sérieusement à ce que je vous dis: vous êtes sur le bord du précipice; un pas en avant, vous étes perdue ; un pas en arriere, vous étes en pleine sûreté. Vos biens & vos maux dépendent de vous. Ayez la force de vouloir être heureuse, & vous la ferez.

Si vous quittez le monde, comme vous semblez vous y préparer, ma consolation est que je n'y demeurerai pas long-temps. La nature plus favorable que vous, finira bien-tôt ma triste vie. Cependant, Madame, vos ordres previendront les siens, quand il vous plaira ; car les droits qu'elle se garde sur moi, ne vont qu'après ceux que je vous y ai donnés. Il n'est point de voyage que je n'entreprenne ; & si pour derniere rigueur, vous n'y voulez pas consentir, je me cacherai dans un désert, dégoûté de tout autre commerce que le vôtre. Là, votre idée me tiendra lieu de tous objets : là, je me détacherai de moi-même, s'il est permis de parler ainsi, pour penser éternellement à vous : là, j'apprendrai à tout le monde ce qu'auront pû sur moi le charme de votre mérite & la force de ma douleur.

SENTIMENS
DE MADAME LA DUCHESSE MAZARIN,
QUI SE CONSACRE A DIEU.
STANCES.

Saints & sacrés ennuis, salutaire tristesse ;
Dégoûts dont mon esprit est occupé sans cesse,
Chassez les vains desirs qui restent dans mon cœur ;
Eteignez dans mon sein le sentiment des vices ;
Eteignez l'appétit de mes fausses délices,
Et faites que le Ciel aujourd'hui soit vainqueur.

✻

C'est pour lui désormais que j'ai dessein de vivre.
Vous m'attirez, Seigneur ; Seigneur, il faut vous suivre ;
Vous aurez tous mes soins, vous aurez mon amour :
A vos loix seulement je vais être asservie ;
Et je veux bien donner le reste de ma vie
Au Dieu dont la bonté m'a sû donner le jour.

✻

Ce Dieu qui me forma si charmante & si belle,
A borné ses faveurs, & me laissé mortelle;
Malgré tout le pouvoir qu'il donne à mes appas,
Le temps effacera les traits de mon visage;
Et l'esprit, de ce Dieu la plus vivante image,
Echappera lui seul aux rigueurs du trépas.

❈

Quel bonheur est certain d'une longue durée?
Quelle condition nous peut être assûrée?
Qui peut nous garantir des injures du sort?
On ne possede rien qui ne soit périssable:
Souvent le plus heureux devient si misérable,
Qu'il semble avoir besoin du secours de la mort.

❈

J'ai connu tous les biens qu'apporte la fortune;
J'ai connu la grandeur & sa pompe importune;
En amour, pour le moins, j'ai connu les desirs;
Des fausses vanités j'ai fait l'expérience;
Et je connois, enfin, qu'une heure d'innocence
Vaut mieux qu'un siécle entier de frivoles plaisirs.

❈

Faites, faites, Seigneur, que vos saintes lumiéres
Dissipent l'ignorance & les erreurs grossiéres
Dont mon esprit confus étoit enveloppé.
Le Monde est un trompeur; Dieu seul est véritable;
Je n'espere qu'en lui; je ne suis plus capable
De me laisser surprendre à ce qui m'a trompé.

❈

Temps où se doit fixer ma longue incertitude,
Lieux qui devez finir ma triste inquiétude,
Quand me donnerez-vous ce repos souhaité?
Je délibere encor, jour & nuit je consulte
Si je dois préférer vos douceurs au tumulte :
C'en est fait, lieux sacrés, vous l'avez emporté.

❋

O vous, maître absolu de la terre & de l'onde,
Vous, dont l'ordre secret gouverne tout le monde,
Voudrez-vous bien, Seigneur, devenir mon époux?
Celui qu'on me donna n'est pas digne de l'être,
C'est vous seul aujourd'hui que je veux reconnoître,
Mes liens sont rompus, & je suis toute à vous.

❋

Vieux & tristes liens, causes de tant de larmes,
Peut-être que sans vous le monde eût eu ses charmes;
Mais le monde avec vous est aisément vaincu.
Je ferai désormais en quelque solitude,
D'un doux & saint repos une paisible étude,
Et compterai pour rien le temps que j'ai vécu.

❋

Palais, meubles, habits, folle magnificence,
Jeu, repas, vains sujets de luxe & de dépense,
Je vous dis maintenant un éternel adieu :
Beaux cheveux, doux liens où s'engageoient les
    ames,
Qui prenoient en mes yeux les amoureuses flâmes;
Beaux cheveux, je vous coupe, & vous consacre à
    DIEU.   ❋

Un voile pour jamais va couvrir mon visage,
Et ma beauté cachée y perdra tout usage
De ce charme trompeur qui sait flatter les sens :
Un amant y perdra le sujet de sa peine :
Je vais perdre les noms d'*ingrate*, d'*inhumaine*,
Et les maux qu'en secret moi-même je ressens.

Je vous dégage, Amans, des loix de mon empire :
Pour des objets nouveaux si votre cœur soupire,
Je ne me plaindrai point d'une infidélité :
J'aimerois mieux pourtant.... Que les femmes sont vaines !
J'aimerois mieux vous voir au sortir de mes chaînes,
Jouir paisiblement de votre liberté.

J'aimerois mieux encor que votre ame fidéle
De sa premiere ardeur formât un nouveau zéle,
Qui nous tiendroit unis même après le trépas.
De ce nouvel amour sentez l'heureuse atteinte ;
Vous m'aimâtes profane, aimez-moi comme sainte,
Et suivez mes vertus au lieu de mes appas.

✷

Mais des adieux si longs aux amans que l'on quitte,
Montrent notre foiblesse, ou marquent leur mérite :
C'est un reste secret des profanes amours.

Permettez, lieux divins, quelque humaine tendresse,
Pour ceux qui m'ont aimée, & qu'aujourd'hui je laisse,
Ils ne me verront plus, & vous m'aurez toujours.

A Monsieur de SAINT-EVREMOND.

Sujet, triste sujet, qui pleurez mon absence,
Pourquoi me plaignez-vous quand mon bonheur commence ?
C'est à vous seulement que vous devez des pleurs ;
Je ne mènerai plus cette vie incertaine
Dont vous fûtes témoin ; & finissant ma peine,
Je vous donne un exemple à finir vos malheurs.

La retraite à votre âge est toujours nécessaire ;
Avec tant de beauté vous me la voyez faire,
Et vous iriez encor vous traîner dans les Cours ?
Que si la voix du Ciel de tout autre écoutée,
Sur le bord du cercueil est par vous rejettée,
De la morale au moins écoutez le discours.

Le Ciel est impuissant, & la raison timide
Sur vos durs sentimens trop foiblement préside ;
Mais vous devez encor reconnoître ma loi :
Retirez-vous, Vieillard ; c'est moi qui vous l'ordonne ;
Voici l'ordre dernier qu'en Reine je vous donne;
Vieillard, quittez le monde en même-temps que moi.

SAINT-EVREMOND.
Ma Reine me verroit à son ordre fidéle,
Mais la mort où je cours m'empéche d'obéir;
Il m'est plus aisé de mourir
Que de vivre un moment sans elle.

Fin du quatriéme Volume.

www.ingramcontent.com/pod-product-compliance
Lightning Source LLC
Chambersburg PA
CBHW050549170426
43201CB00011B/1622